小学数学

导学案例

思考与评析

编著◎陈庆宪

图书在版编目(CIP)数据

小学数学导学案例思考与评析/陈庆宪编著.
—宁波：宁波出版社,2018.1
ISBN 978-7-5526-3121-0

Ⅰ.①小… Ⅱ.①陈… Ⅲ.①小学数学课—教学参考资料Ⅳ.①G623.503

中国版本图书馆CIP数据核字（2017）第304563号

小学数学导学案例思考与评析

编　　著	陈庆宪
责任编辑	张雅光
责任校对	虞姬颖　李　强
装帧设计	金字斋
出版发行	宁波出版社（宁波市甬江大道1号宁波书城8号楼7楼　315040）
电　　话	0574-87287264（编辑）
网　　址	http://www.nbcbs.com
印　　刷	浙江开源印务有限公司
开　　本	787毫米×1092毫米　1/16
印　　张	19
字　　数	282千
版　　次	2018年1月第1版
印　　次	2018年1月第1次印刷
标准书号	ISBN 978-7-5526-3121-0
定　　价	38.00元

如发现缺页或倒装，影响阅读，请与发行商联系调换。

永葆青春的教育人生

　　终于有时间静下心来慢慢品读陈庆宪老师的书稿了，从书名到前言、目录和34个教学案例，只是在陈述一些朴实的想法和做法，似乎找不到夺人眼球的词语表达所谓前沿的理念和口号，但细细品味，字里行间无不浸透着一位四十多年教龄的特级教师，对课堂、对教育的执着追求和理性思考。看完整本书稿，很想概括和提炼出其中的精髓，限于水平，只在脑海中搜出"干净而不乏数学味的课堂""踏实而永葆青春的教育人生"这两句话。

　　最早一次听陈老师的课，是在1998年10月，我们一起去仙居上课，当时他执教的是四则混合运算。课堂上，没有华丽的课件，只用一支粉笔和几道有关联的题目，让学生不断挑战已有的经验，在不知不觉中，他就把运算法则和运算定律盘活了。直到下课，学生还意犹未尽，我顿生佩服之意。后来又听了几次他的课，他的课堂总是那样干净利落，开门见山，直奔重点和难点，练习设计巧妙灵活，总能用数学本身的魅力去吸引学生。该书中的34篇教学案例承袭了他一贯的教学设计风格：读透教材，改进材料，把材料变得更有结构；关注学生，改进教法，把课堂变得更加好玩；重视过程，引导探索，让学生变得更聪明。也许这就是大家喜欢陈老师的课堂的原因。

　　课如其人，干净而不乏数学味的课堂背后，折射出的是陈老师踏实而永葆青春的教育人生。四十多年来,他为人谦和,做事踏实细致,教学研究不停,笔耕不辍,而今已过花甲之年的他,还活跃在教研一线,引领年轻教师钻研一节节课,撰写一个个案例,把一个人的优秀转变成一个团队的优秀,把一个团队的成果变成可供广大教师共享的成果,令人感动。或许这就是大家愿意跟随陈老师的原因。

由此,联想到浙江之所以成为教研的沃土,就是因为有陈老师这样静心研究、乐于奉献的一代代名师,薪火传承。为此,我要代表大家表达一份诚挚的谢意和敬意!同时也期待分享更多名师的研究成果!

斯苗儿
(浙江省教育厅教研室)
2017 年 10 月

前　言

　　2010年本人出版了《小学数学教学设计新思维案例思考与评析》，该书选编了30个教学案例，读者从这些案例中，分享到了我们的教学观点和有效的教学方法。这些年，我仍然在思考着、实践着，尤其在近四年又把"导学课堂"作为研究的主方向，引领我的工作室学员和一批热心于教学研究的教师努力地实施"以学定教"的教学理念，并在教研中紧紧围绕"导学提示及问题设计"的主题，针对不同内容和不同课型展开深入探究。对每一课进行磨课和试教，并进行课后反思和改进。又写下了教学论文和教学案例40余篇发表在教学期刊上，其中5篇教学案例分析被中国人民大学资料中心主办的《小学数学教与学》全文转载。本书就是由这些发表的文章中选取的两篇教学观点论述和34篇教学案例构成的。

　　在每个课例中，为了达到学生自主学习的目的，我们提出了不少新的教学观点。如在教学"用混合运算解决问题"的练习课中，提出了"让学生在听故事中思考"；在教学"克和千克"时，提出了"排除视觉干扰、增强对比感知"；在"线段、直线、射线"教学改进中，提出了"用好起点引发自学、创设素材加深理解"的教学策略；在"面积和面积单位"的教学中，采用了"整合学习素材、强化问题引领"的做法；在两次教学"三角形的三边关系"后，真正感受到了"创设简约素材、拓展思维想象"的重要性。可以说34个案例，每个都是我们深入研究后的反思和总结。

这些案例能在全国最有影响力的小学教学类期刊上发表，我本已满足，并发自内心感谢《小学教学》副主编李争老师、《教学月刊》主编陈永华老师、《小学教学研究》编辑部主任刘茂老师和编委吕英老师，感谢他们对我的文稿提出了许多宝贵意见，使我的观点和案例更加完善。近几年，我在教师培训活动中，多次介绍了这些课例，许多教师希望我能把这些案例汇集成册，与他们共同分享。是他们的期望激励我最终决定出版此书。在这里我要特别强调，呈现给大家的这些案例是我和我的两批工作室学员，以及相关教师共同研究的成果，在此我要衷心感谢他们一路的陪伴和辛勤的付出！

我们知道教学有法，教无定法，贵在得法。教学方法要根据教学内容和教学对象，随时做出改变和调整。我在汇编这些案例时，对其中一些案例的学习素材和教学方法又做了修改，并重新试教，相较之前更觉满意，但如果让我们再次研究这些课，"以学定教"的教学思想是不会改变的，在教学素材和方法上又会有新的变化。这就是我们始终认为的，教学方法没有最好，只有更好，这也正是我们进行教学研究的魅力所在。所以我不希望老师们照搬这些教法，而是希望我的观点和方法能给大家带来启示，这才是我汇编本书的目的。

陈庆宪
2017 年 10 月

目 录

永葆青春的教育人生 / 斯苗儿
前言 / 陈庆宪

一、教学观点论述

- 002　1. 基于自主学习下教材的利用与开发
- 012　2. 把握教与学的关系　努力提高课堂效率
　　　　——例谈小学数学"教"与"学"的行动缺失与改进

二、教学案例思考与评析

- 025　1. 让学生在听故事中思考
　　　　——"用混合运算解决问题"练习课教学实录与评析
- 033　2. "算"中梳理　"用"中提升
　　　　——"表内除法（二）"单元整理复习课教学实录与评析
- 043　3. 排除视觉干扰　增强对比感知
　　　　——"克和千克"前后两次教学实录与评析
- 053　4. 遵循规律的简约　凸显思维的本真
　　　　——"用连乘解决问题"两次教学后的思考
- 063　5. 关注本质联系　促进自主感悟
　　　　——"小数初步认识"教学实录与评析
- 071　6. 整合学习素材　强化问题引领
　　　　——"面积和面积单位"教学实录与评析
- 079　7. 让学生经历更有价值的数学思维活动
　　　　——"长方形面积计算"三种教学片段引发的思考
- 085　8. 用好起点引发自学　创设素材加深理解
　　　　——"线段、直线、射线和角"教学实录与评析
- 093　9. 研读文本尝试画图　质疑辨析发挥想象
　　　　——对"平行与垂直"两种教法思维价值的思考
- 099　10. 带着初步感知自学　抓住整合问题思辨
　　　　——"商的变化规律"教学实录与评析
- 107　11. 发挥题组功能　自主掌握技能
　　　　——"除数接近整十数的笔算除法"教学实录与评析
- 113　12. 针对学情整合素材　把握动态练中梳理
　　　　——"小数的意义和性质"单元复习课教学实录与评析
- 119　13. 基于自学与操作　重在技能与想象
　　　　——"三角形的特性"（第一教时）教学实录与思考
- 127　14. 创设简约素材　拓展思维想象
　　　　——"三角形的三边关系"两次教学后的思考

135	15. 适当拓展练习　感受数学魅力
	——"三角形内角和"练习课教学实录与评析
143	16. 强化画图感知　凸显运动本质
	——"图形的运动（平移）"教学实录与评析
151	17. 创设探究题组　自主解读算理
	——"一个数除以小数"教学实录与评析
159	18. 抓住联系整合素材　发挥自主练中提升
	——"小数除法"单元综合练习课教学实录与评析
165	19. 抓起点引发自主学习　拓内涵增强含义理解
	——"用字母表示数"教学实录与思考
173	20. 回归认知本真　关注自主经历
	——"平行四边形的面积计算"教学实录与评析
182	21. 再谈"怎么想不到"到"怎么能想到"
	——对"三角形面积计算"教学的二次思考
188	22. 注重自主解读　培养分析能力
	——"复式折线统计图"教学实录与评析
196	23. 借题发挥精心设计　改换形式加深理解
	——"复式折线统计图"练习课教学实录与评析
203	24. 联想中梳理　练习中提升
	——"分数的意义和性质"单元复习课教学实录与评析
210	25. 巧设联系抓对比　丰富素材促想象
	——"体积和体积单位"教学实录与评析
218	26. 增设素材分析算理　加深理解提高能力
	——"一个数除以分数"教学实录与评析
227	27. 利用积累自主概括　巧设实例加深理解
	——"百分数的认识"教学实录与评析
238	28. 自学落到实处　应用体验价值
	——"比的认识"教学实录与评析
246	29. 强化迁移说理　提升应用价值
	——"比的基本性质"教学实录与思考
255	30. 问题引领自学　活动加深理解
	——"比例尺"教学实录与思考
264	31. 抓住薄弱点　突出整体性
	——"式与方程"总复习教学实录与评析
272	32. 创设自主整理路径　精心组织梳理交流
	——"平面图形的认识"总复习教学实录与评析
281	33. 创设素材促想象　动态变化拓思维
	——"平面图形的周长和面积"总复习教学实录与评析
289	34. 理顺解题思路　拓展空间想象
	——"立体图形体积计算"总复习教学实录与思考

一、教学观点论述

JIAOXUE GUANDIAN LUNSHU

1 基于自主学习下教材的利用与开发

"教材"既是教师的"教本",也是学生的"学本",它是教师教学的依据,又是学生学习的主要资源。怎样利用好教材,如何进一步开发教材,一直以来是广大教师研究的重要课题。但在数学教学中曾经出现过一些极端的做法,比如我们提出:在教学中要强化"自主探究",就有老师不让学生先阅读课本,误认为学生先看了课本,就会降低探究的思维价值。又如我们提出,在教学时要强化"自主学习",体现"先学后教、以学定教"的教学思想,就有老师认为一定要让学生先预习。为什么会出现这些极端的做法呢?就源于教师对"自主学习"的理念没有真正理解。所谓"自主学习"即为自觉而主动地学习,学习的本身是一种认知活动的过程。认知活动的方式具有多样性,它包括直接去研读文本(课本)获取知识,也包括对相关资料或教学素材进行观察、分析、推理等,获取新知。探究资源包括教材原有的素材,也包括大量教材之外的素材。无论是直接研读教材,还是先分析与教材相关的素材,都是学生的学习活动。从某种意义上"探究过程"即为"学习过程",而教材的利用与探究,就是以这样的自主学习为基础的。为此,本文将从如何更好地引发学生自主学习的角度,举例说明小学数学教材的利用与开发,供大家参考。

1. 以教材作为研读素材。

教材的功能是创设学习者对知识、人格等建构所需要的问题情境,参与学习者自我建构的活动过程。因此,从学习论角度去看教材的本质就是"学生学习的材料",这一材料只是"学生学习的起点"而非"最终的结论"。在数学学科的教材中许多知识的阐述非常简洁明了,并富有严密的逻辑性,所以在学习这些内容时不妨让学生直接去研读教材,也会带来很好的学习效果。

比如在学习"平行与垂直"一课时，教师通常在教学时先让学生在纸上任意画两条直线，接着把学生所画的不同情况呈现出来，再让学生去观察、分类，进而分出相交与不相交两种情况，不相交的两条直线即为平行线。再从相交中分出交成直角的情况，归纳两条直线互相垂直的概念。但我觉得学生在开始画两条直线时，并不知道要干什么，没有目的地画。因此，我们在教学时，将此课设计为先让学生独立研读教材，在引导学生复习"直线"的概念的基础上，再提出以下学习要求：

（1）今天要学习两条直线的位置关系，即平行与垂直（板书课题），那怎样的两条直线是互相平行？怎样的两条直线又叫互相垂直？请同学们仔细阅读课本，并在书上找一找、画一画。

（2）根据你自学后的理解，在一张白纸上画出你认为互相平行的两条直线，在另一张白纸上画出你认为互相垂直的两条直线。

（3）分小组交流，选出互相平行或互相垂直的作品，把它们分别贴到黑板的相应位置。（教师在黑板的左侧写上"互相平行"，右侧写上"互相垂直"）

平行线和互相平行的概念有三十多个字，互相垂直、垂线、垂足等的概念有五十多个字。这两句描述性定义很有必要让学生静下心来仔细研读，只有先研读，学生才会带着初步理解去画互相平行和互相垂直的两条直线。第一次画平行线和垂线，部分学生画得不正确，这是正常的。教师要有意识地去暴露学生的错误，把学生画的作品作为进一步分析讲评的材料。

接着教师引导学生针对平行与垂直的定义进行质疑，指出既不平行又不垂直的两条直线只能相交。（教师在组织学生质疑的过程中，随机移动学生的作品，在黑板上动态生成两条直线位置关系的集合图）

在引导学生研读教材之前，还需要激发学生的研读兴趣。比如我们在教学《小数的初步认识》一课，我们抓住学生原有的认知，提前渗透数位之间的进率来引入新课，并借此激发学生的自学兴趣。教学开始时教师在黑板上先板书"10米"和"1米"，并问学生：这"10米"与"1米"到底有多长？它们之间有什么关系？学生描述长度后回答：1米的10倍是10米，10米的$\frac{1}{10}$是1米。紧接着教师写出"0.1米"，这时大部分学生都会读出"零点一米"。接着教师问：你们知道这个"0.1"是什么数吗？学生回答：小数。这时教师先指导学生去读写这个小数。教师问：你们知道"0.1米"到底有多长？它与"1米"又有什么关系？这时有学生猜到"0.1米"是"1分米"；也有学生错猜成是"1厘米""1毫米"；有学生说"0.1米的10倍是1米""1米的$\frac{1}{10}$是0.1米"。可见，这样的教学引入，既渗透了整数与小数相邻数位之间的联系，又引发了学生强烈的好奇心和求知欲。

此刻教师提出：你们这样的猜想是否对呢？你们想让老师告诉，还是自己去看书学习呢？学生答：自己学。接着教师让学生拿出预先准备好的自学单：（以下自学教材选自人教版三年级下）

（1）请仔细阅读课本92页例1，想一想：0.1米到底是什么意思？

填一填：0.1米就是（　　）的长度。

（2）书上表示的0.3米又是什么意思？

填一填：0.3米就是（　　）的长度。

（3）书上小朋友测量的身高是1米3分米，你能用小数表示吗？

填一填：1米3分米=（　　）米。

学生根据以上学习单的提示，通过教材的研读完成了以上的填空，并回答了问题。

从以上两个例子可以说明有些课的教学根据内容的特点和学生的实际，先让学生静下心来直接去研读教材，教学效果会更好。尤其在概念教学时，会更多地采用这样的方法。

2. 以教材作为评价素材。

我们知道数学知识与技能前后联系比较紧密，教学时教师要善于抓住这样的联系去激发学生的学习潜能，可以让学生先去尝试计算、探究，找到解决问题的策略与方法，然后对照教材来评价自己探究后的成果，并进一步通过研读教材加深对知识的理解。

比如我们在教学"小数除以整数"时,先引入以下的口算:22400÷4= ,2240÷4= ,224÷4= ,22.4÷4= 。学生从前三个的口算结果5600,560,56,联想到了商的变化规律,猜想到最后的结果是5.6。接着教师提出:你们的猜想是对的。那你们能把最后一个除法算式列竖式计算吗?当学生尝试竖式计算后,教师再提出以下学习要求:(1)这个除法算式解决了教材中的什么实际问题?(2)对照课本的竖式,你的竖式过程与书上的一样吗?(3)为什么在商"6"前先要点上小数点?(选自人教版五年级上册)

学生先自己独立探究,再根据教师提出的要求去读教材。让学生读出算式解决了什么实际问题,理解"算"与"用"的联系;检查自己的竖式与课本呈现的竖式是否相同,读出新的计算关键点。显然这样的教法更加凸显学生的自主学习过程,由此我们可以联想到在大量的计算和解决问题,以及图形计算或推理等课型中,都可以采用先探究,再把教材作为检测与评价的素材。但采用这种教学方式,一定要把评价的提示或问题设计好。如上面的问题(3),教师紧紧抓住小数除以整数的关键,让学生通过读教材明白,商"6"前为什么要先点上小数点,这一问题促使学生理解前一步余下的"24"是表示24个0.1,24个0.1除以4的结果是6个0.1,所以6前面要先点上小数点。

3. 对教材做出适当补充。

因为教材会受到版面限制,所以在内容和素材上只能呈现关键的一部分,许多教学素材需要教师再次补充。一般对教材的补充要从两方面进行思考:一是对学习起点素材的补充,也就是针对学习内容所涉及的基础部分,补充有联系的素材,使学习素材更有利于知识的同化与顺应。二是为了使学生加深理解和进一步提升思维价值,对学习内容做出巩固性、拓展性的补充。

比如"一个数除以分数"的教学内容,人教版教材只编排了一个例子。即:小明 $\frac{2}{3}$ 小时走了 2km,小红 $\frac{5}{12}$ 小时走了 $\frac{5}{6}$ km。谁走得快一些? 而且教材只通过数量关系的迁移写出两个除法算式"$2\div\frac{2}{3}$"和"$\frac{5}{6}\div\frac{5}{12}$"。接着直接针对这两个除法算式的实际意义画线段图分析,从中总结一个数除以分数的计算方法,然后就安排了一定量的除法练习,使之熟练技能。我们在磨课时觉得直接把"路程÷时间=速度"运用到分数问题,学生感到比较抽象。要求学生在探究"$\frac{2}{3}$小时走了2km,1小时能走多少km?"时独立画图分析也有一定的难度。另外只通过以上两个除法算式的分析,总结出分数除法的计算方法,接着就让学生运用计算方法进行技能训练。这样的教法实际上使学生对算理的理解还不透彻,因此我们在教学时,首先想到的是要对教学内容做前后的补充。

先补充以下两个问题:

(1)小明2小时行走了6km,小明平均每小时走多少千米?

(2)小明 $\frac{1}{3}$ 小时行走了1km,小明平均每小时走多少千米?

同时提出学习要求:写出这两个问题的算式,想一想你是用什么数量关系写出算式的?

学生除了从问题(1)的数量关系迁移到问题(2)之外,教师还引导学生用分数的意义,即"1小时行走路程的 $\frac{1}{3}$ 是1km"(1小时行走路程 $\times\frac{1}{3}=1 \rightarrow 1\div\frac{1}{3}=1$ 小时行走的路程),接着要求学生根据(2)的题意画出线段图。然后再分别出示教材中的例题,作为问题(3)和(4):

(3)小明 $\frac{2}{3}$ 小时走了 2km,小明平均每小时走多少千米?

(4)小红 $\frac{5}{12}$ 小时走了 $\frac{5}{6}$ km,小红平均每小时走多少千米?

第(3)题继续要求学生列出算式后,独立画出线段图来说出算理。第(4)题学生列出算式后,让学生继续观察已画好的线段图进行说理。

通过以上四个有联系问题的列式、画图、说理,再通过板书的观察(如右图),从中归纳出"一个数除以分数等于乘这个数的倒数"。

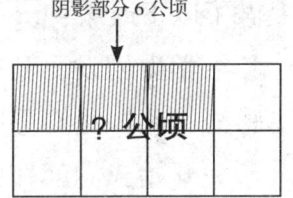

接着,教师特意补充了两个实际问题:

(5)一块土地的 $\frac{3}{8}$ 是 6 公顷,问这块地有多少公顷?

(6)一瓶酒喝去了 $\frac{2}{5}$,刚好喝去了 300 克,问原来这瓶酒有多少克?

这两个问题是以后要学习的分数除法的实际问题,我们在教学时给每一题画出示意图,让学生根据题意和图来进行以下的填空练习。

第(5)题:这块土地面积的 $\frac{3}{8}$ 是( )公顷

也就是:这块土地面积 $\times \frac{3}{8}$ =( )(公顷)

可以推出:$6 \div \frac{3}{8} = 6 \times \frac{1}{3} \times 8 = 6 \times \frac{(\ )}{(\ )} = (\ )$(公顷)

第(6)题:原来这瓶酒的 $\frac{2}{5}$ 是( )克

也就是:原来这瓶酒的总质量 $\times \frac{2}{5}$ =( )克

可以推出:$300 \div \frac{2}{5} = 300 \times \frac{(\ )}{(\ )} \times (\ ) = 300 \times \frac{(\ )}{(\ )} = (\ )$ 克

在以上的教学过程中我们没有急于去训练学生的计算技能，而在加强分数除法意义和算理的理解上补充了实例。使学生能在多个实例的分析中进一步搞清除法和乘法的联系，并通过图形的观察再次分析除法转化为乘法计算的算理，同时也为今后进一步学习用分数除法解决问题打下了基础。

4. 对教材进行合理改编。

教材编写所选择的素材除了考虑内容特点和学生的认知规律外，还要考虑素材的通用性，也就是编写到教材中的素材能更好地适应各级各类学校的学生和教师。出于这样的思考，再加上教材中的素材不可能不变，所以随着时间的推移，总有一部分素材无法满足教学需要。因此，要求教师根据教学内容和学生的实际对教材进行创造性的改编。

例如我们在教学"平均数"一课时，人教版教材创设了四位小朋友收集到不同数量的矿泉水瓶情境图，思考平均每人收集了多少个？而且教材比较直白地引导学生观察"移多补少"理解平均数的含义，从中理解平均数的计算方法。当然直接利用教材的素材进行教学，学生也能理解平均数的概念，但这种理解过程往往是被动的，不容易引发学生自觉地运用原有的认知，难以达到自主学习的最佳状态。所以对此课我们在素材上做了以下改编：

给学生创设了利用原有的认知积累去想象，在开放性的素材中去自主感悟。比如我们可以采用以下教学片段：

一开始我们就在屏幕上呈现以下问题：

如果四(1)班同学某次数学考试的平均分是90分，是否每位同学一定都是90分？

学生根据平常的经验马上回答：不一定。

师：那为什么说平均分是90分呢？

生：得90分以上的同学，拿出多出90分的这部分分数给比90分少的同学。这样就得到平均分是90分了。

师：噢！你知道了通过移多补少得到了平均分。

接着在屏幕上又呈现以下问题：

在一次篮球投篮比赛中，孙奇、刘东、李雷三位同学，平均每人投进了 5 个球。是不是每个人一定都投进了 5 个球？

学生又根据平常的经验马上回答出：不一定。

师：那这三位同学各有可能投进几个球呢？请用画一个"○"表示投进一个球的方法，把你想象每个人可能投进的球数在这张图上画一画。

在预先给学生的练习纸上的前两个图中，已画了一部分投进的个数，要求学生接着想象画图，在后两个图上表示出来。

这时学生进入独立想象，画出不同情况的图。接着教师让学生分组交流，再让六位同学把他们所想象的投进的个数用摆小磁块的方法呈现到黑板上（如图）。

师：你们都认为这三位同学投进的个数不同，为什么还说平均每人投进了 5 个球呢？

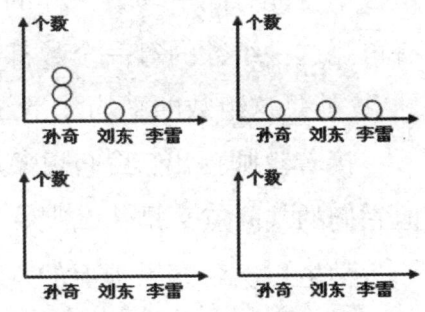

生：把投进比 5 个多的个数移给投进比 5 个少的同学，就会得到平均每人投进了 5 个。

这时教师针对每幅作品，让学生提出怎样移多补少，教师在每幅图上做移动的箭头符号。

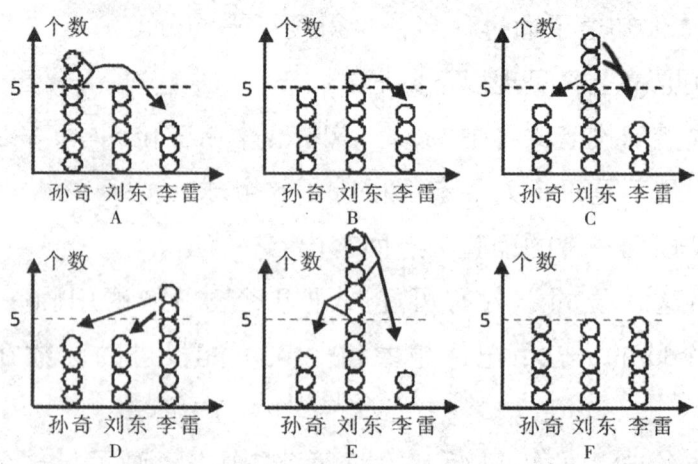

接着教师针对第 C、D、E 幅图提出：在这三幅图中没有一个人投进 5 个球，为什么还说平均每人投进 5 个球呢？

生：通过移动后每个人刚好是 5 个。

师：平均数是几个数通过移多补少之后得到的一个虚拟的数。在一组数中可能有同平均数一样的数，也可能没有一个数与平均数相同。还有可能这一组数的每一个数都相等，比如 F 图表示每个人都投进了 5 个球，这就是这组数的平均数是 5 的特殊情况。

接着教师提出：我们想象出三个同学投进平均数是 5 的不同情况，但它们的共同点又是什么呢？

学生再次观察黑板上的六种情况，发现这三位同学投进的总个数都是 15 个。从中总结出平均数的计算方法"总个数 ÷ 人数 = 平均每人投进的个数"。

接着教师又提出：如果想象孙奇投进了 10 个，刘东 5 个，李雷 0 个，那这三位同学平均投进了几个？

生：平均每人还是投进了 5 个。

师：为什么？

生：因为投进的总数还是 15 个，人数还是 3 人，所以平均每人投进 5 个。

接着教师组织学生运用平均数的计算方法解答教材例题中的问题，

当学生列式解答后，再让学生对照课本进行检查。这样的处理是把教材的例题作为进一步巩固运用的素材，使学生解答后做进一步自主解读教材，从而加深了对"平均数"概念的理解。

总之，在自主学习的背景下对教材进行利用和开发，这不是在"教教材"，而是根据教学内容特点和学生的学习规律"用好教材"。要用好教材，对教材认识不能只停留在表面的理解上，教材是沟通师生生活、建构新知识和新经验的桥梁；而教师是借助于教学活动创造性地把静态的文本素材转换为动态的生成素材，使课堂达到真正的自主学习。

② 把握教与学的关系 努力提高课堂效率
——例谈小学数学"教"与"学"的行动缺失与改进

教与学的关系简单地说就是"教为主导、学为主体",这句话已直接道明了教师在教学过程中的主要任务是主动引导学生学习,学生的主要任务是主动参与学习。但由于教学工作是一项系统工程,它没有固定的教学模式,要真正做到"教为主导、学为主体",达到教与学的和谐统一是一件不容易的事。它需要教师根据不同的教学内容和不同的学生状况做出合理的设计,并在教学过程中灵动地把握。

如何发挥教师的主导作用?《全日制义务教育数学课程标准(修改稿)》(以下简称《标准》)在基本理念中明确提出:教师教学应该以学生的认知发展水平和已有的经验为基础,面向全体学生,注重启发式和因材施教。处理好讲授与学生自主学习的关系,引导学生独立思考、主动探索、合作交流,使学生理解和掌握基本的数学知识与技能,体会和运用数学思维与方法,获得基本的数学活动经验。《标准》对"教为主导"做了全面的定性阐述,特别强调了教师的教学要遵循学生的认知规律和实际状况,采用不同的方式引导学生学习。

如何发挥"学为主体"?《标准》中也提到:学生学习应当是一个生动活泼的、主动的和富有个性的过程。认真听讲、积极思考、动手实践、自主探索、合作交流等,都是学习数学的重要方式。学生应当有足够的时间和空间经历观察、实验、猜测、计算、推理、验证等活动过程。以上所阐述的学习理念,其核心就是在教学中使学生积极主动地参与到有效的学习活动中。

由此可见，教学中教师的主动引导与学生的主动参与，应该是两个主动关系。现在的问题是有些教师把主动引导理解为主动提问，没有创设更好的方式让学生去发现问题、提出问题，甚至把主动引导变成了包办替代，没给学生留下空间。我们要倡导"以生为本"的课堂，一定要推行"以学定教"的教学思想。但在推行这一教学思想的过程中一些教师又片面地认为学生的"学"要比教师的"教"更重要。《标准》在基本理念中提到：教学活动是师生积极参与、交往互动、共同发展的过程。有效的教学活动是学生的"学"与教师的"教"的统一，学生是学习的主体，教师是学习的组织者、引导者与合作者。这段话也正好说明了教师的"教"与学生的"学"的关系。浙江大学盛群力教授在《论有效教学的十大要义》一文中提到的其中一个要义就是"学教统一"。盛教授认为：学习与教学究竟是一种怎样的关系呢？是学重要还是教重要，是学在先还是教在先呢？这确实难以简单、笼统地下结论。一般地说，学与教是处于同等重要的地位，决不能说倡导"生本教学"就是将学生放在首要位置。学习与教学本来就是一体两面的事情，虽然我们都同意现代教学是以学习者为中心，是一种"生本教学"。但是，这并不意味着可以轻视教学的作用，无视教师的存在，学习与教学、学生与教师，只有两个方面协调平衡了，才是我们向往的境界，有两个积极性比只有一个积极性好。盛教授在文章中还提出了另一个要义是教学要做到"扶放有度"：不要简单地说先学后教还是先教后学，学需要教的促进，没有教，也是可以学的，但是为了更高效的学，就需要教了，问题是教什么，教多少，何时何地教，这就是一个"扶放有度"的问题。

大部分教师对以上的教学理念非常赞同，还努力朝着这一方向去实施。而问题在于教师的解读程度存在着差异，所以部分教师在具体设计时就没有处理好教与学的关系，在教学的实施过程中没有把握好学生的参与度，甚至对怎样的教学才算是学生真正达到自主学习，怎样的教学才算是教师做到了有效引导不是很清晰,因而造成了教学效率低下。这也说明教师把先进的教学理念转化为自己的教学行为需要一定的过程,这一过程是不断学习与反思的过程,是长期实践与磨炼的过程。基于以上认识,本文想通过几个教学案例的分析,揭示教师在设计教学素材和处理教与学的过程中出现的几方面缺失,并提出我们如何去改进的一些做法,供大家教学时参考。

1. 担心学生无法自主,导致教与学的失衡。

教学方式的确定首先要分析学生是否能自主独立地进入学习活动,这是为了更好地引导学生自主学习必须要思考的因素。但部分教师在分析"引导"与"自主"的权衡上有时把握不定,甚至对有些教学内容教师认为学生独立探究有困难,就没有更多地考虑引导对策。

比如教学"圆的面积计算",因为学生在这之前的转化都是直边形,所以学生在没有预习的前提下能自己想到把圆等分成小扇形,并把它拼成近似的长方形或平行四边形,这一般是不大容易想到的,而且更不会想到当等分的份数越多所拼出的图形越接近长方形。教师在教学这一内容时做这样的分析是对的,可是有些老师认为学生完全自主探究有困难,所以干脆就不让学生去动手探究,只让学生观察媒体的动态演示,或观察教师的教具演示来说明剪拼的推导过程。这样的教学虽然学生看得很清楚,想得也很明白,但学生完全是处在被动的听讲上,没有经历解决问题的思维过程。出于这样的思考,我们对此课做了如下的改进。

教学片段一:

教师呈现两个图形(如图1),并提出:图中圆的面积与正方形的面积进行比较,你能发现它们之间有什么关系吗?

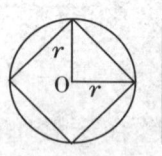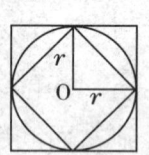

图1

学生通过观察回答出了圆的面积与两个正方形面积之间的关系是:$2r^2 < S_圆 < 4r^2$。

这时有学生猜想圆的面积可能是"$3r^2$"。

师：要想知道圆的面积准确的计算方法，我们应该用什么方法来探究呢？（学生迟疑了片刻）

师：我们在探究平行四边形、三角形、梯形的面积时都用了怎样的方法？

教师呈现预先设计好的投影，帮助学生回忆平行四边形、三角形、梯形面积公式的推导方法。使学生说出：都是把它剪拼成已学过的图形，或用两个完全一样的图形拼成已学过的图形。

师：用两个完全一样的圆能拼成已学过的图形吗？

学生同桌用两个圆片拼一拼后回答：不可能。

师：那你们能把一个圆剪拼成已学过的图形吗？

学生进入独立的操作探究过程。探究中发现一部分学生剪拼成如图2的情况。

教师展示图2情况，说明这样的剪拼无法推导出圆的面积计算方法。

接着教师展示一部分学生拼出的图3。并提出：这样拼很有意思，你们能不能把每一个扇形继续剪成两个小扇形，再拼一拼，感受一下拼成的图形发生了怎样的变化？

教师再展示学生剪拼出的图4，引导学生对图3与图4进行观察、比较，并提出：图4所拼成的图形与图3所拼成的图形发生了怎样的变化。使学生感受到图4比图3更接近平行四边形。

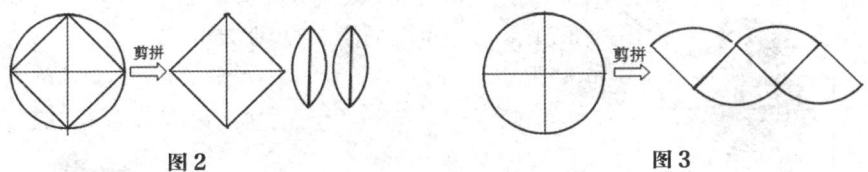

图2 图3

接着教师进一步引导学生想象，提出：如果把图4中的每个小扇形继续剪成两个小扇形，再按这样拼一拼，你还会感受到什么？

学生想象回答之后，教师再利用电脑分别动态展示剪成16等份、32等份，拼成接近平行四边形的过程如图5。

图 4

图 5

通过投影的观察、想象,学生感知到无限等分后的化曲为直的思想。

以上的教学片段给我们带来这样的思考:如果碰到学生完全自主探究有困难,应研究如何调整活动方案,如何放慢活动的速度,而不是简单地取消学生的自主探究活动。如以上的教学过程从开始引导学生猜想,再到动手尝试剪拼,接着又有目的地引导学生剪成8等份,通过8等份与4等份拼后图形的观察、比较、想象,达到初步的感知,最后让学生观察投影做进一步的想象。学生的独立探究与教师的合理引导达到有效融合,教师应在学生遇到困难时给予适当的帮助,在学生有一定感悟后,再去呈现投影,引发进一步的想象,这样的教学才能达到好的学习效果。

2. 学习素材过于单一,造成教与学的低效。

教学时教师通过具体的学习素材向学生传递信息、提出问题,引导学生参与数学的思维活动。所以学习素材对于教与学的有效性起到相当大的作用。如果学习素材过于单一,学生的思维就难以充分展开,学生的学习积极性也会受到影响。

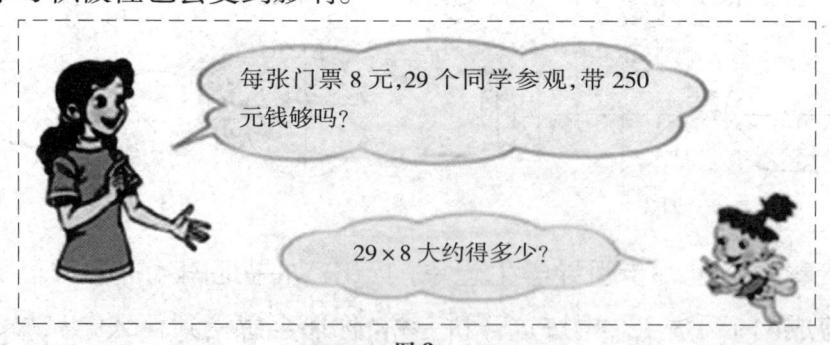

图 6

比如在教学"乘法估算"时,原教材给我们提供的例题只能列出一个算式"29×8"(如图6)。题中的问题是"带250元钱够吗",意思是只要用估算方法解决问题就可以了。而我们的学生往往不会去自觉地估算,当教师提出:你们能不能用估算的方法去解决问题,这时学生才想到把"29"看成"30"来估算。因为素材的单一,所以学生在学习这一估算时自主经历的过程太少。为此我们对此课的学习素材做了如下的改进。

教学片段二:

教材中的主题图改成如图7的对话形式,向学生提出:秋游到了,阳光小学组织三年级小朋友到游乐园去活动。你看到图上三(1)班王老师、三(2)班李老师、三(3)班朱老师是怎样对话的,这三位老师的对话能让你想到什么数学问题,请你拿出笔写一写。

学生先独立观察、思考,再分小组交流,然后教师组织学生集体交流。

生1:我知道三(1)班王老师说的话一点都没错,因为 $50 \times 8 = 400$,所以她这个班应该刚好是400元。

生2:我觉得三(2)班李老师说这样话,她班里的同学人数一定比50人要多一点。而三(3)班朱老师说这样话,她这个班的同学人数一定比50人要少一些。

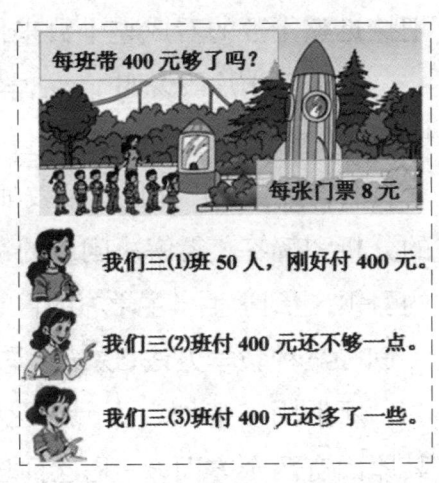

图7

师:是吗?你们是不是都这样想的?

生:是的。

师:那你们说说三(2)班可能有多少人?三(3)班又可能有多少人?

生:我觉得三(2)班可能51人、52人、53人;三(3)班可能有49人、48人、47人。

这时教师逐一写下了两组算式:51×8,52×8,53×8;49×8,48×8,47×8,并提出:为什么你们只说出这几种人数的可能呢?

生:因为三(2)班李老师说:付400元还不够一点,说明人数比50人要多,但又不能太多。因为三(3)班朱老师说:付400元还多了一些,说明她班的人数比50人要少,但也不能太少。

接着教师又提出:为什么三(2)班李老师和三(3)班朱老师都说到付的总钱数与400元有关,而没有直接说出要付多少钱呢?

生:李老师和朱老师把自己班的人数看成50人了。

师:把接近50人看成50人来计算,这种方法叫什么方法?

生:叫估算。

这时教师指着以上两组算式,让学生说一说,把这些接近50的数看成50进行估算,并用约等号连接估算结果。

师:观察以上两组算式应该怎样估算。

再次让学生总结估算方法:要根据实际需要进行估算,估算时可以把接近整十数的看成整十数来估算。

以上教学片段说明了,把学习素材改变得开放一些,必定会给学生带来更多的展示空间。通过这一例子的教学,我们得到另一启示,就是教学素材的设计要尽可能地避开教师直白的"教",要让学生自己通过学习素材的分析和解答获得解决问题的经验和方法。这也就是教师要借助于素材的引领,达到学生自主学习的目的。

3. 固守某种教学方法,缺乏教与学的创新。

所谓固守某种教法,就是大家在教同一内容基本选定的一种方法。其原因有两个方面,一是这种教法确实有一定的优势,教师也认为这种教法没有什么可以改进的;二是执教者设计思维惰性,没有与时俱进,不愿意对现成的方法做进一步的思考。因此,在教与学的处理上比较平淡,缺乏教与学的创意。

比如在教学"平行四边形的面积"一课,见得最多的方法是让学生观察一个平行四边形和一个长方形,当学生一时难以估算它们的面积大小时,教师给学生提供每格是1平方厘米的格子纸,并把这个平行四边形和长方形画在格子纸上,引导学生数出平行四边形的底和高的长度,数出长方形的长和宽的长度,再数出这两个图形的面积。从中发现长方形的面积刚好与平行四边形的面积相等,平行四边形的底与长方形的长、平行四边形的高与长方形的宽也刚好相等。由此得出平行四边形的面积就是"底×高",接着再引导学生操作验证。现行的一些教材也是按以上的方式编写的。先让学生数格子比较符合学生的认知规律,教师也确信这种教法比较成熟,似乎没有什么好改进的。但我们如果进一步深入思考学生数格子的过程就会发现,虽然在数格子时有许多的方法可以启发学生下一步如何去探究,可是在数出数量后,只要对照数量就会得出"底×高"的结果。现在的问题是当学生没有学习平行四边形面积计算方法之前,面对求平行四边形的面积,学生会怎样思考呢?它的面积与什么有关呢?它的面积应该怎样计算呢?我们的学生也许会误认为是邻边相乘,不能感受到它的面积是与它的底和高有关。今天提供给学生的是数格子的素材,学生只要按要求数就可以了,这样的教学,学生的好奇心、自主性会被激发吗?出于这样的思考我们对本课的开始环节做了以下的改进。

教学片段三:

让学生拿出四根塑料棒搭成一个平行四边形,并向学生提出:你们可以轻轻地拉一拉、玩一玩这个平行四边形。

接着提出:你们在玩这个平行四边形时感受到什么数学问题吗?

生1:平行四边形容易变形。

生2:平行四边形的形状变了,面积也变了,但周长没有变。

师:这个平行四边形变成怎样的图形时,它的面积最大?

生:变成长方形时,它的面积最大。

师:是吗?大家再慢慢地拉一拉,看一看是这样的吗?

让每一位学生都感受到平行四边形变到长方形时它的面积最大。

师:假如这个平行四边形的两条邻边分别是7厘米、5厘米,那这个长方形的面积是多少平方厘米?

教师随手在黑板上画出一个长方形,借此复习"长方形的面积=长

×宽"。

教师又提出：这些图形面积的大小变化与什么有关呢？

教师继续让学生拉一拉平行四边形的框架，先分小组说一说自己的发现，再集体交流。

生1：与角度有关。（指的是两条邻边的夹角，教师肯定他的想法有道理）

生2：平行四边形越扁，它的面积越小。

师：平行四边形越来越扁，那它的面积与什么有关呢？

生：与平行四边形的高有关。

师：是的，随着平行四边形的拉动，它的高也随之变化。

（这时教师在长方形后面随手画出了底都是7cm，而高分别是3cm、2cm、1cm的三个平行四边形）

接着教师提出：平行四边形随着它的高的变化而变化，那平行四边形的面积除了与高有关外，还与什么有关呢？

在学生思考了片刻后，投影再呈现出在高不变的情况，而底在延长的动态过程，再向学生提出：平行四边形的面积还与什么有关呢？

生：平行四边形的面积还与它的底有关。

师：那请同学们观察黑板上这一组平行四边形，你们觉得这些平行四边形的面积应该怎样计算？

学生互动交流后说道：这些平行四边形的面积分别用"7×3""7×2""7×1"来计算。

教师利用投影呈现第一个平行四边形（如图8），并提出：你们能从图中看出"7×3"就是它的面积吗？

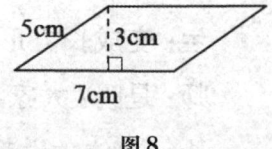

图8

通过观察、交流后，部分学生已经看出了它可以转化成长7cm、宽3cm的长方形，还有部分学生在迟疑。教师让学生继续观察，慢慢地又有部分学生想到了割补方法。这时教师再给这个平行四边形打上格子

（每格表示 1 平方厘米，如图 9）。

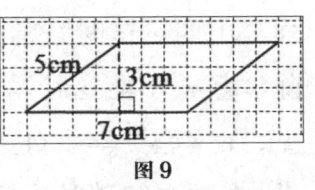

图 9

学生通过观察找到图中长是 7cm、宽是 3cm 的长方形，它的面积"7×3"就是平行四边形的面积，并说出了割补的过程。教师根据学生的表述，利用投影的动态移动展示割补过程（如图 10）。

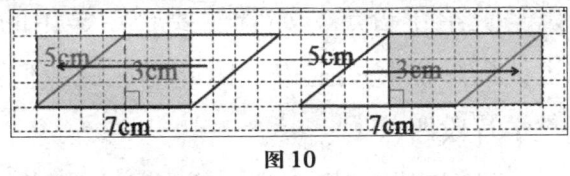

图 10

师：通过对这个特殊的平行四边形面积的观察和计算，我们可以猜想到一般平行四边形的面积应该怎样计算呢？

生：平行四边形的面积 = 底 × 高。

接着引发继续探究，让学生任意拿出一张平行四边形纸片，怎样通过剪拼把平行四边形转化成已学过的长方形，并注意不同方法的剪拼与说理。（过程略）

以上的教学过程是通过让学生玩平行四边形的塑料框架而引入的，围绕着教师提出的问题，让学生自主领悟到平行四边形的面积大小与底和对应的高有关。这样的教学是顺着学生自然感知的过程组织学习的，改变了以往的一般教法，收到了很好的教学效果。

4. 自主方式不够匹配，影响教与学的本真。

在平常的教学中我们经常发现一些教师虽然有引发学生自主学习的意识，却没有很好地分析内容特点和学生的认知规律，组织的学习活动形式与教学内容不够匹配，失去了教与学的本真。

比如在教学"有余数的除法"中的笔算时，一位教师设计了以下的活动要求：用 12 根一样长的小棒，每 4 根搭一个正方形，可以搭几个正方形？让学生动手搭一搭后，写出算式"12÷4=3"，接着教师提出：今天还要学习除法竖式，你们觉得除法竖式应该怎么写？请同学们试一试。由于学生有加法、减法、乘法竖式的基础，所以大部分学生都想到了从上往下写的形式，把被除数写在上面，除数写在下面，再画上横线，在下面写出商。这时教师无奈地提出:你们的想法是有一定的道理,但其实除法竖式不能这样写,接着还是教师介绍了除法竖式的写法。由此可见,在这里要学生自主尝试写除法竖式,学生迁移之前的竖式形式很正常,教师也知道学生迁移以前的竖式形式对除法竖式没有什么好处,所以马上给予否定。那既然要否定学生的尝试,不如把学生引导到自己去读懂除法竖式上来。因此对此课我们可以做以下的改进。

教学片段四:

呈现问题:用12根一样长的小棒,每4根搭一个正方形,可以搭几个正方形?

生:可以搭3个正方形。

师:你能写出除法算式吗?

生:12÷4=3

再呈现问题:用13根一样长的小棒,每4根搭一个正方形,结果会怎样?

生:可以搭3个正方形,还剩下1根小棒。

师:请同学们拿出13根小棒在桌上搭一搭。

学生操作后,教师把草图画在黑板上:□□□ 。

师:把它写成除法算式你会怎样写呢?

这时学生独立尝试写算式有:

13÷4=3(个)还剩1根;13÷4=3(个)……1(根)。

师:这里的除法与以前学习的除法有一点不一样,它是有余数的除法。以上两种算式写法都对,但觉得第二种更简洁一些,我们以后写有余数的除法算式就要按照第二种方法写,请大家选择第二种再写一写。

继续呈现问题:用14根一样长的小棒,每4根搭一个正方形,结果会怎样?

师:请你继续拿出小棒摆一摆,再用除法算式表示结果。

学生操作和表示之后,教师继续画出草图写出学生的算式:

□□□   14÷4=3（个）……2（根）。

师：有余数的除法还可以用竖式计算，请大家观察下面的竖式，并对照以上的除法算式和图，你能看懂什么？

$$4\overline{)14}\begin{array}{r}3\\\underline{12}\\2\end{array}\qquad 除数\rightarrow 4\overline{)14}\begin{array}{r}3\leftarrow 商\\\leftarrow 被除数\\\underline{12}\leftarrow 4\times 3\\2\leftarrow 余数\end{array}$$

让学生先独立解读竖式，再分小组进行讨论，然后组织集体交流，使学生重新找出竖式中的被除数、除数、商和余数，说出竖式中的"12"是什么意思；在交流中注意对照直观图和算式帮助学生理解竖式的各部分含义，并在竖式中逐步标出各部分的名称与含义。

以上教学片段，教师虽然主动呈现除法竖式，但没有直接介绍竖式的各部分名称，而是让学生自己去解读竖式。因为除法竖式是前人的经验总结，没有必要让学生去探究它的书写过程，关键是让学生自己去读懂竖式。这一教学片段也说明了在教学中学生的自主学习方式要根据内容特点来定，不能盲目地让学生自主学习，要有选择有方法地让学生更好地进行自主学习。

总之，要把握好"教"与"学"的关系需要全面、细致地思考，我们上面所罗列的四方面"教"与"学"之间的缺失及如何改进的案例，仅仅反映了教学中出现的四种现象。而在实际教学中还有许多现象值得我们探讨，如在教学中由于教师的问题设计过细，学生只能在教师设计的小步子下思考，出现了一问一答的教学方式；又如教师在课堂上调控不当，影响了学生的自主发挥。总而言之，教学研究是针对"教"与"学"这两个方面展开的永久性课题。

二、教学案例思考与评析

1 让学生在听故事中思考
——"用混合运算解决问题"练习课教学实录与评析

叶婉红（执教）　　陈庆宪（评析）

◎ **课前思考**

人教版义务教育教材在二年级下册第五单元编排了"混合运算"。从教材的运算角度来看，是第一次向学生介绍递等式的运算，但运算步骤只是两步的同级和含有两级（包括含有括号）的混合运算。因为学生在这之前只学了100以内数的加减法和表内乘除法，所以在混合运算中涉及的数据也只能在此范围内。从解决问题的角度来看，教材非常注重算用结合，除了从贴近学生的生活问题中引入混合运算之外，教材还编排了用混合运算解决问题的例题，注重引导学生如何针对实际问题进行审题（即根据情境图和文字素材获取信息，提出：你知道了什么？）；怎样利用获取的信息进行解题（即提出：怎样解答？）；以及解答之后如何去反思（即提出：你的解答正确吗？）。这也是人教版教材在凸显解决问题过程中的三个步骤，使学生初步掌握分析问题、解决问题、回顾反思的思考方法与途径。

本课就是学生学完这一单元之后，设计的一节偏重于解决问题的综合练习课。在设计过程中我们首先碰到的问题是怎样使训练素材形成一个整体，既能有序、连贯地围绕数学问题进行思考，又能使学生在练时有兴趣。带着这个问题我们的叶老师精心创设了比较适合低年级学生的情境素材，并以讲故事的形式贯穿教学环节，积极引导学生主动参与练习。通过几次的改进和试教，收到了很好的教学效果，现整理如下内容供大家教学时参考。

◎**实录与评析**

1. 创设情境,引入计算练习。

师:你们五一节放假都去哪儿玩啦?(学生高兴地应答着)

师:今天我们再一起去数学乐园玩一玩好吗?(生答:好!)让我们坐上大巴车一起出发吧。(屏幕上呈现如图1的9道算式,已分成了三组)

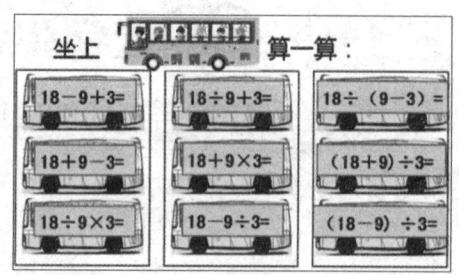

图1

师:路上有好多的车,你能快速地算出每辆大巴车上算式的结果吗?

学生很快地写出这9个算式的答案,屏幕上出示每个算式的答案,学生自己对照答案之后,教师向学生提出以下两个问题:

(1)想一想,说一说:这些算式有什么特点?

(2)每一组算式的运算顺序是怎样的?

学生分组交流后回答:第一组算式只有加减或只有乘除,运算顺序从左往右。第二组算式既有乘或除,又有加或减,要先算乘或除。第三组算式中含有小括号,要先算括号里面的。

【评析】 这9个算式都用了"18、9、3"这三个数,而且在算式中这三个数的前后位置都没有改变,仅利用了运算符号的搭配,巧妙地组成三组算式。这三组算式也恰恰代表了本单元混合运算的三种类型。学生通过计算自然总结了本单元各类混合运算的运算顺序,同时教师在呈现算式的过程中已经开始讲述故事了,学生已有了乘上大巴车去数学乐园玩的感觉,玩中学开始啦!

2. 创设题组,加强对比练习。

师:这时有3辆大巴车开进了"1号兔子基地",我们一起帮助小丽和小华解答数学问题。(屏幕上呈现图2)

学生通过观察、交流,说出:1题要与第二个算式连线;2题要与第三个算式连线;3题要与第一个算式连线;而4题还要与第一个算式连线。

师:1题连的算式的最后一步是除以3,而2题连的算式的最后一步也是除以3,那这两道题同样都除以3,在意义上有什么不同吗?

生:1题除以3是"把27只兔子,每3只放一只笼子,需要几只笼子?"也就是"27里面有几个3"。而2题是"把剩下的9只兔子平均放在3个笼子,每个笼子放几只?"也就是"把9只平均分成3份,每份是多少只?"

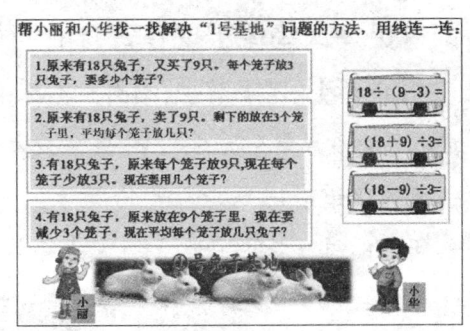

图2

师:为什么3题和4题都选了第一个算式,在意义上又有什么不同?(学生交流)

生:3题的算式括号里的"9 − 3"表示的是每个笼子放的兔子只数,求的是"18里面有几个6";而4题的算式括号里的"9 − 3"表示现在剩下的笼子的个数,求的是"把18只平均分成6份,每份是多少只?"

教师在肯定了学生以上连线与解读之后,在屏幕上又出示以下两道题,并向学生提出:你们还能帮助小丽和小华解决"2号兔子基地"问题吗?请列出综合算式解答。

(1)原来有5只兔子,现在又增加了4只,如果每只兔子一个星期吃3包饲料。现在这些兔子一个星期共要吃多少包饲料?

(2)现在有9只兔子,原来每只兔子每月的饲料费12元,现在减少了4元。现在每月的饲料费是多少元?

学生分别列出综合算式:$(5+4)\times 3$;$9\times(12-4)$。

师:这两个算式都用了括号,你们能说一说括号里算式的意思吗?

生:第一个算式的括号"5 + 4"表示现在共有9只兔子;而第二个算式的括号"12 − 4"表示现在每只兔子每月的饲料费只有8元。

师:以上两个算式第二步为什么都用乘法来计算?

生:(1)题是"每只兔子一个星期吃的3包 × 兔子的只数 = 这些兔子一个星期吃的总包数"。(2)题是"兔子的只数 × 现在每只兔子每月饲料费＝这些兔子现在每月的饲料费"。

【评析】 以上教学,教师同样是在讲述故事中引入,学生在不知不觉状态下进入了两个"养兔基地",并自觉投入到解答"养兔基地"的数学问题中。而且第一组的四道应用题是教师借助于上一环节的第三组算式编的,使学生自然地进入问题的思考,并用连线的方式寻找相应的解答。第二组应用题要求学生列出综合算式,进一步训练学生分析问题的能力。每组问题的设计,对比性都比较强,如在第一组的四道题中有"等分除法"与"包含除法"选择不同算式的对比,还有两个问题选择同一个算式的对比。在第二组的两题中列出的算式都含有小括号,教师及时抓住小括号分别表示什么意思,第二步为什么都用了乘法来计算,进一步引发学生进行质疑。学生通过这样的寻找对应解题方法和列式解答,有效地提高了学生的解题能力。

3. 创设对话,丰富综合练习。

师:我们再次坐上大巴车,来到了游乐园的门口。瞧!停车场的车可真多呀!

屏幕上先呈现停车场的情境图,接着随着情境图中小丽和小华的对话,导入问题。

图3

图4

图5

图6

情境对话一: 要求学生把视线集中在(图3)小丽和小华的对话上,

这时屏幕上逐步出示对话,同时向学生提出:你们先来看看小丽和小华怎么说的?(学生观察)

生:小丽说:小轿车停了3排,每排8辆;小华说:如果把这些小轿车停成4排呢?

师:你从小丽和小华的对话中知道了什么?想到了什么数学问题?

生:每排可以停多少辆?(这时教师又在以上情境图上出示问题,形成情境图3)

师:请大家根据图中小丽和小华的对话和问题列出综合算式。

学生列式:$8 \times 3 \div 4$。

情境对话二:屏幕的情境图又回到前面的画面,要求学生把视线又集中在(图4)小丽和小华的对话上,提出:现在小丽和小华又怎么说了呢?

生:小丽说:我们开了3辆小轿车和1辆大客车;小华说:一共要付停车费多少元?

师:你能解答小华提出的问题吗?

这时部分学生还没有从画面上找到可用的信息,教师再在画面上用红线圈出小型车和大型车的停车费,形成情境图4。

学生列式:$4 \times 3 + 6$。

情境对话三:屏幕的情境图又回到前面的画面,先出示游乐园门票的价格,再圈出小杰一家有多少人,然后先出示小丽说的话:小杰和爷爷、奶奶、爸爸、妈妈一起去游乐园玩。

接着教师向学生提出:你能根据刚才的情境想提出什么数学问题吗?

生:小杰一家买游乐园门票要多少钱?

师:好的,你们继续看小华怎么说的?

屏幕再出示小华的问题:小杰妈妈付了40元钱够了吗?(形成情境图5)

这时学生列式解答有两种情况:

第一种:$8 \times 4 + 5 = 32 + 5 = 37$(元)。40元 > 37元,妈妈付了40元钱够了。

第二种:$40 - (8 \times 4 + 5) = 40 - (32 + 5) = 40 - 37 = 3$(元)

同样说明妈妈付了40元钱够了。

情境对话四：屏幕的情境图又回到前面的画面，又先出示小丽和小华的对话。

小丽说：这次我们女生来了24人。

小华说：这次我们男生来了30人，如果9人一组。

师：现在看到小丽和小华的对话，你又想提出什么数学问题呢？

生：一共可以分成几组？

屏幕上再出示问题（形成情境图6）。

学生列式：$(24+30) \div 9$。

【评析】 这一环节教师精心设计了一幅色彩鲜艳，人和物信息丰富的情境图，并在情境图中多次创设了小丽和小华这两位小朋友的对话，教师利用对话的方式继续讲述着故事。学生随着小丽和小华的对话所创设的数学问题，在画面上提取相关信息，分析问题、解决问题。其中有三次教师要求学生针对小丽和小华的对话提出相关数学问题，再进行解答。可以看出学生在这一过程中兴趣盎然，紧紧地围绕着对话的内容充分展开思考，从而达到最佳的训练效果。

4. 创设多解，适当拓展练习。

师：在游乐园里有一个小剧场，小丽和小华又给我们提出了两个数学问题。

屏幕上又呈现以下两个问题，并提出：你们能用两种方法分别解答小丽和小华提出的问题吗？

小丽说：小剧场有32位小朋友，中途出去了4人，后来又出去了2人。你能计算现在小剧场里还剩下几人吗？

小华说：小剧场有32位小朋友，平均分成4个大组，每个大组又分为2个小组。你能计算出平均每个小组有几人吗？

第一小题，学生有两种解答方法：$32-4-2=26$（人）；$32-(4+2)=26$（人）。

师：为什么算式不一样，结果却相同呢？

生： 前面是减了两次，一次是4人，一次是2人；后面是把两次加起来一起减去，这样的结果是一样的。

师： 他的意思大家听懂了吗？是不是就是"32－4－2＝32－（4＋2）"？

师继续提出：如果把小丽说的话改一改：先中途去了6人，后来又去了4人。大家再用这两种方法列式算一算结果是否还会相同。

学生列出式子发现是相同的，教师板书：32－6－4＝32－（6＋4）。

对于第二小题，大部分学生只列出一种方法：32÷4÷2＝4（人）；

只有几个学生列出：32÷（4×2）＝32÷8＝4（人）。

师： 谁先来说一说第一种方法每一步的意思？

生： 第一步"32÷4"表示每大组有8人，再除以2表示每一个小组有4人。

师： 第二种方法只有几位同学想到，那大家再来想一想括号里"4×2"是什么意思呢？

学生经过交流，想明白了括号里是表示"一共要分成几个小组"。

师： 那第二种方法什么意思想明白了吗？

生： 总人数32人除以一共有几个小组，就是每个小组有多少人了。

教师板书：32÷4÷2＝32÷（4×2）。

师： 大家再来看看，这两个算式是相等的，它们又有什么特点呢？

学生观察思考，教师说：数学很奥妙，这样相等的算式有很多，我们以后还要进一步学习。课后你们还可以列几组这样的算式，试一试是否都相等，好吗？这节课我们大家在数学游乐园里玩着学开心吗？好了先玩到这儿吧！

【评析】 本环节第一个问题的两种解答方法学生容易理解。第二个问题的第一种解答方法也不难，而第二种解答方法对于二年级学生来说，确实有一定的难度，但要求学生针对算式来思考是什么意思时，学生还是能理解的。当然我们设计这一环节训练的目的是提高学生分析问题、解决问题的能力,不在于要求每一位学生都去掌握两种解题方法,更不是要全体学生去理解"减法性质"和"除法性质",这只是适当的渗透而已。这样做是让学生感受数学本身的奥秘,从而激发学生学习数学的兴趣。纵观本课,总结三点:

(1)练习课的练习目标和重点一定要明确。如本课的重点是用混合运算解决问题,具体地说就是用两步计算解答问题,而本课的两步计算,除了同级运算还有含有两级(包括含有小括号)的运算。

(2)练习课的练习素材尽可能简约。如本课开始的9个算式只用了三个数编出了本单元混合运算的各种类型。又如第二环节设计的题组把乘、除法的不同情况涵盖其中,使学生在练中自然地产生对比。

(3)练习课的练习过程尽可能做到符合儿童的心理情感。低年级学生思考的持续时间较短,他们学习的关注点往往会随教学素材的变化而变化。因此,以上教学最大的成功之处是教师把整节课的素材串成故事,故事中又创设了小丽和小华两个人物,学生似乎在每一环节都在帮助小丽和小华解答数学问题。再加上我们的叶老师也特别善于讲故事,通过她亲切而儿童化的语言,再通过练习素材的上下自然过渡,把学生的思维逐步地向前推进,从而取得了很好的教学效果。

 "算"中梳理　"用"中提升

——"表内除法（二）"单元整理复习课教学实录与评析

周海萍（执教）　陈庆宪（评析）

◎ **课前思考**

　　人教版原课程实验教材在二年级下册开始学习除法，教材分前后两个单元进行编排。前一单元"表内除法（一）"主要学习"认识除法"和"用2，3，4，5，6的乘法口诀求商"；后一单元"表内除法（二）"，内容除了学习"用7，8，9的乘法口诀求商"之外，还编排了"求一个数是另一个数的几倍"，以及"用乘、除两步计算解决简单的实际问题"。所以面对后一单元要上一节整理复习课，不能只局限在用乘法口诀求商的口算方法的梳理上，还需要进一步提高用表内乘、除法解决问题的能力。另外，既然是一节复习课，那一定要突出梳理知识、熟练技能，要让学生积极主动地参与到整理、训练之中。带着这样的思考我们对此课做了精心的设计，试教后收到较理想的教学效果，现把教学过程进行简要的整理和评析，供大家教学时参考。

◎ **实录与评析**

1. "算"中梳理。

　　（1）分组口算后的梳理。（教师分组逐一出示以下算式，让学生口算出括号内的数）

```
① 4×7=(　)        ② 5×8=(　)        ③ 6×9=(　)
  28÷7=(　)          40÷5=(　)          56÷6=(　)
  28÷4=(　)          40÷8=(　)          54÷9=(　)
```

```
④ 42÷6=(  )        ⑤ 4×7=(  )        ⑥ 9×9=(  )
  (  )×(  )=42         28÷7=(  )          81÷(  )=(  )
  42÷(  )=6            28÷4=(  )
```

学生口算之后整体呈现以上六组算式，让学生观察后说一说：①、②、③、④组，每组中的三个算式都用了同一句口诀，也就是一个乘法算式可以想到两个除法算式，或从一个除法算式可以想到乘法算式和另一个除法算式。⑤组计算时要看清运算符号。⑥组质疑为什么只有一个除法算式。

【评析】 课始采用直接口算引入，起到两方面的作用：一是通过口算抢答，使学生较快地进入学习状态；二是回忆口算方法，教师把有联系的乘、除算式分组出示，目的是让学生通过口算复习用同一句口诀去计算乘或除。在这一过程中还特意插了一组是一个乘法和两个加法的式子，这样就又自然地提醒了学生，在计算时要看清运算符号。

(2)填写算式后的梳理。

教师紧接着以上的口算随机板书：( )÷7=( )，并提出：这是有关"7"的除法算式，你能写出更多的除数是"7"的算式吗？

学生独立写算式后，投影有序地出示了9个算式。

接着教师又提出：在本单元主要学习了"用7、8、9的乘法口诀求商"，那你们还能写出除数是8或9的更多算式吗？

教师随手板书：( )÷8=( )，( )÷9=( )。

当学生独立完成后，反馈时进行有序呈现，形成下表：

7÷7=1	8÷8=1	9÷9=1
14÷7=2	16÷8=2	18÷9=2
21÷7=3	24÷8=3	27÷9=3
28÷7=4	32÷8=4	36÷9=4
35÷7=5	40÷8=5	45÷9=5
42÷7=6	48÷8=6	54÷9=6
49÷7=7	56÷8=7	63÷9=7
56÷7=8	64÷8=8	72÷9=8
63÷7=9	72÷9=8	81÷9=9

表一

师：请观察表格，你能发现什么吗？

生：我发现每一列除数都是一样的，每一列从第一个算式开始的商都是从 1 到 9。

师：你刚才说的，也就是每一列的除数不变，商都在变化，那为什么后一算式的商要比前一算式的商都大 1 呢？

生：第一列的被除数每一次都增加了 7。

师：是吗？你们都发现了吗？那第二列的除数都是 8，被除数又是怎样变的呢？第三列又是怎样变的呢？

（学生互动交流后，再组织集体反馈得出每一列的变化规律）

师：在这张表格中，哪两个除法算式要用到同一句口诀求商？

生：56÷7=8 与 56÷8=7，63÷7=9 与 63÷9=7，72÷8=9 与 72÷9=8 这三组算式，每一组都是用同一句口诀求商的。

师：用到同一句口诀求商的除法算式又有什么特点？

生：刚好除数与商调换了位置。

师：那好，既然用了同一句口诀，我们就可以去掉三个算式，屏幕上先呈现下面的表二，然后把表二复制，再把剩下的算式的除数与商做动态的调整，呈现出下面的表三：

7÷7=1	8÷8=1	9÷9=1		7÷1=7	8÷1=8	9÷1=9
14÷7=2	16÷8=2	18÷9=2		14÷2=7	16÷2=8	18÷2=9
21÷7=3	24÷8=3	27÷9=3		21÷3=7	24÷3=8	27÷3=9
28÷7=4	32÷8=4	36÷9=4		28÷4=7	32÷4=8	36÷4=9
35÷7=5	40÷8=5	45÷9=5		35÷5=7	40÷5=8	45÷5=9
42÷7=6	48÷8=6	54÷9=6		42÷6=7	48÷6=8	54÷6=9
49÷7=7	56÷8=7	63÷9=7		49÷7=7	56÷7=8	63÷7=9
	64÷8=8	72÷9=8			64÷8=8	72÷8=9
		81÷9=9				81÷9=9

表二　　　　　　　　　　　　　表三

师：对照表二与表三的除法算式，能找到用同一句口诀求商的算式吗？

（这时学生说了很多两个一组的算式，在教师的引导下汇总了以下说法）

生：表二的第一列与表三的第一列都用了7的乘法口诀。

（接着让学生完整说出表二的第二列与表三的第二列都用了8的乘法口诀，表二的第三列与表三的第三列都用了9的乘法口诀）

师：观察表二，横着看，你们还可以发现什么呢？

生：商是相同的。

师：第一横行的商都是1，那商是1的算式还有吗？

生：还有1÷1=1，2÷2=1，3÷3=1，4÷4=1，5÷5=1，6÷6=1（投影随机出示这些算式）

师：第二横行的商都是2，那商是2的算式还有吗？

生：2÷1=2，4÷2=2，6÷3=2，8÷4=2，10÷5=2，12÷6=2。

师：2÷1=2与2÷2=1可以用同一句口诀求商，我们把"2÷1=2"就不写了好吗？

接着引导学生依次补充出示其他算式，形成表四：

1÷1=1	2÷2=1	3÷3=1	4÷4=1	5÷5=1	6÷6=1	7÷7=1	8÷8=1	9÷9=1
	4÷2=2	6÷3=2	8÷4=2	10÷5=2	12÷6=2	14÷7=2	16÷8=2	18÷9=2
		9÷3=3	12÷4=3	15÷5=3	18÷6=3	21÷7=3	24÷8=3	27÷9=3
			16÷4=4	20÷5=4	24÷6=4	28÷7=4	32÷8=4	36÷9=4
				25÷5=5	30÷6=5	35÷7=5	40÷8=5	45÷9=5
					36÷6=6	42÷7=6	48÷8=6	54÷9=6
						49÷7=7	56÷8=7	63÷9=7
							64÷8=8	72÷9=8
								81÷9=9

表四

【评析】 以上教学教师先给学生创设了开放的素材,让学生自己去写出除数是7、8、9的所有表内除法算式,整理成表后再引发学生观察比较、寻找规律。教师变换和补充表格的算式,目的是使学生梳理出了用乘法口诀求商的所有表内除法。学生在梳理过程中不仅熟练了用口诀求商,而且进一步发现除数不变"被除数和商的变化规律",以及商不变"被除数与除数的变化规律"。

2. "用"中提升。

(1)针对算式,联系问题。

师:我们学习除法的目的是为解决生活中的实际问题,比如"35÷7=5"这个算式在生活实际中什么时候要用到它呢?(屏幕上先在左边出示"35÷7=5",再在右边出示6道题如下)

$35÷7=5$
①有35个同学,分成7组,平均每组有几人?
②有35个同学,每组7人,可以分成几组?
③有35个女同学,7个男同学,一共有几人?
④有35个女同学,7个男同学,女同学比男同学多几人?
⑤每组有7人,5组共有几人?
⑥有35个女同学,7个男同学,女同学是男同学的几倍?

生:右边的问题中①、②、⑥三题都用到"35÷7=5"来计算。

师:那其他三道分别又是怎样列式的呢?

生:③题用"35＋7",④题用"35－7",⑤题用到"7×5"。

师：①、②、⑥三题都要用了"35÷7=5"进行计算,那么它们之间又有什么不同呢？

学生经过交流得出：①题是把35平均分成7份,求每份是多少？②题是求35里面有几个7？而⑥题是求35是7的几倍？

【评析】 我们知道要提高学生解决问题的能力,关键要进一步强化除法的基本概念和掌握基本的数量关系,使学生能够清晰地区分在什么条件和问题下用到除法来计算。为了达到这一目的,教者在以上练习片段中借助于一个除法算式,引发学生自己去寻找对应的问题,通过一对三的思考,从整体上认识到求平均每份数、求一个数里面有几个另一个数、求一个数是另一个数的几倍等问题都用到了同一个除法算式来计算。

（2）分析素材,提出问题。

教师继续呈现算式"24÷8=3",并向学生提出：这个算式分别对应着三个情境图（屏幕呈现下面的情境图1）,你们能针对每幅图的信息,并联系算式给每幅图补上相应的问题吗？

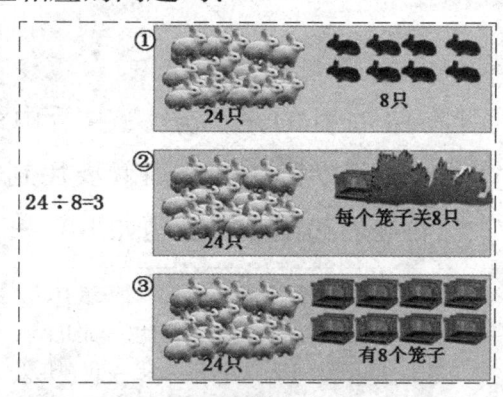

图1

学生经过独立思考、小组交流后得出：

根据图①的信息补上的问题是：白兔的只数是黑兔的几倍？

根据图②的信息补上的问题是：需要几个笼子？

根据图③的信息补上的问题是：平均每个笼子关几只兔子？

【评析】 教师引导学生针对算式和所给素材提出相应的问题,使学生再次用

"以算引用"的方式去认识除法所能解决的三种情形的实际问题,进一步掌握解决问题的分析方法。

(3)借助情境,提升问题。

①教师出示情境图2后提出:根据图中的已知信息你能计算出结果吗?

图2

生:因为不知道有几只兔子,所以没办法计算。

教师随手板书"(   )÷8=(   )",并提出:那你们猜一猜草丛后面可能有多少只兔子?

学生兴趣高涨,说出了不同的只数,如有:16只、24只、32只……并让学生随机地说出相应的算式:16÷8=2,24÷8=3,32÷8=4……

接着教师又提出:你们猜的都有可能,如果是17只兔子,平均每个笼子关2只,会出现什么情况呢?

生:就有一只兔子关不下了。

师:是吗?

生:因为这里只有8个笼子,8×2=16,所以17只兔子,还有一只兔子关不下了。

②教师接着把图2中的草丛移去,先呈现出左边"原来有20只",再以动画的形式出示右边"又增加了4只"(如图3),并向学生提出:看到这个图说明算式"(   )÷8=(   )"第一个括号内不能直接填上"24",那应该填上怎样的算式?

图3

生：在括号里要填上"20＋4"。

教师随机板书：(20＋4)÷8=24÷8=3

（使学生领悟到：像这样的情境问题需要用到两步计算）

接着屏幕又出示图4，先看到

图4

的是一行6只兔子，还有几行又被草丛遮盖住，又问：只知道一行小白兔，能求出平均每个笼子关几只小白兔吗？

生：还要知道有几行兔子。

师：那好！我先告诉你们像这样的共有4行，你们能列出算式并计算出平均每个笼子关几只吗？

让学生独立写出算式并算出结果：

6×4÷8=24÷8=3

接着出示图5。

图5

接着教师继续分前后板书算式："6×3÷9" "4×8÷7"，同时投

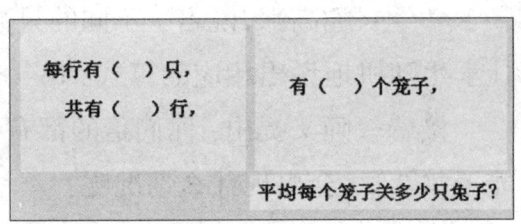

图6

影出示图6，让学生针对每一个算式和图意进行数量填空。

学生填数后，让学生继续质疑，进一步理解这两个算式都是"先计算总数量，再把总数平均分成几份，求每份数是多少？"

③教师又把情境图变换成图7后提出：你还能列式计算吗？

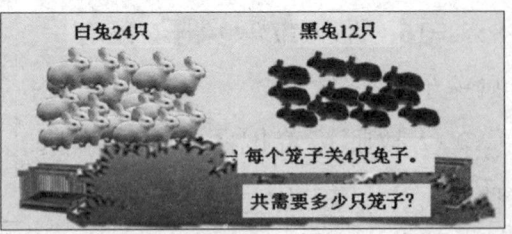

图7

使学生列出：(24＋12)÷4=36÷4=9

反馈时，为引起学生注意，特别强调：最后一步的除法是求"36里面

有几个4"。

④情境图又变换成图8后提出:你能针对这张图,列式计算吗?

学生列出:36÷4×5=9×5=45

图8

紧接着教师又把情境图中"每个笼子关5只"依次改为:6只、7只、8只,让学生继续分别写出算式:36÷4×6,36÷4×7,36÷4×8。

学生分别写出算式计算后,教师又提出:在图上,我们让一个条件发生变化,你们会发现什么没有变?

生:"36÷4"没有变。

师:也就是在图中什么没有变?

生:笼子的个数都是9个。

师:那什么变了呢?

生:每个笼子关的兔子只数在变,所以兔子的总数变了。

师:是的,笼子都是9个,由36除以4得到的,因为每个笼子关的兔子只数在增加,所以兔子的总数在增加。

【评析】 以上教学片段明显地体现出了"以算引用"和"以用促算"的算用结合思想。通过对这四步的练习过程进行分析,达到以下教学效果:

第一步借助于情境图和算式"( )÷8=( )"的开放性想象,获得了更多的"用8的乘法口诀求商"的问题素材。当然我们引发学生猜测兔子只数不是主要目的,重要的是让学生在猜想的过程中得到更多的计算训练,并同时在数量的变化中适当渗透了有余数的除法。

第二步情境图的变换是对兔子只数的呈现方式做了改变,这种改变能使学生自然感悟到如何从一步计算发展到用两步计算解决问题。教师在这一教学过程中还抓住"先乘后除"的数学模型,并通过图中开放性的填空,使学生获得了比较扎实的训练。

第三步在情境图的变换中自然引进了"求一个数里面有几个另一个数"的实

际问题(即36里面有几个4),使学生在练中感受到第二步的除法与上面情境的除法是有区别的。

第四步继续通过情境图的变换,不仅给学生创设了"先除后乘"的计算模型,而且在多次数量动态变换中使学生感受到变与不变的关系,达到熟练掌握类似问题的解题方法。

以上教学片段所用的素材,看似都是在解答兔子只数与笼子个数的问题,实际上是围绕着同一背景素材,较好地激发了学生的练习热情;也恰恰有了同一背景素材的几次变换,进而引发了学生递进性的思考,提高了学生解决问题的能力。

3 排除视觉干扰 增强对比感知
——"克和千克"前后两次教学实录与评析

卓秋月（执教）　　陈庆宪（评析）

◎ **课前思考**

"克"和"千克"是人教版义务教育教材二年级下册的教学内容，它是学生第一次认识质量单位。对于质量单位学生是看不见的，只能通过亲自体验来获得。所以在教学中教师会重视让学生去掂一掂物品，从中感知几克、几十克、几百克、1千克或几千克。这说明让学生亲手掂一掂物品的感知过程是相当重要的，那么在教学中选择怎样的材料来掂，把握怎样的时机来掂，这些因素都是上好本课的关键。比如下面的第一次教学方法，此教法是我们平常见到最多的一种教法，在这种教法中教师虽然比较重视让学生经历掂一掂物品的体验，但由于呈现的时机和呈现的材料不是特别科学，所以影响了学生对克和千克的感知。第二次教学我们从材料和呈现方式上做了较大的改进，主要优点是排除了学生对物品视觉上的干扰，增强了对比的感知。下面把前后两次的教学简要过程做了整理分析，供大家参考。

◎ **实录与评析（第一次教学）**

1. 揭示课题，了解起点。

　　师：有两位小朋友在聊天说到"我的体重是30米"。你们认为他们说的对不对？为什么？

　　生：不对，体重不能用"米"。

　　师：是的，"米"是长度单位，体重要用到质量单位"克"和"千克"。今天我们就要一起学习"克和千克"。在你们的日常生活中见到过或听到过"克"和"千克"吗?

学生说了一些在日常生活中见到过的例子后,教师借助于投影呈现超市场景,并放大一些学生常见的生活用品和食品,突出包装上对质量的标记,引导学生观察,并读出多少克或多少千克,同时认识字母 g 和 kg 分别表示克和千克。

2. 实践体验,感知克和千克。

(1)感知"克"。

师:请大家拿出学具袋找一找,用手掂一掂,哪些物品计量时是用"克"做单位的。

(学具袋中预先放有学生日常食用的小食品,在包装盒上写有如 100 克、30g 等。还有一支铅笔、橡皮擦、1 元的硬币、1 角的硬币等)

学生从学具袋逐一拿出物品进行观察,掂一掂后,教师提出:你们觉得哪个物品的质量最接近 1 克。

这时大部分学生都找出 1 角的硬币。教师指出:是的,这 1 角的硬币是最接近 1 克了。

教师在投影上又呈现出了 2 分币、1 角币和 1 元币,向学生指出:这 2 分币大约是 1 克重,而这 1 角币实际上大约有 3 克重,1 元币大约有 6 克重。请大家把 1 角和 1 元的钱币分别拿在手上再掂一掂,感觉怎样?

生 1:都很轻、很轻的。

生 2:1 元的硬币和 1 角的硬币哪个重一些?

师:说得很好,你们还能找一找身边 1 克重的物品吗?

(很多学生都找得不是很准确,这时投影出示了 2 枚 1 分币大约 1 克重、2 枚回形针大约 1 克重、6 粒黄豆大约 1 克重,让学生识图)

师:你们还能找一找比 1 克要轻的物品吗?

(学生先说到了屏幕上呈现的 1 枚 1 分币、一枚回形针、一粒或两粒黄豆。接着在教师继续引导下学生说到了一根羽毛、一根细毛线等)

接着教师引导学生进行小组合作,估一估橡皮擦、铅笔、数学书大约有多少克?

学生活动之后,教师组织集体交流。

生:这支铅笔大约有10克、20克;这块橡皮擦大约有10克、30克;这本数学书大约有100克、200克、400克。

师:要准确知道这些物品有多少克,我们要用到什么工具呢?

生:要用秤来称一称。

教师出示一架天平,与学生一起分别称出这些物品的质量。

(再让学生把这些物品放在手上掂一掂)

(2)感知"千克"。

师:刚才我们一起称出了这本数学书大约有250克,那有几本这样的数学书是1千克呢?

生:有四本这样的数学书。

师:为什么?

生:250克+250克+250克+250克=1000克。

教师随手板书出这一式子,并写出:1千克=1000克。

师:请大家合作把四本数学书叠在一起放在手掌上掂一掂,感受1千克到底有多重。

紧接着教师提供了2包盐,每包标有500克,再让学生用手掂一掂一包的质量和两包的质量。使学生感受500克与1千克的区别。

师:你们来猜一猜一把凳子大约有多少千克?

(学生用手提一提凳子猜它的质量,学生猜的最轻的有3千克,重的有20千克。这时教师明确告诉学生这一把凳子4千克多一些)

接着再让学生估一估身边的物品大约有多少千克?

3. 组织练习,加深感知。

把"克"和"千克"填入下列相应的括号内:

1个乒乓球重约3(　　)　　1包大米重约15(　　)

1个苹果重约200(　　)　　1袋洗衣粉重约2(　　)

小华今年7岁了,他的体重大约有20(　　)。

【评析】 以上教学过程是从引导学生感知"克"开始,再到感知几十克与几百克的物品质量,最后再去感知千克和几千克。这与人教版教材的编排的顺序相同,而在感知1克时,教师没有采用课本上所介绍的要用2分币让学生放在手上掂一掂,因为在生活实际中2分币确实也很少用到。所以教师只在投影上呈现2分币的图片,让学生掂一掂的是1角和1元的硬币。我觉得这样的处理还是可以的,问题是在以上的教学中,教师虽然比较注意让学生经历掂一掂的过程,试想要学生体验不同物品轻重与多少克或多少千克的对应感知,但从实际教学效果分析存在着以下两个问题:

① 在对"克"的认识这一环节的一开始,就先让学生用手去掂一掂硬币,尽管教师要学生掂一掂1角币和1元币的质量,但学生几乎感受不到它的质量,只会说"很轻的"。当掂一掂其他物品时也只会说"有点重",当进一步问学生大约有多少克时,大部分学生基本上是乱猜。因为他们对"1克"的感知是相当模糊的,很难把"1克"作为参照物去判断其他物品大约有多少克。

② 虽然教师多次让学生掂一掂不同的物品,但学生在用手去掂之前,首先是视觉的感知。学生往往因物品的大小或物品材料的不同,先有了潜意识的判断,这种潜意识恰恰干扰了用手去掂出物品大约有多少克的感知。

◎ 实录与评析（第二次教学）

1. 揭示课题,了解起点。

师:今天我们一起学习"克和千克"（揭示课题）。

接着与第一次教学一样,呈现超市场景和学生常见的商品和食品,明显地突出各包装上的质量,让学生找一找、读一读。

师:你们知道1千克就是多少克吗?

生:"1千克就是1000克"。（教师板书:1千克=1000克,1kg=1000g）

【评析】 这一环节从生活场景引入,直接去观察解读商品包装上的质量,我们觉得还是很需要的。它一方面可以激发学生的学习兴趣,另一方面利于教师了解学生生活的积累,为本课的学习做准备。这次教学与第一次不同的是在引导学生读商品质量的同时,把"1 千克"与"1000 克"相等关系揭示出来了。

2. 活动体验、感知质量。

活动一:初步感知 500 克。

师:请同学拿出这包米,先看一看这包米有多少重?(分成 6 人一组,每组一包 500 克大米,学生观察标签后说出是 500 克)

师:请每一位同学把这 500 克的大米放在手掌上掂一掂,感受一下它有多重。(每组同学活动体验大约用了 2 分钟)

活动二:体验 1 千克和 1 千克内的物品质量。

师:刚才每位同学都感受到 500 克有多重了,下面请各组从抽屉里拿出四个黑袋子。(如图每袋从外观上看没有两样,只是给每袋编上号)

同时投影呈现下面两条活动要求:

(1)每位同学分别掂一掂这四个袋子有多重。

(2)各组把这四个袋子按照从重到轻的顺序排一排。

这时各组很快地掂出轻重,教师根据学生的汇报,投影呈现出四个袋子从重到轻的顺序。(如图)

接着投影上又呈现以下活动要求:

(1)独立对照这包 500 克的大米,掂一掂、估一估每个袋子大约有多少克,并把结果记在纸上。

(2)各组互相交流,尽量统一意见。每组准备派代表向全班汇报。

各组活动后,教师让各组派出的代表把估计的结果写到大黑板上。(如下图)

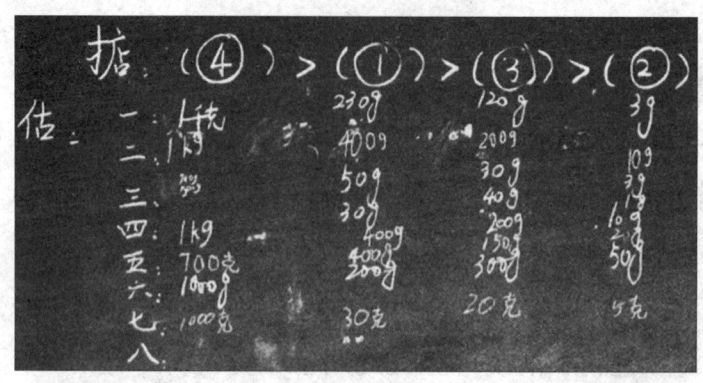

从活动结果来看,最重的 4 号袋有 6 组估到 1 千克,另外两组分别是 700 克、800 克。

师:你们是怎样估出 4 号袋的质量的?

生:这 4 号袋感觉比这包米要重,好像有 2 包米这样的重,所以就是 1 千克。

(学生对于第二重的 1 号袋有 3 组估出 400 克;3 组估了 200 克及以上;2 组估在 100 克以下)

接着教师又提出:你们对 1 号袋又是怎样估的?

生 1:因为 1 号袋与这包米比,它轻了很多,所以我们这组估了 200 克。

生 2:1 号袋与这包米比,好像只轻了一些,所以我们组估了 400 克。

再接着教师组织学生评价最轻的 2 号袋,教师提出:2 号袋有 6 组估在 10 克或 10 克以下,只有两组分别估了 20 克和 50 克,这到底又是怎样估的呢?

生:2 号袋最轻了,放在手上好像一点感觉都没有。

师:那要准确知道这四个黑袋子有多少克,我们又要怎么办呢?

生:要用秤来称一称。

这时教师拿出一架电子秤,与学生一起按从重到轻的顺序分别称出了 4 号袋刚好是 1 千克,1 号袋是 300 克,3 号袋是 100 克,2 号袋是 10 克。

接着让学生把自己小组估计的不正确的质量重新改回来。

师:现在我们知道每袋有多重了,下面请大家再掂一掂每个袋子,感觉一下1千克、300克、100克、10克到底有多重。

【评析】 这一环节教师先引导学生去掂一掂一包500克的大米,接着让学生拿出预先给各组准备好的四个黑袋子,第一次只掂出它们的轻重。第二次要学生参照这包500克大米去掂一掂、估一估它们分别有多少克。我们特意设计的四个黑袋子从外观上看没有差别,以此排除了视觉上的干扰,全凭手上的感觉进行探索。最后,教师利用电子秤与学生一起进行验证,又让学生在了解具体质量的情况下去掂一掂各袋。使具体质量与手上感觉一一对应,从而达到对质量的感知。

活动三:感知体验1克和几克物品的质量。

师: 请大家再用手摸一摸每一个黑袋子,有什么感觉呢?

生: 好像每个袋子里都放着一个同样大的盒子。

师: 是的,老师在每个黑袋里都放着一个同样大的快餐盒。同样大的快餐盒,为什么有重有轻呢?

生: 快餐盒里放的东西不一样。

师: 那你们猜一猜每一个快餐盒里放着什么东西呢?

生1: 我想4号袋可能放着大米。

生2: 袋子里的盒子好像与500克的大米质量差不多,如果放着大米,那可能是500克左右吧。

师: 你们听懂这位同学的意思了吗?(生表示听懂了)谢谢你!你说得很有道理,真棒!

生3: 我觉得4号袋里可能放着石头吧。

师: 被你猜中了,这4号袋里确实放着一些小石头。那你们来猜1号、3号、2号袋里可能放着什么呢?

生1: 1号袋子里放的石头好像比4号袋放的少一些,3号袋比1号袋放的石头更少一些。

生2: 2号袋可能放着很轻的东西吧。

师: 1号袋和3号袋一定要放石头吗?(学生说了其他一些东西)

师：如果每袋都打开看，时间上不允许，那我们就把 3 号袋打开看一看好吗？

学生非常好奇，小心翼翼地打开了 3 号袋，发现里面放着黄豆。（如下图）

师：我们刚才已称过 3 号袋刚好是 100 克，这只黑袋和快餐盒合在一起也不到 10 克，那你们觉得 1 克大约有几粒黄豆呢？

学生观察后，各小组拿出的粒数比较接近，最多的有 10 多粒，最少的有 4 粒。

师：1 克重的东西放在手上很难感受到它的质量，它只能放在特殊的秤上去称（教师出示一架天平），用这架天平才能称出 1 克或几克的物品。

教师拿出了 6 粒黄豆放到这架天平上去称，使每位学生都知道这样的 6 粒黄豆大约是 1 克重。

师：请同学拿出 6 粒黄豆放在手心中再掂一掂，有什么感觉？

生：很轻、很轻的，一点感觉都没有。

师：下面请大家拿出 1 角硬币和 1 元硬币，分别放在手上掂一掂，有什么感觉？猜一猜它们大约有多少克？

生：1 角硬币大约有 1 克、2 克、3 克；猜到 1 元硬币大约有 5 克、6 克。最后教师把它们分别放在天平上称，得出 1 角硬币大约有 3 克，1 元硬币大约有 6 克。

这时投影上出示 2 分币大约是 1 克，2 枚回形针大约是 1 克，6 粒黄豆大约是 1 克。

教师接着又提出：你还能找一找比 1 克还要轻的物品吗？

生：2 粒黄豆、1 枚回形针、一根头发、一根羽毛、一张薄薄的纸……

投影上又出示了一些比 1 克要轻的物品图片。

【评析】 活动三开始时教师很好地利用了学生在平常生活中积累的经验，

引发学生根据每一袋的质量去猜每个袋子里可能放的是什么东西,从而又一次激发了学生活动的兴趣。这一活动的最终目的是认识"1克",我们采取的方法不是直接让学生拿出大约1克的物品来感知,而是利用了上一环节对3号袋有100克的感知,去估计1克黄豆大约有几粒。因为要学生用手掂出1克的物品是不可能的。教学过程中我们还发现有的学生是把里面的黄豆大约分成10份或9份,通过一份的质量去估测1克的粒数。这是一个由多及少的推理过程,是学生观察与推理相结合的过程。当学生初步知道6粒黄豆大约是1克重的时候,教师再次利用天平,介绍如何称出1克和几克的小物品。在学生感知1克之后,教师又趁机引发学生去联想日常生活中哪些物品比1克还要轻,并通过投影,加深了学生对"克"的感知。

活动四:体验几千克重的物品质量。

教师在屏幕上先呈现活动要求(1):

(1)先掂一掂4号袋的1千克,再掂一掂身边哪些物品大约也有1千克?

学生一边寻找,一边用手掂。

生1:我们把两组的两包大米合起来刚好是1千克。

师:很好,每包500克,两包就是?

生:500克 + 500克 =1000克。(教师随手写出这个式子)

师:我们也可以掂掂两包大米1千克,再去找一找身边哪些物品合起来大约也有1千克。

生2:我把一本数学书加上我的文具盒,再加上两本作业本,合起来大约是1千克。

生3:我把四本数学叠在一起大约是1千克。

师:照这样一本数学书大约是多少克?

生:大约是250克。(教师随手板书:250克 + 250克 + 250克 + 250克 =1000克)

教师在屏幕上继续呈现活动要求(2):

(2)先找一找身边比1千克要重的物品,再掂一掂它大约有几千克?

生4：我坐的凳子比1千克要重，大约有5千克。

生5：我的书包大约有3千克。

教师又用弹簧秤检验学生对凳子的估测，称出这把凳子有4千克多一些。（再让学生用手提一提这把凳子，感受一下4千克多一些的质量）

【评析】在以上的活动中教师再次让学生掂一掂1千克的4号袋，凭着手上对1千克的感觉去寻找身边大约是1千克和几千克的物品。这样学生在"掂"与"估"中，很少出现乱猜的情况，估出的质量与实际都比较接近。

3. 问题练习，加深感知。

(1) 请同学们思考以下两个问题：

①哪些物品常用"克"作单位？

②哪些物品常用"千克"作单位？

学生在小组交流后回答出：计量比较轻的物品用"克"作单位；计量比较重的物品用"千克"作单位。

(2) 把"克"和"千克"填入下列相应的括号内（具体内容与第一次教学的练习相同）。

【总评析】纵观以上两次教学，从学习素材来看，第二次教学我们创造性地给学生提供了四个外观一模一样的黑袋子，学生在掂一掂这四个黑袋子的轻重时，完全避开了物品大小和材料的视觉干扰，凭着对500克大米轻重的感知，在比较中估测出每一袋的克数。从教学流程来看，第二次教学改变了通常先认识"克"的做法，教学时从感知500克入手，凭借手上对500克的感知去推估1千克、几百克和几十克，并从100克的黄豆中估出1克有几粒。这样的教学是把1千克与几百克、几十克，直到1克合为一体同时认识。接着为了进一步认识1千克，教师再次让学生利用对1千克物品的感知，去寻找身边哪些物品的质量是1千克和几千克。这样的教学流程不但降低了对质量单位的感知难度，而且让学生在感知的过程中有了一定的参照支撑。总之，第二次教学的各环节紧紧抓住对比的感知，更加凸显了学生的自主活动，使学生在活动中逐步加深对克和千克的认识。

4. 遵循规律的简约 凸显思维的本真
——"用连乘解决问题"两次教学后的思考

叶罗艳(执教) 陈庆宪(评析)

我们对人教版原课程实验教材三年级下册的"用连乘解决问题"进行了两次教学研讨,现把两次教学的主要片段与思考整理如下。

◎**实录与反思(第一次教学)**

1. 情境引入,尝试解答。

(1)呈现主题图,了解信息。

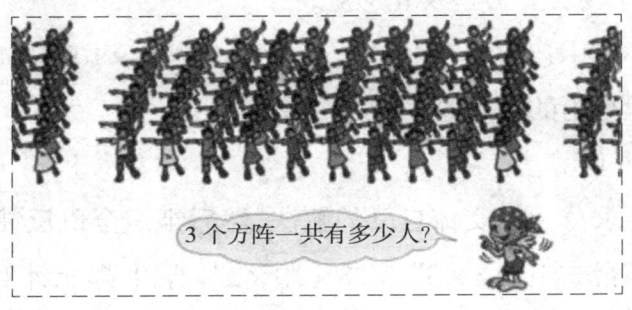

图1

教师在投影上呈现课本的主题图(如图1),并提出:某校三年级小朋友在操场上做操,排成这样的3个方阵。要计算3个方阵有多少人? 你们还需要了解什么信息?

生1:要知道3个方阵多少人,先要知道每一方阵多少人?

生2:什么叫方阵?(教师做了解释:排成每行人数一样多的队形叫方阵)

师:是的,现在一下子看不出一个方阵到底有多少人?但你们能观察一个方阵有几行?每行有几人吗?

学生通过观察很快说出:每个方阵有8行,每行有10人。(教师把

这两条信息也出示在屏幕上）

（2）独立思考，尝试解答。

师：为了看得更清楚，我们可以把图上每一个小朋友用一个小圆圈来表示（屏幕上呈现图2，每位学生课前也发了这样的方阵图）。同时在屏幕的下方呈现以下的学习要求：

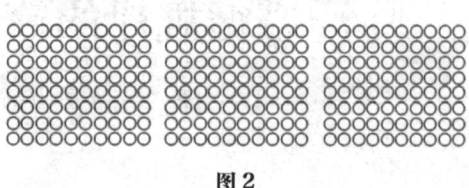

图2

①观察方阵图想一想，列出算式解答。

②把你的计算方法每一步的意思在图上圈一圈、画一画表示出来。

③你还能想出其他的方法吗？

通过独立思考，大部分学生都写出了分步式"$10×8=80, 80×3=240$"，或"$8×10=80, 80×3=240$"。接着在教师的引导下要求学生把分步式写成综合算式："$10×8×3$"或"$8×10×3$"。

在这一环节中还有少部分学生写出了："$8×3×10$"或"$10×(8×3)$"；发现两位同学写出的算式是"$10×3×8$"。

2. 组织交流，理解算法。

教师先要求分小组交流自己的解法，然后组织全班反馈评讲。

（1）对于算法"$10×8×3$"或"$8×10×3$"，学生都能针对图清晰地表述"$10×8$"或"$8×10$"都是先求出每一方阵的人数，再乘"3"就是求出三个方阵共有的人数。

（2）对于算法"$8×3×10$"或"$10×(8×3)$"，教师问："$8×3$"这一步表示什么意思？

生：表示3个方阵共有几行。

这时大部分学生还有疑惑，教师利用课件演示把三个方阵重新排成图3的情形，使学生直观地看出"$8×3$"表示的是"3个8行"，也就是一共有24行，每一行仍然是10人，即"$8×3×10$"或"$10×(8×3)$"就是3个方阵的总人数。

教师还继续利用投影的演示,把这里的"8"看成每一列的人数,那"8×3"就表示3列看成一大列有多少人,然后乘"10"表示有10个大列共有多少人。

(3) 对于算法"10×3×8",教师问:"10×3"这一步表示什么意思?

在学生迟疑片刻后,教师又利用课件的演示把每一方阵的一行框在一起,并向学生提出:现在你能从图中看出"10×3"的意思吗?

生:表示3行共有多少人。

师:请大家看图把3行看成一大行,总人数就有这样的几大行呢?

生:有这样的8大行。

教师边提问边演示,屏幕上逐步呈现思考过程如图4。

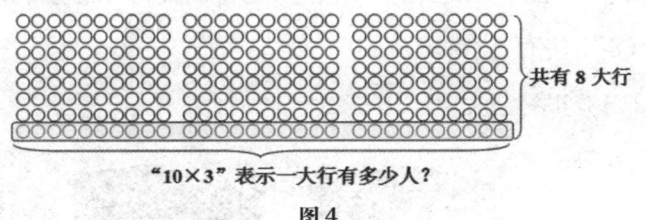

图4

3. 分层练习,巩固提升。

练习1. 完成课本中的做一做题目如图5。

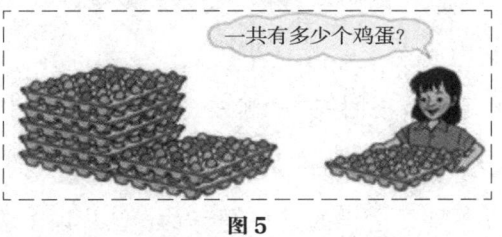

图5

学生通过对图的观察,很快找到一层鸡蛋有6行,每行有5个鸡蛋,并很快数出共有8层。全体同学都列出"5×6×8",计算出一共有240

个鸡蛋。

当学生做了以上的解答后，教师又利用课件的演示把这8层鸡蛋叠在一起，又向学生提出：除了先计算每一层鸡蛋的个数，再计算8层一共有多少鸡蛋的方法之外，你还有其他方法吗？

有部分学生说出："5×8×6"和"6×8×5"或"5×（6×8）"。（这些学生大部分是依据平常的经验，大致知道在乘法中交换乘数的位置，积是相等的）

接着教师问：你们能解释以上两个算式的每一步的意思吗？（此刻学生茫然）

这时教师又借助于课件的演示，先呈现图6中左边的图，把此图按前后方向一层一层地切开，使学生直观地看出这样的每一层鸡蛋数量刚好是"5×8"，前后共有6层。接着教师又呈现图6中右边的图，把这个图按从右往左一层一层地切开，使学生直观地看出这样的每层鸡蛋数量刚好是"6×8"，共有5层。

练习2、3题略。

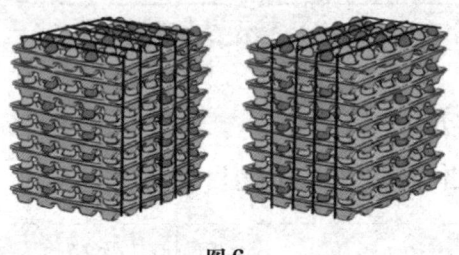

图6

【反思】 对于用连乘解决问题，教师一般都会要求学生用多种方法去解答。目的是想引发学生在经历算法多样化的过程中，培养解决问题的能力，并从中渗透乘法的交换律与结合律。这样的愿望是好的，但从以上教学实况分析很值得商榷。我们不妨回到日常生活中去想一想，通常要计算3个方阵的人数时，首先想到的是先要知道1个方阵的人数是多少，很少有人先计算3个方阵共有几行，再去计算共有多少人。很少有人把每一方阵都拿出一行组成一大行，先计算这样一大行人数,再想到3个方阵有这样的8大行计算总人数。同样在计算8层鸡蛋总数时,学生也一定会先想到计算每一层鸡蛋的数量,再计算8层的总数,更不会把每层鸡蛋叠在一起,再把每一层都切去一行。从以上课堂的实际观察,大部分学生确实也不大愿意去思考后两种方法。所以我们在反思,既然不符合日常的思考习惯,何必硬要学生用多种方法计算,这岂不是为了算法多样化而多样化了吗?虽然学生通过观察课件演示能理解每一步的意思,但这样的理解意义有多大呢?出于这样的思考我们对学习素材做了改进,并进行了第二次教学尝试。

◎实录与反思(第二次教学)

1. 根据算式意义,自主画图。

师:今天我们继续用乘法解决问题,先来复习一下乘法是什么意思好吗?(教师随手在黑板上写上"4×2")

师:我相信同学们一定会知道这个算式的意思,下面就请大家在纸上用画小圆圈的方法把"4×2"的意思表示出来好吗?画好后请互相说一说它所表示的意思。

学生很快在纸上画出了一行有4个小圆圈,有2行的图;一行有2个小圆圈,有4行的图。并说出了它们分别表示"2个4"和"4个2"。

接着教师提出:你们还能在以上画的基础上画出"4×2+3"吗?(教师随手在黑板上写上这个算式)

学生又很快地针对这一"乘加"算式画出了圆圈图。教师让两位学生到台上展示所画的图。

教师又在黑板上写出"4×2×3",并提出:你还能针对这个算式画出小圆圈图吗?

同时在屏幕上出示两条学习要求:

①根据算式"4×2×3"画出小圆圈图。

②画好后在小组里互相说一说根据"4×2""4×2+3"与"4×2×3"这三个算式画出的图有什么不同?

学生根据教师提出的要求独立完成画图和小组的交流后,教师让两位学生在黑板上画出他们的作品(如图7)。接着组织学生观察评讲,使学生找出这些图的不同点与联系点,并再次针对图说一说"连乘"算式每一步的意思。

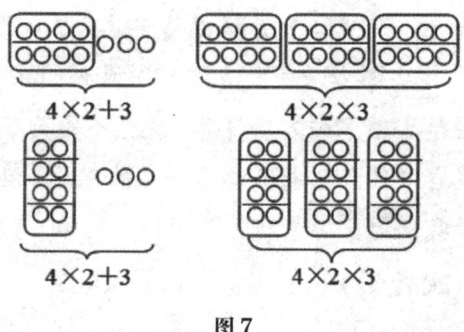

图7

2. 根据算式和图,自主编题。

师:刚才大家根据算式的意义画出了小圆圈图,现在你能把小圆圈想象成生活中的物品,编出用"4×2×3"进行解答的问题吗?

同时在屏幕上又出示以下两条学习要求:

①根据算式"4×2×3"和自己画出的图编一道生活中的实际问题。

②分组互相检查交流,看一看谁编的题最合理、正确,选出一道向全班汇报。

学生经过一段时间的思考互动后,教师让各小组把选出的作品向全班汇报。教师又在各小组交流中重点选出四个同学的作品(如下图8):

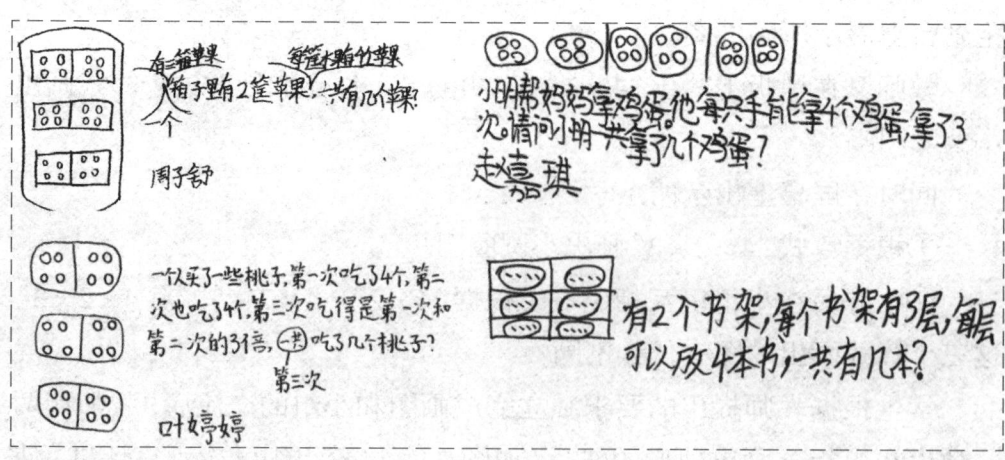

图8

同时教师又提出以下两条学习要求：

①这四位同学所编的题目你们都能看懂吗？

②根据算式每一题的第一步求的是什么？

全班同学经过一段时间的观察思考后，教师组织学生说理质疑：

生1：周子舒同学编的题目（第一题）：有三箱苹果，每箱有2筐苹果，每筐有4个，一共有多少个？第一步"4×2"是计算每箱有几个苹果，再乘3计算出三箱一共有多少苹果？

生2：我觉得一筐的苹果放得太少了，哪有一箱只放8个苹果的？

生3：有可能的，箱小。我觉得把每箱中2筐换成2包更好一些。

师：真有意思，题目中的数量关系和计算方法有没有问题？（生：没问题）

生4：赵嘉琪同学编的题目（第二题）不符合实际，小明每只手要拿4个鸡蛋，他的手也太大了吧？（全班同学都笑了）

师：那题目中数量之间的关系可以吗？第一步"4×2"计算的又是什么？

生：是小明一次拿来的鸡蛋数量。

生5：叶婷婷同学编的题，最后的问题错了，不是一共吃了几个桃子，应该是第三次吃了几个桃子。

教师问叶婷婷：他提出的意见你同意吗？（叶婷婷表示同意，自己上台修改了问题）

师：请大家注意这道题在前面条件中"第三次吃的是第一次和第二次的3倍"，我知道叶婷婷的意思是"第一次和第二次加在一起的3倍"是吗？

生：是的。

师：那好，第一步"4×2"又是求的什么？

生：是第一次和第二次一共吃的个数（8个）。

师：在她编的题中没有出现"2"，那为什么会有"4×2"呢？

生：因为第一次吃了4个，第二次也吃了4个，所以第一次和第二次一共吃的数量就是"4×2"了。

这时有一位学生提出：第三次吃24个也太厉害了。（全班同学又一

次发出笑声）

师：对于第四题，程许豪同学用"4×2"求的又是什么呢？

生：两个书架合起来一层有8本。

师：这一题还可以用其他方法计算吗？

生：可以先计算2个书架一共有几层，再计算一共有几本书。计算方法是"3×2×4"。

师：这也说明"用连乘解决问题"当思考角度不一样，列出的算式也是不一样的。

3. 分层练习，巩固提升。

练习1. 找出下面每一题的对应解法，用线连起来。

① 一幢教学楼有2层，每层有4个教室，学校里有3幢这样的教学楼，一共有几个教室？

② 学校有3幢教学楼，每幢有2层，每层有4个教室，一幢教学楼共有几个教室？

③ 乐乐买了4个面包，每个2元，买铅笔还用了3元，乐乐一共用了多少钱？

④ 一只羊一天要吃4千克青草，刘奶奶家养了2只羊，它们3天要吃多少千克青草？

4×2×3

4×2+3

4×2

学生经过独立思考找到每一题的解法，①、④两题都用"4×2×3"；②题只要一步计算"4×2"；③题要用"4×2+3"。

练习2. 请你先找出图中的信息和问题，再列式解答。（投影呈现课本例1"方阵图"的情境和相关信息、问题，同时提出以下练习要求）

①列出综合算式解答问题。

②解答之后再自学课本例1，你的解法与课本中的解法一样吗？

练习3. 请你再找一找图中的相关信息，解决问题。（投影呈现课本的做一做"鸡蛋图"的问题）

练习4. 你能用多种方法计算小方块的块数吗？（教师利用课件逐步呈现，先出示一行有4个小方块，再出示

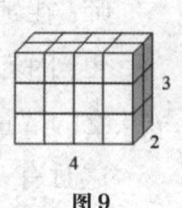

图9

这样的2行合为一层,然后再呈现这样的3层,如图9)

当学生列式计算后,教师引导学生分别针对"4×2×3""4×3×2"和"2×3×4"的算式,说一说每一步计算的意思。教师利用课件动态揭示每一步计算的意思(如下图10)。

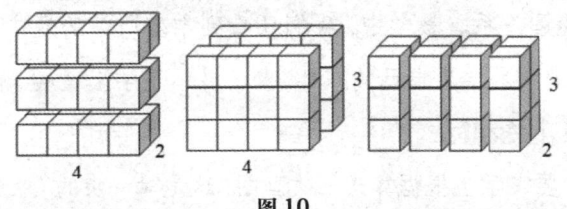

图10

练习5. 你能用多种方法计算下图中的问题吗?(此题是课本练习第一题,如图11)

图11

【反思】 第二次教学我们主要突出了以下特点:

1. 把握起点,回归本真。

用连乘解决问题是要学生熟练运用乘法的意义,因此我们在教学中首先给学生呈现的是一步计算的乘法算式,让学生用画小圆圈图的方式表示这个乘法算式的意思,促使学生通过自己画图来回忆乘法的意义。当学生用图表示出"4个2"或"2个4"时,教师又提出要画"4×2+3"的意思,学生接着画,虽然不觉得难,无非是在刚才的"4个2"或"2个4"的旁边再画上3个小圆圈,但让学生初步感受到要把"4个2"或"2个4"看成一个整体。接着教师又提出要学生根据"4×2×3"来画图,学生很快地画出3组"4个2"或3组"2个4"。由此可见教师在这一环节中仅仅写了三个算式,却很好地引领学生的思维从原有的认知逐步走向新知的过程,而且这一过程遵循了学生的认知特点。学生在算式与算式、图与图之间的比较中,对连乘算式有了更多理解。从知识角度这是回归于认知的本真。

当学生理解算式的意思后,教师又让学生针对算式和图自编应用题。虽然对一部分学生有一定的难度,但无论是否顺利编题,对每位学生来说是对连乘算式的进一步解读,也经历了思维的挑战过程。从以上的教学过程来看大部分学生编出了自己的题目,再通过小组的合作交流,即使有困难的学生,他们在同伴的帮助下也会初步感受到连乘的数量关系。教学中,我们还看到学生所编的题中,虽然有的数据与生活实际不符,但毕竟是学生自己的东西,也正显示了学生童趣、稚嫩的本真。

2. 增强联系,比较解法。

从以上教学中要求学生根据算式三次画图,这是对一步的"乘法"、两步的"乘加"和"连乘"做了很好的区别与联系,接着对学生不同的自编题目进行评讲,是对同一算式不同问题背景的联系。虽然学生提供的素材有些幼稚,但这是学生对"连乘"的真实解读。紧接着,在练习中教师设计了针对四道题与算式连线,这又是对不同问题与解法的联系,特别在这组问题中设计的信息都含有"4、2、3"这三个数量,而解决问题的计算方法有相同的、也有不同的,这样再次促使学生进行自觉对比,提高解决问题的能力。

3. 结合特点,适当延伸。

在第二次教学中对于用多种方法解决问题,我们并没有刻意地去引导,而是结合题材特点进行适当延伸。比如当反馈到学生所编的第四题时,由于此题顺着条件的叙述先计算"2个书架共有几层"的思考比较容易想到,于是教师及时帮助学生引出第二种"3×2×4"的计算方法。此外,我们在练习中特意设计了一个由小正方体搭成的长方体,要求学生从多个角度去观察,写出算式计算小正方体的总块数,其目的是借助此题带出连乘问题多角度的思考,并在思考计算方法的同时渗透长方体的体积计算方法。在教学的最后环节,教师还特意选择了课本中的一道练习"每天跑运动场两圈,每圈400米,跑一个星期(7天)跑多少米?"要求学生用多种方法计算。此题也比较适合用多种方法进行思考。由此我们可以得到这样的感触:只要结合问题素材的特点进行适当的延伸,才会使算法多样化且顺其自然。

总之,第二次的教学与第一次比较最大的不同,主要在学习引入环节我们设计了简约、大气的画图、编题素材,有了这样简约的素材,才能充分凸显学生思维的本真。其次我们抓住素材的特点与学生的认知规律,突出了知识之间的联系与区别,并对解法进行了恰当延伸,从而达到了较好的教学效果。

5 关注本质联系 促进自主感悟
——"小数初步认识"教学实录与评析

黄　祥（执教）　陈庆宪（评析）

◎ **课前思考**

人教版义务教育教材在三年级下册编排了"小数的初步认识"。教学内容与原实验教材相比，除了在读、写中有两位小数之外，在认识小数和简单的小数计算中只要求是一位小数。这说明教材适当降低了认识上的难度，更加体现了"初步认识"与以后学习"小数意义"的区别。从表面上看，难度虽然有点降低，但仍然要使学生正确地领悟一位小数与十分之几的关系。在教材编排上也没有多大变化，同样先呈现商品的单价、体温和身高中出现的小数，接着从具体测量身高中引入小数。对于这一内容的教学，如何更好地利用学生已有的认知起点，如何更好地发挥学生的自主学习？如何在教学中进一步提升数学的本质内涵？这些问题都值得我们深入思考。

针对以上问题，我们对本课的学习素材，以及呈现方式和教学流程上做了适当改进，收到较好的教学效果。现整理如下，供大家教学时参考。

◎ **实录与评析**

1. 创设意境，猜想中引发自学。

师：今天我们一起来学习新知识，先来回忆一下"10米"与"1米"有什么关系。（教师随手在黑板上写上"10米"与"1米"）

生1：10米里面有10个1米。

生2：1米的10倍是10米。

师：那10米中的几分之几是1米。（有几位学生说出了"$\frac{1}{10}$"）

这时教师呈现图示提出:看到这个图你能想到用什么分数表示?

学生观察右图明确地说出了"1米是10米的$\frac{1}{10}$。

教师又随手在黑板上写出"0.1米",并提出:你们还能认识这个数量吗?

这时有学生说出:这是零点一米。

师:这前面的零点一(手指着0.1),叫什么数呢?

生:我知道,这是小数。

师:是的,这就是今天我们要认识的一个小数。(揭示课题:认识小数)

(教师先指导学生怎样读、写这个小数)

接着教师提出:我们知道了1米的10倍是10米,10米的$\frac{1}{10}$是1米,那0.1米与1米又有什么联系呢?

这时有许多学生借助于刚才的关系,猜想到了"0.1米的10倍是1米""1米的$\frac{1}{10}$是0.1米"。

教师随手继续板书(如右图),同时提出:这样的猜想是否正确呢?我相信同学们通过自己的学习,一定会知道的。请大家根据下面的自学要求,填好下面的学习单。

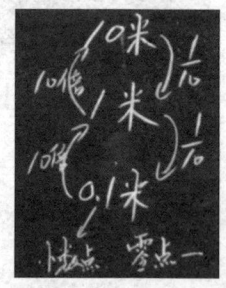

(1)请仔细阅读课本第92页例1,想一想:0.1米到底什么意思?

填一填:0.1米就是(　　)的长度。

(2)书上表示的0.3米又是什么意思?

填一填:0.3米就是(　　)的长度。

(3)书上小朋友测量的身高是1米3分米,你能用小数表示吗?

填一填:1米3分米=(　　)米。

【评析】 以上教学从回忆"10米"与"1米"的关系入手,把"0.1米"紧随之后呈现。通过呈现这样的感知意境创设,使学生把原来的整数计数单位之间的进率,先朦胧地迁移到小数之中。如果学生说不出0.1米与1米的联系,这也没有多大关系,至少也激发了学生学习新知的兴趣,教师同样可以借此机会给学生提出自学目标。为了使学生达到更佳的自学效果,教师给每位学生提供了一张学习单,这样可以让学生把自学成果记录下来,便于反馈交流。在开始引入时我们还注意到,学生在回答10米是1米的10倍是没有问题的,但要回答1米是10米的十分之一,部分学生有点困难。教师预料到这一点,预先准备了一张10米与1米之间联系的直观图,帮助学生回忆分数的初步认知,使学生都顺利说出1米是10米的十分之一。这样做的目的是想通过它去猜想0.1米是1米的十分之一。

2. 交流质疑,对比中认识小数。

(1)交流自学成果。先让学生分组讨论自学后的成果,接着组织全班交流。在反馈中学生有两种填法,即:0.1米就是(1分米或$\frac{1}{10}$米)的长度;0.3米就是(3分米或$\frac{3}{10}$米)的长度。

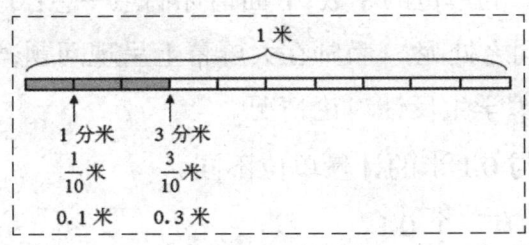

教师在黑板上画有米尺图,让学生上台在图上寻找出1分米、$\frac{1}{10}$米和0.1米都是一样长的;3分米、$\frac{3}{10}$米和0.3米也是一样长的。

同时板书:1分米 = $\frac{1}{10}$米 =0.1米   3分米 = $\frac{3}{10}$米 =0.3米

紧接着教师按顺序再从1分米、2分米、3分米……9分米,让学生逐一说出对应的分数与小数。

师:0.9米有几个0.1米?

生:0.9米有9个0.1米。

师:如果再加上一个0.1米,是多少米了?

生：就是1米。

师：是呀！这说明开始时有些同学的猜想是正确的。

师：为什么1米3分米就等于1.3米呢？

生：1米3分米就是1米加上3分米，所以是1.3米。

师：你们能在台上找一找1.3米吗？（学生活动略）

【评析】 这一环节是在上一环节猜想的基础上通过自学，认识到了0.1米就是1分米、$\frac{1}{10}$米，0.3米就是3分米、$\frac{3}{10}$米。接着教师利用画在黑板上的米尺图，引导学生逐一地去数0.1米、0.2米、0.3米……0.9米，并自然地带出1米里面有10个0.1米。此时，也验证了开始引入时的猜想。教师在组织反馈时，几次让学生上台在米尺图上找出相应的长度，使学生真正理解零点几米就是十分之几米。

(2) 对比质疑交流。

教师出示"0.1元"，并向学生提出：刚才大家认识了零点几米的小数，生活中还有以"元"为单位的小数，下面请你们想一想：0.1元与0.1米有什么相同之处和不同之处呢？（教师在大屏幕上呈现问题，学生分组讨论）

接着教师组织学生反馈讨论情况。

生1：0.1元与0.1米的计量单位不同。

生2：它们都有一个0.1。

生3：0.1元就是1角，而0.1米就是1分米。

师：1角除了用0.1元表示之外，还可以怎样表示呢？

生：0.1元还可以表示成$\frac{1}{10}$元。

这时教师借助于微课形式逐步演示出右图的投影，让学生观察之后再来说一说它们的相同点与不同点。

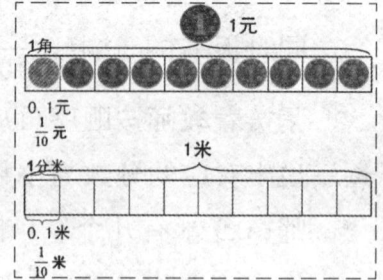

生：0.1元是把1元钱平均分成10份，表示其中的一份。而0.1米是把1米平均分成10份，表示其中的一份。

师：这位同学既说出了0.1元与0.1米的不同之处，又说出了它们的相同之处。不同的是前一个要把1元平均分，后一个是把1米平均分；那你们还能再说一说它们的相同之处吗？

生：都是平均分成10份。

师：是呀！0.1就是$\frac{1}{10}$，这一点是相同的。不同的是计量单位，就是平均分的对象不一样。

教师让学生分别说出"几角就是十分之几元，就是零点几元"。

【评析】 通过对0.1元与0.1米的相同点与不同点的比较，较好地凸显了小数的本质内涵。教学中教者给学生整体呈现了直观图，使学生更加清晰地领悟到同样的一个小数，它所产生的背景有可能是不同的，但只要对一个具体量或图形平均分成10份，得到的"十分之几"就是"零点几"的小数。通过这样的比较，使学生初步以整体的视角来认识小数。

3. 自我检测，应用中落实读写。

（1）自我检测。

师：你们学会小数了吗？是否学会，我们自己来检测一下好吗？

提出练习要求：填一填课本第94页2、3两题。

根据学生的汇报，投影逐一呈现结果（如下图）

接着教师有选择地提出：2题的（2）小题第二个图为什么填5.3元？

生：因为这里有5元，还有3角，所以填5.3元。

师：3角用小数表示就是？

生：就是0.3元。

师：所以5.3元，也就是？

生：也就是5元加上0.3元。

教师再指着最后一个图问：这里为什么要填0.7。

生：因为这里把一个正方形平均

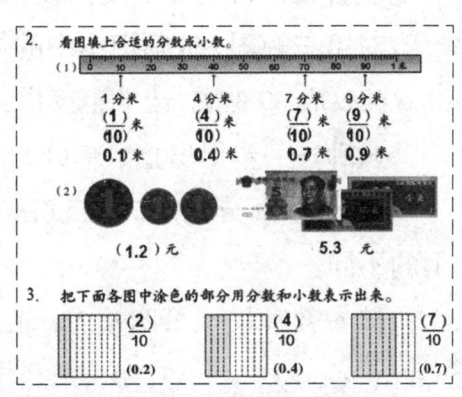

分成10份,涂色的部分有7份,也就是正方形的$\frac{7}{10}$,所以要填0.7。

【评析】 这一环节是对刚学到的概念进行及时检测。在反馈订正中教师重点引导学生去思考"5.3元"是怎么想到的,使学生进一步理解5.3元是5元与0.3元的合并。让学生说一说"0.7"是怎样得到的,使学生进一步看到,这里产生的小数是把一个正方形平均分成10份,阴影部分是正方形的$\frac{7}{10}$。

(2)学会读写。

师: 今天我们学习了小数,你在生活中遇到过小数吗?(让学生分组略交流一下)

生1: 在商场里买东西的时候,要用到小数。

生2: 我在爸爸车里的导航仪上看到过小数。

……

接着教师把课本的主题图逐一呈现出来,让学生去读、写小数。

师: 在商场里这位阿姨在购买苹果时,称的质量是三点四五千克,大家来读一读。

学生跟读后教师强调指出:这个小数部分的数要像报电话号码一样读。大家再读一遍。

师: 请大家把这个小数写在纸上。(同学互相检查,写的是否正确)

接着教师再引导学生去读第二幅的单价。

对第三幅图,教师把图中的体温计有意识地从原来的36.6℃改成37.37℃,让学生读出:三十七点三七。

教师进一步提出整数部分的"37"与小数部分的"37"在读法上的不同。

接着教师呈现第四幅图,让

学生对图中小朋友的身高先进行估测。

投影上先呈现上图的第一张,学生估测是1.3米,也有学生估测1.4米。

投影上打出红线如上图的第二张,学生通过观察都说:应该是1.4米。

再接着教师投影上呈现尺子如上图的第三张,让几位学生到屏幕前去仔细观察,学生准确地说出是1.41米。

【评析】这一环节的素材来自于教材,通常教师把这一素材放在本课的前面,以生活中曾看到过的小数来激发学生的学习兴趣,让他们先学会读、写小数。我们把它安排在学生理解一位小数的含义之后。从实际效果来看这样的调整效果更好。我们借助于"为什么要学习小数"的思考,引发学生对生活的遐想。然后教师一边引导学生读这些小数,一边让学生进一步体会小数在生活中的应用。在这一过程中教师还把书上的两个图做了一些修改与补充,尤其最后一幅图逐步呈现,第一次是让学生在观察中初步得到估测;第二次打上测量到头顶的红线,让学生的估测略准确一些;第三次再在图上呈现尺子刻度,使学生观察到更精确的身高。这一过程不仅培养了学生的观察和估测能力,而且科学合理地渗透了两位小数的实际含义。

4. 课堂小结。

教师引导学生观察黑板上的板书提出:今天我们主要学习了几位小数?

生:主要学习了一位小数。

师:一位小数与怎样的分数有关?

生:零点几就是十分之几。

师:请大家再想想,以后我们还会继续学习什么呢?

生1:以后我们还会继续学习两位小数、三位小数……

生2:我们还要学习小数的计算。

师:是呀!我们还会学到更多有关小数的知识。今天知道一位小数与十分之几有关,那两位小数、三位小数你们会猜到可能和几分之几有关吗?

生:与百分之几、千分之几有关。

师：是的。老师相信，同学们也会同今天一样，通过自己的学习，学到更多与小数有关的知识。

【评析】 这样的小结方式，虽然没有要求学生说一说本课学习之后的收获，但学生在总结一位小数与十分之几的关系中，既达到了进一步理解小数的含义，又引发了对知识进一步的拓展性想象。

纵观全课，教师抓住知识的发展与联系，以简约、大气、朴实，并富有启发性的素材引入，并采用了自学交流、对比质疑的学习方式，使学生真正理解一位小数的含义，凸显数学的本质内涵。

6 整合学习素材　强化问题引领

——"面积和面积单位"教学实录与评析

李林云（执教）　陈庆宪（评析）

◎ **课前思考**

人教版义务教育教材在三年级下册"面积和面积单位"的内容中编排了三个例子。例1是引导学生观察物体表面的大小来认识面积的概念。例2是认识平面图形的面积，教材设计了对难以区分面积大小的两个长方形的观察，从而引出用重叠的方法来比较。接着用小圆形、小三角形、小正方形为单位去测量这两个长方形面积的大小，使学生领悟到以小正方形为面积单位最合适。例3是引导学生认识常用的面积单位。通常在教学这一内容时都是把"面积和面积单位"合在一课时进行教学，而现行教材编排的内容相对丰富了许多，特别增加了例2的教学，所以在一课时要完成这些内容，需要对学习素材进行适当的改进，对学习方式进行合理的整合。尤其要将三个常用的面积单位整合在一起进行认识，并针对整合后的学习素材，设计出有价值的问题，使学生在问题的引领下展开有效的思考，逐步加深对面积概念和面积单位的认识。

◎ **实录与评析**

1. 揭示课题，认识面积概念。

教师板书"面积"，并向学生提出：你知道什么叫面积吗？能举个例子说一说吗？

生：面积就是指东西的大小。

师：你是指东西的大小，还是指东西的面的大小。

生：是指东西的面的大小。

师：是的,东西也叫物体,大家来观察课桌面和课本的封面,哪个大？

生：课桌面比课本的封面要大。

师：我们就说课桌面的面积要比课本封面的面积要大。那我们再来观察黑板面和课桌面,说一说哪一个面的面积小？

生：课桌面的面积小。

学生在教师的引导下归纳,并板书：物体表面的大小叫面积。同时指出：物体表面的大小是相对的,如刚才的课桌面的面积比课本封面的面积要大,比黑板面的面积要小。

接着屏幕上呈现如图1的三个图形,并提出：这三个平面图形哪个面积大,哪个面积小？

学生很快回答出三角形的面积最小。对于另外的长方形和正方形,学生很难通过观察分辨出它们的面积大小。

师：当我们看不出它们的面积大小时,我们又怎样去比较呢？

学生思考片刻,有学生提出：可以把这两个图形叠在一起看一看。

教师借助于投影演示,先把正方形叠在长方形上,再通过剪拼(如图2),使学生看出正方形的面积比长方形的面积稍大一些。

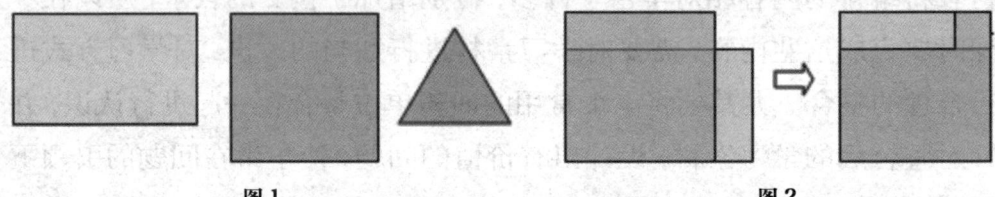

图1　　　　　　　图2

【评析】 课一开始教师开门见山地向学生提出"你知道什么叫面积吗",此问题既起到了解学生的积累,又自然地引入对物体表面大小的认识。接着我们对例2的学习素材做了一些改动和补充,把教材中的一个长方形改为正方形。另一个长方形与这个正方形进行比较时,单靠观察难以分辨出面积大小,同时还增设了一个小三角形。这样的改进不仅保留了例2的教学目的,而且能更好地说明在平面图形中有的图形的面积可以直接看出来,有的很难看出。当学生因比较这个长方形和正方形的面积大小而困惑时,教师再借助投影的动态演示,使学生直观地看到图形的面积还可以采用重叠、剪拼的方法来比较。这里把教材中的一个长方形改成正方形,又为引入下一环节的教学提供了素材。

2. 感悟标准,引出面积单位。

教师紧接着向学生提出:现在我们知道这三个图形中,这个正方形的面积是最大的。那这个正方形的面积到底是多少呢?

在学生感到有点困惑时,教师随机提出:我们在测量长度时用到了长度单位厘米、分米、米,那在测量面积时要用到什么单位呢?

生: 要用到面积单位。

师: 是的,用怎样的面积单位去测量面积呢?(这时一小部分学生举手了)先不急,下面我给大家选择了四个小图形作为单位去测量一下这个正方形的面积,好吗?

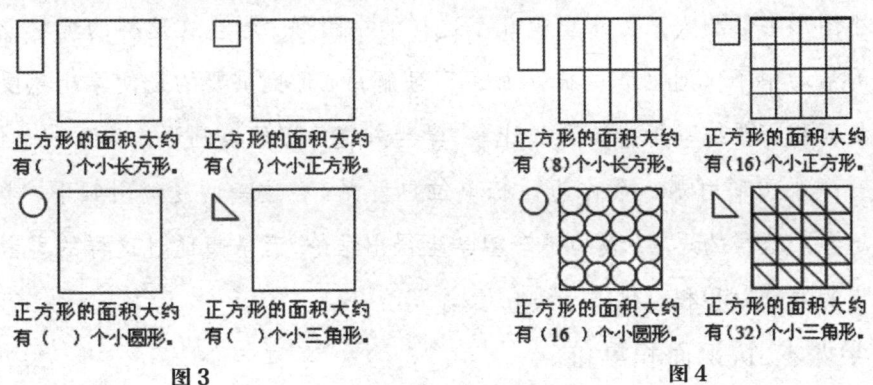

屏幕呈现如上图3,向学生提出:下面请大家观察每个正方形旁边的小图形,想一想、估一估、画一画、填一填。(课前预先发给每位学生同样的学习单)

学生先独立观察、估计,或画一画草图,当大部分学生填出小图形数量后,教师再让学生分组交流结果。

接着教师在屏幕上呈现结果如上图4。同时向学生提出:同样大的一个正方形为什么估出小图形的个数会不一样呢?

生: 因为小图形的大小不一样。

师: 这说明用小图形去测量,这个小图形的大小要相同,也就是标准要相同。

师：这里用小正方形或用小圆形去测量这个大正方形，都得出的是16个。那你觉得有什么话想说吗？

生：我觉得用小正方形去测量更准确，因为用小圆形去测量还有空隙。

师：那用小长方形、小正方形、小三角形去测量，你觉得更喜欢哪一个？

这时大部分学生都说到用小三角形去测量有点麻烦，而对小长方形和小正方形为标准看法有不同。

师：选择怎样的小图形去测量，这个小图形就作为一个面积单位，那常用的面积单位又有哪些呢？我相信同学们通过以下的自学一定会很快地认识它们的。

【评析】 在这一环节中我们给学生创设了大小相同的一个大正方形，用不同的小图形去估测大正方形里有几个这样的小图形。学生在这样的观察、估测、画图的活动中不仅对面积的概念加深了理解，而且更重要的是使学生感受到了要测量面积需要统一标准。通过比较，学生知道了不能以圆形作为面积单位，那另外三个小图形用哪一个作为面积单位更好呢？在这一问题的引领下，学生进一步思考。这样的思考，教师不奢望学生得出结论，而是想通过这样的思考来激发学生的好奇心和积极性。

3. 自学课本，认识面积单位。

（1）根据要求自学课本。

师：下面请同学带着以下两个问题自学。（投影呈现以下两个问题要求）

①自学课本第63页，常用的面积单位有哪些？

②这些面积单位是怎样规定的？

（请你在书上找一找、画一画、想一想这些面积单位有多大）

（2）找面积单位，初步建立面积单位的表象。

师：通过刚才的自学，你能说一说常用的面积单位有哪些吗？

生：平方厘米、平方分米、平方米。（教师在黑板上板书这三个面积

单位的名称,以及它们的字母符号:cm²、dm²、m²)

师: 你能从学具袋中或在身边找一找能表示这几个面积单位大小的图形吗?

(课前预先给学生提供的学具袋中除了有边长为1厘米、1分米的正方形纸片外,还有边长为2厘米、8厘米的正方形纸片。另外,教师估计学生在教室里找不到表示1平方米的图形,所以预先准备了两张大正方形纸片,其中一张边长是1米,另一张边长只有8分米)

学生拿出学具袋中正方形纸片观察,找出了自己认为是1平方厘米、1平方分米的正方形。教师让几位学生把自己找到的正方形纸片贴到黑板相应的面积单位名称的下面。

在所贴的正方形纸片中,有的是没有找准的纸片。对于1平方米的寻找,大部分学生认出了边长是1米的大正方形这张纸片,也有部分学生认为是另一张大正方形的纸片。教师也都将其贴到黑板上。

此时,教师并没有马上说出哪一张正方形表示的面积单位是正确的,而是让学生继续观察黑板上所贴的纸片,并提出:你为什么认为自己找的对呢?

教师先让学生针对这一问题在小组内互相交流后,再组织集体反馈。

生: 1平方厘米的只要看一看正方形的边长是不是1厘米;1平方分米的只要看一看正方形的边长是不是1分米;1平方米的只要看一看正方形的边长是不是1米。

师: 为什么呢?

生: 因为边长为1厘米的正方形的面积是1平方厘米;边长为1分米的正方形的面积是1平方分米;边长为1米的正方形的面积是1平方米。

教师根据学生的表述,再在黑板的单位名称下面写上面积单位定义,紧接着向学生提出:那你们觉得以上同学所找的面积单位正确吗?

学生再次观察,表达自己的看法。因为学生只靠观察,所以还有不同的意见。这时教师让学生到台上通过尺子的测量把不正确的去掉,留下正确的。

接着又向学生提出:你想用什么方法记住这些面积单位呢?

学生互相交流自己的方法后,再组织集体交流。

有的学生联想到实物的表面,有学生说:1平方厘米与手指甲面积差不多大;用两只手的大拇指和食指围拢成1平方分米(以上这两种方法也是书上所介绍的方法)。还有学生说:1平方分米比自己的手掌要稍大一些;我们教室的黑板面积大约有3平方米……只要记住正方形的边长,就能记住这些面积的单位。

师:是的,记住这些面积单位有许多方法,那最好的方法应该是什么?

学生再次经过交流,认为最好的方法是记住边长分别是1厘米、1分米、1米的正方形。

师:那请你闭上眼睛想象一下,1平方厘米是边长1厘米的正方形;1平方分米是边长……

【评析】该环节先引发学生自学,自学后教师先只让学生说出面积单位的名称,而没有让学生去归纳面积单位的定义。接着是让学生找表示这些面积单位的纸片,学生通过寻找面积单位的活动过程,进一步理解面积单位。特别是教师给学生提供的材料中有意放入了接近这三个面积单位的正方形,这又为学生创设了比较、辨析的素材。教师在接下去的反馈中有意让找得不正确的正方形纸片也呈现出来,然后引领学生针对问题:你为什么认为自己找的对呢?你们觉得以上同学所找的面积单位正确吗?使学生再次围绕面积单位的定义进行辨析。紧接着教师继续提出:你想用什么方法记住这些面积单位呢?促使学生在联系不同记法中突出定义。总之,在这环节中教者采用了问题引领的方式,让学生在此动态的活动中逐步加深对面积单位的认识。

4. 联想运用,加深概念认识。

(1)联想实物,测量运用。

师:分别在什么情况下,要用这三个面积单位去测量,你能举出例子说明吗?

先让学生分组交流后,再组织集体交流。

生1:测量橡皮擦的面积大小时,要用平方厘米去测量。

生2:要知道数学课本封面的大小时,也可以用平方厘米去测量。

师:你们觉得可以吗?

生3:我觉得测量课本封面用平方厘米太小了,很麻烦的。我认为应该用平方分米去测量。

生2:(不服气地说)可以不摆满,我只要摆一行,再估一估大约有这样几行,就能知道大约有多少平方厘米了。

师:这两位同学说得都有道理吗?(学生都表示赞同)

生4:我觉得测量桌面的面积时,要用平方分米比较合适。

师:那平方米在什么时候用到呢?

生5:测量比较大的面积时,比如要测量教室地面的面积时,要用到平方米。

生6:比如测量黑板面的大小时,也要用平方米。

这时教师又向学生提出:你们还能观察、估测以下的问题吗?

一块橡皮擦的表面大约有(　　)平方厘米。

课桌面大约有(　　)平方分米。

教室的地面大约有(　　)平方米。

学生再次观察自己的橡皮擦表面和课桌面,以及观察教室的地面,进行估测。接着教师组织学生反馈,在学生回答的过程中教师多次提出:你是怎样估的?

如学生回答:用1平方米来摆教室的地面,沿着长边大约可以摆10个,也就是10平方米,沿着宽边大约可以摆8个,也就是可以摆8行。所以教室的地面大约有80平方米。

【评析】 以上联系实际的运用,也是对面积单位的进一步认识。在进一步质疑怎样估出这些实际面积的过程中,也是对学生观察能力、空间想象力的培养,同时也渗透了长方形的面积计算方法。

(2)观察图形,数出面积。

图 5 中,每一小方格表示 1 平方厘米,写出格子中每一个图形的面积。

学生先独立观察并填写答案,再组织集体交流。对于第二、三两个图形,学生除了把两个半格合拼一格之外,教师还借助于投影进行割补转化的演示。

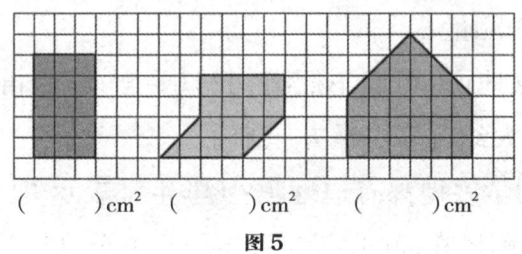

图 5

【评析】 此题就是教材第 62 页做一做的素材,它是学生还没有学习常用的面积单位之前的练习,所以只要求数出有几个小正方形即可,而我们把它安排在本课最后,让学生直接数出多少平方厘米,其效果是一样的。此题的观察显然是为学习长方形的面积计算方法而做准备的,此外学生通过把两个半格合拼、把图中一部分进行剪拼,初步建立了图形等积变形的思维方式。这一题放在本课的最后,教师还可以根据教学实际的进程做机动处理。

纵观全课的教学过程,有着环环相扣、行云流水、一气呵成之感。为什么会达到这样的效果,我觉得应取决于教者对学习素材的重新组合和对问题的精心设计。如对例 2 的改进与补充,不仅没有改变它的学习功能,反而增加了对比的效果,同时还起到承上启下的作用。把三个常用面积单位整合在一起,采用自学的方式,并在递进性问题的引领下展开了有价值的思考,这样就大大节省了学习时间,进一步提高了教学效率。

7 让学生经历更有价值的数学思维活动
——"长方形面积计算"三种教学片段引发的思考

陈庆宪

数学教学是数学活动的教学,这是新课程教学提出的重要理念。在这"活动"理念的引领下,各种形式的探究活动应运而生。课堂上,教师一讲到底的情况少了,学生参与活动的时间多了。而现在面临的问题是怎样的学习活动更为有效,更能突出数学思维的活动价值。下面我以"长方形面积计算"的三种设计方案所呈现的教学片段为例,谈谈如何让学生经历更有价值的数学思维活动。

教学片段(一)

1. 复习面积单位。

师:我们已经学习了"面积和面积单位",谁来说一说常用的面积单位有哪些?

生:平方米、平方分米、平方厘米。

师:那1平方米、1平方分米、1平方厘米有多大呢?(在学生联系实际的描述中,教师呈现相应的正方形纸片,边长分别是1米、1分米、1厘米的正方形)

师:我们能够用这些面积单位测量较小物体的表面或一些图形的面积,如果要你用1平方米的面积单位去测量我们操场的面积,你愿意吗?

生:太麻烦了。(教师从中引出下一环节)

2. 拼摆长方形,记录长、宽的长度和面积

长(cm)	宽(cm)	面积(cm²)

师：今天我们要研究长方形的面积计算方法。请同学们先拿出若干个1平方厘米的小正方形纸片拼摆出长方形，并把拼摆出的长方形的长与宽的长度，以及它们的面积分别记录在表格上。接着再拿出数量不同的小正方形纸片，继续摆一摆、记一记，每人至少要摆出三个以上的长方形。

根据学生的操作,教师组织反馈交流,呈现出多张学生的表格。

3. 观察、概括长方形的面积计算方法。

教师提出：请同学们观察表格,发现了什么？

学生很快发现了"长方形的面积 = 长 × 宽"。

教学片段（二）

1. 复习面积单位。

（1）教师引导学生回忆面积单位。（过程同上）

（2）提出实际问题：如果要用面积单位去测量教室地面的面积,用哪个面积单位比较合适？如果要测量课桌面的面积、橡皮擦一个面的面积,用哪个面积单位比较合适呢？

（学生分别做了回答,教师分别呈现面积单位是1平方米、1平方分米、1平方厘米的纸片）

2. 从解决问题中概括计算方法。

（1）师：请同学们观察练习纸上画着的一个长方形,估计一下它的面积大约是多少？（课前提供给每位学生一张练习纸,画在纸上的长方形的长是5厘米、宽是3厘米）

（学生通过观察,估计有不同的结果）

师：用什么方法能比较准确地知道它的面积呢？

这时学生提出了要用1平方厘米的小正方形纸片去量一量,也有部分学生提出直接去量边的长度。

(2)师:请同学们拿出若干个1平方厘米的小正方形纸片去摆一摆、量一量它的面积是多少平方厘米?

学生测量后,再组织交流。学生的量法有以下三种:①大部分学生都用了15个1平方厘米的小正方形,摆满整个长方形,得出这个长方形的面积是15平方厘米;②有几位学生采用了沿着长边摆出5个小正方形,沿着宽边摆出3个小正方形,得出面积是15平方厘米;③还有几位学生直接量出长边和宽边的长度计算出面积。

(3)组织概括。

教师针对以上不同情况逐一引发质疑。

①师:摆满15个小正方形,显然面积是15平方厘米,那怎么算呢?

生:因为每行5个,共有3行,所以面积是"5×3=15"。

②师:为什么沿着长边摆5个,宽边摆3个,就能知道它的面积是15平方厘米呢?

生:沿着长边摆5个,说明一行刚好摆了5个小正方形,宽边摆3个,说明可以摆3行,也就是长方形的面积等于"5×3=15"。

③师:为什么直接测量长边和宽边的长度,就能计算它的面积了吗?

生:量出长边是5厘米,就说明沿着长边可以摆5个小正方形(师补充:也就是5个1平方厘米的正方形),量出宽边是3厘米,也就是说沿着宽边可以摆3个小正方形。所以它的面积就是"5×3=15"。

师:那你们要计算一个长方形的面积,还会这样去拼摆面积单位吗?

生:可以直接量出长和宽的长度,再用"长 × 宽"来计算它的面积。

教师板书:长方形的面积 = 长 × 宽。

教学片段(三)

1. 复习。

在格子纸上数一数图形的面积。

屏幕呈现下图。提出:如果每小格表示 1 平方厘米,格子图中图形的面积分别是多少?

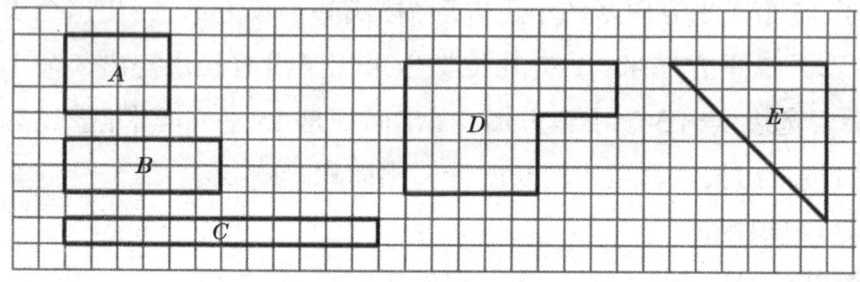

学生很快说出了图形 A、B、C 的面积都是 12 平方厘米;图形 D 的面积是 31 平方厘米;图形 E 的面积是 18 平方厘米。

教师在学生的回答中及时质疑各种图形的面积是怎样数出来的,对图形 D 引发学生说出两种数法,即"5×5＋6"或"8×5－9";对图形 E,引导学生理解以下两种方法,即把三角形补成正方形,用到"6×6÷2"的方法,或直接把 6 个半格看成 3 个整格,用"15＋3"的方法。

2. 从画指定面积的长方形中展开。

(1)在有格子的练习纸上画长方形。

师: 你们能在格子纸上数出图形的面积,现在请同学拿出画有格子的练习纸(课前给每位学生准备),每一小方格是 1 平方厘米,你们能在这张格子纸上画出面积是 24 平方厘米的长方形吗?要求每行都是整格数,你能画出几个面积是 24 平方厘米的长方形?

学生在格子纸上操作后,交流出不同画法(如右图)。

这时教师让学生观察每种画法的面积是否为 24 平方厘米。在这一小环节中,教师只引导学生得出"每行个数

×行数"就可以了。

(2)引发学生在白纸上画长方形。

师：刚才大家在格子纸上都能画出面积是 24 平方厘米的长方形，现在要求同学们在空白纸上画出面积同样是 24 平方厘米的长方形，能行吗？请同学们画在这张格子纸的反面（反面是空白的）。

学生在画的过程中，不断回忆刚才在格子纸上的画法，一部分学生还在重新画格子；一部分学生沿着长边画出几格，沿着宽边画出几格；大部分学生已直接画出长几厘米、宽几厘米的长方形。

接着教师反馈学生以上不同的画法，组织质疑，使学生清晰地知道：重新画格子是比较麻烦的，可以直接画出长方形的长和宽。

师：为什么直接画长和宽是几厘米，就能知道它的面积呢？

学生悟到：长几厘米就是相当于一行有几个 1 平方厘米的小正方形，宽几厘米就是相当于有几行。

师：长方形的面积可以怎样计算呢？

学生概括出：长方形的面积 = 长 × 宽。

教师利用媒体，在屏幕上再次呈现，长和宽分别注有厘米数，且面积是 24 平方厘米的不同长方形，让学生概括总结这些长方形的面积都可以用"长 × 宽"来计算，即有：$24 \times 1 = 12 \times 2 = 8 \times 3 = 6 \times 4 = 24$（平方厘米）。

【思考】 分析以上三个教学片段，共同之处是在教师引领下学生参与操作活动，并且前两种教法是大家一直在采用的方法。但仔细分析每一教学片段，思维活动层次是有差异的。

教学片段（一），学生的操作是在教师的指领下去"取"若干个 1 平方厘米的小正方形，接着去"摆"长方形，再接着去"记"长方形的长、宽的长度和长方形的面积。虽然形式开放，但为什么要这样操作，学生是不清楚的。只是在观察表格时，需要学生发挥出一定的观察、概括能力。

教学片段（二），教师以问题引入，激发学生在解决问题的过程中学习新知，这是很好的引入方式。但当学生进入用 1 平方厘米的小正方形去拼摆，来测量一个长方形的面积的过程中，大部分学生都是用小正方形摆满长方形后，得出长方形的面积。在这一拼摆过程中学生缺少有意识地去想长边、宽边所摆的几个小正方形与边的长度关系。整个活动也是在被动地接受教师的引导或其他同学的帮助。虽然理解了长方形的面积计算方法，但这样的操作过程，数学思维的含金量还不是很高。

教学片段(三)，在引入时，并没有从复习面积单位入手，而是直面格子图上的图形来数面积，这不仅有助于学生对面积单位的回忆，而且为研究长方形的面积环节做了准备。接着的环节是让学生先在格子纸上画面积是24平方厘米的长方形，使学生在画的过程中感悟到除了面积相等的长方形有很多个以外，更重要的是认识到了面积和每行格子数与行数的关系。再接着要求学生在一张白纸上画面积是24平方厘米的长方形，这时，每位学生都在竭力地回想刚才在格子纸上是怎样画长方形的情形。从而促使他们去联想格子数与边的长度关系。当想到可以直接按长边与宽边各应画出几厘米时，学生自然想通了当长方形的长和宽的长度确定，其面积也随之确定。由此可见这样的操作活动，无疑更有价值，它让每位学生都真正经历了有挑战性的思维活动，而且这种挑战过程是学生在轻松、愉悦中完成的。

反思教学片段(三)的设计，我们主要基于两点思考：

①**怎样更好地利用学习起点**。也就是在教学时怎样尽量发挥学生的学习潜能，不要让他们在过低的思维层面上重复演练。如在本课学习之前，至少有一节课学习了"面积与面积单位"和"利用面积单位度量有关图形面积"。所以在设计本课教学时，我们首先考虑到采用怎样的方式，能更好地利用学生已掌握的知识与技能进行新知的探究。在片段(三)的教学中，我们让学生从看格子图去数，来计算一些图形的面积入手，紧接着再利用这一基础，让学生在格子纸上画出指定面积的不同长方形。这样的引入把复习知识和培养技能融合在探究之中，收到了较好的教学效果。

②**怎样更好地提升数学的思考**。数学思维活动的基点往往要借助于"数"与"形"的两个维度。也就是要引导学生在学数学的过程中不断地从"数量"去想象"图形"，以"图形"去联系"数量"。为此，我们在以上教学片段(三)中，在格子纸上画长方形的环节之后，马上要求学生在空白纸上画同样面积的长方形，这也正是本课教学改进的主要突破点。当学生直接按长边、宽边的长度画出长方形，并由此确定长方形面积时，实质上学生在脑子里已经与格子图上的长方形建立了联系。这样的教学为离开格子图，直接测量边的长度，计算长方形的面积，构建了认知上的支架；这样的教学能促使每位学生投入数学的思考中，使他们在探究知识的过程中，得到更好的思维训练。

8 用好起点引发自学　创设素材加深理解
——"线段、直线、射线和角"教学实录与评析

孙　菁（执教）　　陈庆宪（评析）

◎**课前思考**

人教版义务教育教材四年级上册编排了"线段、直线、射线和角"的教学，这一内容是在学生掌握了线段和角的初步认识的基础上，再进行学习的。通过本课教学要使学生认识线段、直线、射线三者的异同点，进一步通过空间的想象，理解无限延伸的含义，以及进一步认识角的定义。在教学中，如何利用好学生原有认知基础？如何凸显学生的自主学习？如何在创设素材加深学生对概念的理解的同时，突出概念的本质内涵？带着这些问题，我们对本课的教学进行了一次研究，现把教学后的课堂实录整理出来，供大家教学时思考。

◎**实录与评析**

1. 学习线段、直线、射线。

（1）观察图示，回忆线段。

呈现课本第38页两个图，并提出：这样拉紧、绷紧的一段线，叫什么线？

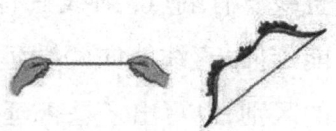

生：线段。

师：这里为什么要提到"拉紧""绷紧"两个词呢？

生：这是为了要"直"，不直就不是线段了。

（教师在黑板上画出一条线段，并标上端点和字母，表示：线段 AB。）

【评析】　对于线段，学生在二年级就已初步认识，所以在这里教师可以让学生观察生活中的两个直观图，联结原有的认知。紧接着教师又抓住"拉紧""绷紧"

两个词引发学生思考,使学生进一步认识到线段是直直的线。

(2)揭示新知,引入自学。

教师在"线段"的后面继续板书出"直线、射线",并提出:今天我们要继续学习直线、射线,你们觉得直线、射线可能是怎样的线呢?

生1:可能是直的线吧。

生2:直线和射线是无限延长的线。

师:那直线和射线到底应该是怎样的线呢?我相信同学们通过自学,一定能知道怎样的线是直线,怎样的线是射线?

同时投影呈现出以下的自学要求(自学要求预先已发给了学生):

①仔细阅读课本第38页,直线和射线是怎样的线?请你在书上用铅笔画出来。

②想一想,线段、直线和射线有什么特点呢?并填写下表。

	不同点(不同的特点)	相同点
线 段		
直 线		
射 线		

学生自学,独立填写上表,再分组交流,接着教师组织学生反馈。

学生对线段、直线、射线的相同点的看法比较一致,都写出了是"直的线",而对不同点有不同的解读。有的学生只关注端点,线段有两个端点,直线没有端点,射线只有一个端点;有的学生只关注是否能延伸,线段不能延伸,直线能向两端延伸,射线向一端延伸。有几位学生既写出了端点的区别,也写出了是否延伸的区别。

当学生说到直线是把线段向两端无限延伸时,教师让一位学生到台上针对黑板上的图,用手势表示出向两端无限延伸的动作。紧接着又让全班学生也用手势做一做向两端无限延伸的动作,并让学生闭上眼睛想象向两端无限延伸。(对射线也做相同的反馈)

教师在组织学生讲评时,随机写出如下的板书:

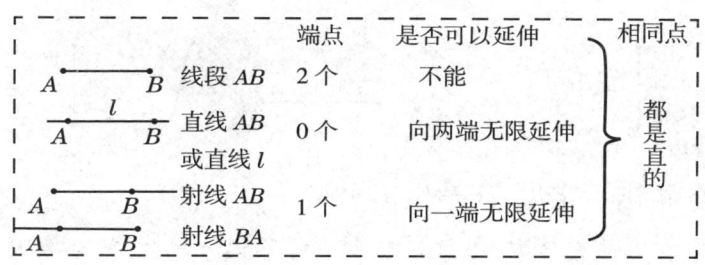

【评析】 本环节是本课学习的重点环节,教师先揭示新知"直线、射线",并马上引发了学生对直线与射线的猜想。尽管个别学生已经知道直线是向两端延伸的线,直线与射线都是直的线,教师还是给学生创设了自学的素材和空间,给每一位学生提供了自学后的记录单。使学生把自学后所获得的信息能具体地记录在表格上,便于反馈评价。在组织集体交流时,教师调动了学生的空间想象力,使学生建立了空间想象中的直线与射线。在与学生交流中,教师把相同点和不同点,以及用字母表示法等,动态地、有计划地做了板书,使学生更加清晰地看到线段、直线与射线的区别与联系。

(3)分析图示,加深理解。

①让学生画图后进行辨析。

教师向学生提出画图要求,并把要求呈现在大屏幕上:

●根据它们的特点,你能在纸上分别画出线段、直线和射线吗?

●你能用字母分别表示线段、直线、射线吗?

在组织反馈时,教师让学生针对自己所画的图,说一说它为什么是直线?

生:我没有画上端点。

师:你的意思是?

生:表示这条线还可以向两端延长。

师:为了区别,我们给线段标上两个端点,射线标上一个端点,直线不标端点,说明直线是向两端无限延伸的。

②让学生识图后进一步学会用字母表示。

下面的图形,哪些是直线?哪些是射线?哪些是线段?

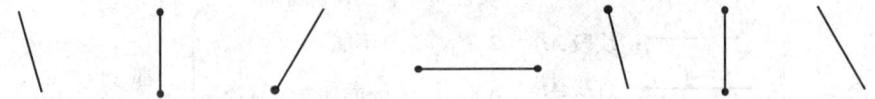

先判断,再出示字母,让学生读出来。

【评析】 在以往教学中,当学生初步理解了概念之后,就会像上面②题的做法,只要学生观察图能区别出线段、直线、射线就可以了。而今天孙老师先让学生根据特点分别画一画,学生在画的过程中除了要画得"直"外,还要画出这三种线的区别。所以学生会把端点画的更明显一些。此时教师结合表示直线的图,辩证地说明画出的线与想象到的线的联系。我们都知道动手感知要比视觉感知、听觉感知效果更好,在以上的教学中也确实达到了这样的感知效果。

(3)联系实例,体验价值。

师:今天我们学习了线段、直线、射线,那在我们的生活中能分别找到它们吗?(大屏幕上打出这一问题)

学生回答有点困难,教师引导性地提出:你测量过一些物体的长度或高度吗?

生:测量过桌子的高度、黑板边沿的长度。

师:这实际上就是测量物体边沿的这条线段的长度。

师:在生活中,我们可以随时找到两点之间的连线,都可以看成线段。你们能找到射线吗?

生:汽车灯的灯光、手电筒射出的光线等。

教师拿出预先准备好的一支红外线笔,朝着教室的墙壁射去,问学生:这条光线可以看成射线吗?

生:不能,因为光线被墙壁挡住了。这条光线实际是线段。

师:那怎样的光线才能形成射线呢?

通过交流,学生知道了射线是在一定条件下产生的。

师:"直线"在日常生活中真的很难找到。但通过以下问题的思考,你们会对直线有清晰的认识。

大屏幕上呈现以下问题：

你能把"10"这个数在下面的直线上表示出来吗？

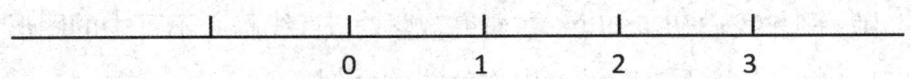

学生说出：这个"10"在屏幕的外面。

师：是吗？为什么会在屏幕的外面呢？

生：按屏幕出现数的规律0、1、2、3，接着最多只能描出"4"，所以要描在外面了。

师：尽管这个"10"在屏幕的外面，但它一定在什么的上面？

生：一定在这条直线上。

师：为什么？

生：因为直线是无限延伸的线，所以能找到"10"的位置。

师：你还能在这条直线上找到"350"这个数吗？

生：能找到的。

师：你还能在这条直线上找到"3500"，或者更大的数吗？为什么？

生：都能找到。因为直线是无限延伸的。

师：刚才我们想象了"0"右面的数，在这条直线上离"0"越远，这个数就越大。那在"0"左面的数又是怎样的数呢？

这时有几位学生说出：应该比"0"小的数。

师：是的，以后我们还要学习比"0"小的数，同样在"0"左面离得越远，这个数也就越小。

教师继续提出：在研究数学时，直线的作用大不大呢？

【评析】 本环节看似引导学生从生活中寻找线段、射线和直线，其实质是通过实际背景的应用，加深了对线段、直线、射线概念的理解和深化。尤其教师引发学生针对一些"数"在"直线"上找出它们的对应点，非常巧妙地以数形结合的方法，加深了对直线是无限延伸的理解，增强了本课的数学思考价值。

2. 学习"角"。

(1)引入学习要求,自主学习"角"。

师:刚才我们初步知道,在研究数学时,直线是必不可少的图形,射线同样也是,在接下来的学习中你就能体会到。

提出以下学习要求(给学生发以下学习单,并投影以下学习要求):

①下面这些图形我们都已学过。它们叫(　　)。

在最后图形的括号内填上各部分名称:

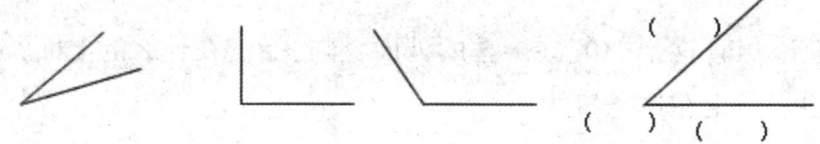

②你知道角的两条边是什么线吗?先阅读课本第39页再回答。

学生很快说出了以上这些图形是角,并填出角的各部分名称。再通过自学,知道了怎样的图形叫角,角的两条边是射线。

接着教师在黑板上示范画角,并要求每位学生在纸上画一个角。

(在画角时教师特别提醒,要从一点出发画出两条射线)

【评析】 在以往的教学中,我们见得更多的是教师向学生提出,你能从一点出发画出几条射线,让学生在感受到能画无数条射线之后,从中提取两条来认识角。这样的教法看来似乎学生经历了动手操作,实际上学生不去画也会感受到能画出无数条。这种教法,最大的问题是教师把学生在二年级已经学习过的角的初步知识忘了。而今天孙老师是借助于上一环节,采取承上启下的方法,直接让学生观察图形,回忆角。接着通过自学,认识角的两条边是射线。这样的处理不仅较好地利用了学生的学习起点,还明显地看出教师给学生提供的是简约而大气的学习素材,创设了明快而自主的学习方式。

(2)在数角中学会角的表示法。

教师在黑板所画的一个角上又添上一条射线(如图1),问学生:现在这个图有几个角?

让学生找出有 3 个角后,教师又提出:为了方便我们把每一角注上数字,并用符号"∠"表示"角"的名称(如图 2),∠1,∠2,∠3 分别读作"角 1,角 2,角 3"。

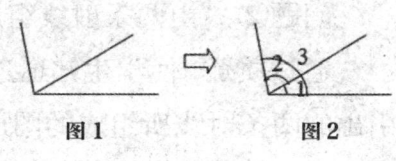

教师继续让学生对自己所画的一个角,也添上一条射线,也分别写一写各角。

紧接着教师在大屏幕上呈现出有四条射线的图形,并问:由一点引出四条射线,现在有几个角?

让学生从中找出有 6 个角,根据学生的寻找在图上注上数字(如图 4),又让学生分别读一读、写一写各角。

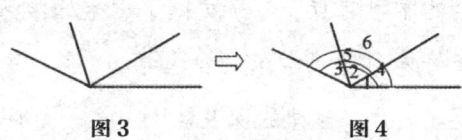

师:如果从一点出发引出 5 条、6 条……射线又分别会组成几个角呢?这个问题大家课外再去画一画,继续研究好吗?

(此刻学生兴趣盎然)

【评析】 教师先后呈现出由一点出发引出的三条射线、四条射线。让学生数角,学生在对角加深认识的同时,学会了怎样用符号表示"角"。教师在引导学生数角的过程中,有意识地指导学生学会有序思考。我们知道,随着射线的增加,角的个数增加是有规律的,虽然本课不可能把这一规律揭示得很清楚,但在这样数角过程中学生已经感受到了数学的魅力。

3. 课堂小结:

教师针对板书提出:今天我们学习线段、直线、射线,并知道了它们之间的相同点与区别,同时我们还学习了什么叫角。你们到底学得怎样,我想通过以下两个问题来检测。

问题①:"一条直线长 5 米。"对吗?

通过质疑使学生进一步认识直线是无限延伸的线,只能说一条线段长 5 米。

问题②:"由两条射线组成的图形叫角。"对吗?

通过质疑,使学生知道这句话是有问题的,正确的是:从一点出发,引出的两条射线所组成的图形叫角。

【评析】 教师在课堂小结时往往会提出"通过本课学习,你有什么收获",学生往往会罗列一下学习内容。今天孙老师没说这句话,而是抓住本课的重点和难点,设计了两个关键问题引发学生再次质疑,借助问题的思考达到课堂小结的目的。

总之,回顾本课可概括出以下四方面有价值的做法。一是很好地利用了学生的学习起点,充分发挥了学生的学习潜能。二是给学生提供了有效的学习单,较好地引发了学生的自主学习,实施了先学后教、以学定教的教学方式。三是创设了科学、合理的深化素材,在较好解决了学习上难点的同时,又自然地提升了数学本身的内涵。四是进一步拓展了学生的想象力。

9 研读文本尝试画图　质疑辨析发挥想象

——对"平行与垂直"两种教法思维价值的思考

孙　菁（执教）　陈庆宪（评析）

教法一：

第一步：发挥想象，自主表达。

师：请同学们想一想、说一说什么是"直线"？

生：直线是直直的，向两端无限延长的线。

师：今天我们要学习两条直线在一个平面内的位置关系，那什么叫平面呢？请同学们想象一下。教师出示一张长方形的白纸提出：这是一张长方形的纸，如果把这张纸看成一个平平的面。现在发挥你的想象，如果这一个面向四周无限延伸、延伸、再延伸……你能想象出这样的面吗？

生：想出了，这个面好大好大！

师：是的，这样无边无际平平的面叫平面。现在在这个平面内有两条直线，你再想象一下，这两条直线在你脑子里的位置是怎样的呢？能在这张白纸上画出来吗？

每一位学生都根据自己的想象在一张白纸上画两条直线。

第二步：展示作品，组织分类。

让学生展示自己所表示的两条直线，黑板上贴出20多张学生的作品。

学生针对黑板上的作品分小组进行讨论分类。

学生首先分出相交与不相交。教师引导学生对不同纸上的两条线进行延长后相交与不相交的情况进行分类。

并引导学生在相交的两条直线中找出一种特殊情况——垂直。

第三步：把握特征，概括定义。

从两条直线不相交的特征中得出：在同一个平面内不相交的两条直线叫平行线，也可以说这两条直线互相平行。

从两条直线不同的相交中引导学生逐步得出：如果两条直线相交成直角，就说这两条直线互相垂直。

教师在引导学生判断两条直线是否垂直时，注意让学生用直角三角板去检验两条直线是否真的相交成直角。

接着教师在黑板上分别画出两条互相平行与互相垂直的直线，并对两条直线分别注上字母 a 和 b，引导学生说一说"互相"的含义。

第四步：组织练习，加深理解。

1. 观察下图，平行的在括号内画上"∥"，垂直的画上"⊥"。

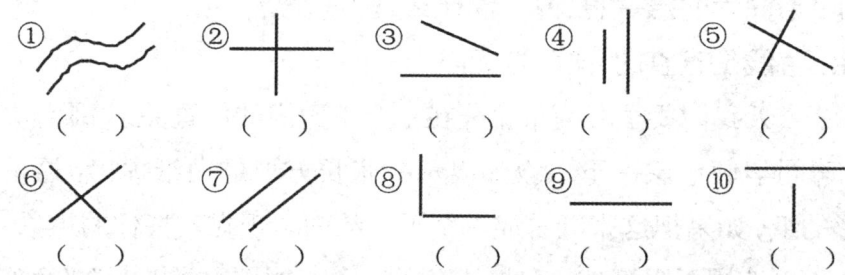

2. 从身边环境中找出平行线和垂线。

（在学生寻找过程中，教师有意识地指出周边不相交又不平行的两条线，引导学生观察、质疑，使学生初步感知到这样的两条直线是不在"同一平面"的）

3. 在平面图形和立体图形上找平行线和垂线。（题目略）

教法二：

第一步：研读文本，尝试画图。

师：我们在前几节课学过了直线，想一想怎样的线叫直线？

生：直直的，向两端无限延长的线叫直线。

师：今天我们要研究两条直线的特殊位置关系，板书课题"垂直与平行"。请同学们根据以下的提示先进行独立学习，再在小组中交流。

温馨提示：

1. 认真阅读课本,什么叫互相平行,什么叫互相垂直?

2. 按你自己的理解,用水彩笔在两张白纸上分别画出两条直线互相平行和两条直线互相垂直。

3. 请同学们先在小组里说一说什么是互相平行?什么是互相垂直?并互相检查你们画的两条线是不是互相平行或互相垂直?

4. 各小组选出你们认为是互相平行、互相垂直的作品准备向全班同学介绍。

第二步:交流成果,质疑辨析。

1. 让学生根据自己的理解贴出相应的作品。

教师把黑板上分为两个区域分别写着"互相平行"和"互相垂直",并向学生提出:你们小组讨论认为画出的两条直线是互相平行的请贴到黑板的左边区域,认为是互相垂直的贴到黑板的右边区域。

2. 教师针对以上温馨提示组织学生反馈。

师: 通过自学谁来说一说怎样的两条直线互相平行?怎样的两条直线互相垂直?

学生按书上表述说出了互相平行与互相垂直的定义。教师把定义呈现在黑板上,这样黑板上就形成了图1的情形。

3. 组织学生进行质疑辨析。

师: 对于以上这么多的作品你们有什么想说的吗?

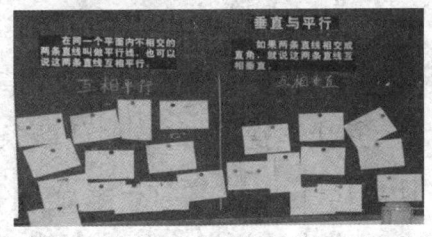

图1

学生通过整体观察,再次在小组中交流自己的想法。然后教师组织集体交流,随着学生提出的想法随机把以上作品进行了区分。

在质疑辨析中教师注意引导学生对照定义进行辨析,对于是否垂直,还让学生到台上用直角三角板进行检验。使以

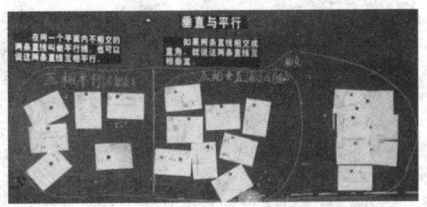

图2

上作品逐步形成了不相交和相交两大类,再在相交中突出了垂直的特殊情况。也就是在这样的动态质疑过程中,黑板上就自然形成了完整的集合图(如图2)。

第三步:组织练习,加深理解。

1、2两题与教法一的练习1、2两题完全相同。先让学生找出图中互相平行与互相垂直的两条直线;再观察身边环境,找一找平行线与垂线。

接着教师引导学生进一步质疑平行线的概念,提出:为什么两条直线互相平行一定是同一平面不相交的两条直线?

在学生思考片刻后,教师让学生拿出一张白纸,要求学生把它想象成是一个平面,并在这张纸上先画出一条直线 a;然后要求学生拿出一支铅笔平放在这张纸上(如图3),并提出:如果把这支铅笔想象成一条直线,接下来请同学把这支铅笔在白纸上转动,仔细观察两条直线的位置发生了怎样的变化?

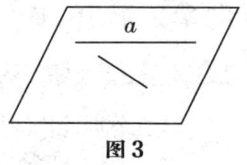

图3

使学生在观察转动的过程中感受到有无数次的相交,而其中一次刚好相交成直角(称这两条直线互相垂直),继续慢慢地转动,直至两条直线不相交为止,并让学生说出:这时的两条直线就叫互相平行(如图4)。

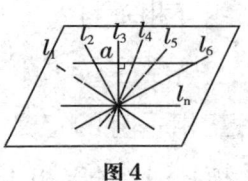

图4

学生通过以上的动态感知后,教师又明确指出:以上的变化中的两条直线都在同一平面内。下面请同学们把铅笔不平放在白纸上,而是把铅笔穿过这张白纸。(教师边说边做了示范演示)

在教师的示范演示下,使每一位学生都演示成图5的情形。

教师提出:现在这两条直线相交吗?

生:这两条直线不相交。

师:那这两条直线平行吗?

生:也不平行。

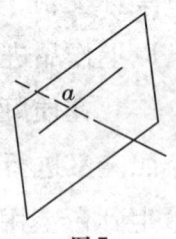

图5

师：这样的不相交的两条直线为什么不能说成互相平行呢？

通过进一步质疑使学生知道铅笔所在的直线与画在白纸上的直线不在同一平面内。

【教后反思】教法一是目前常见的一种方法，教法二采用了自学与小组互动结合的方法。以上两种教法教师都让学生经历了先自己尝试画图、质疑分类、辨析的过程，但从思维过程的价值来判定这两种教法哪一种方法效果更好，很值得我们进一步思考。

思考一："凭空想象画图"与"自学后的画图"哪种思维价值更高。

教法一先要求学生凭自己的想象在一张纸上画出两条直线，这样的做法似乎培养了学生的想象力和表达力，但仔细制定这时候的学生画图是随意的，甚至他们在画两条直线时并没有根据自己的想象来画。教师也并不关心他们是否在想象，只关心能否找到更多的画法为下一环节的分类做准备。

教法二要求学生先静心研读课本，并根据自己对文本的理解去画两条互相平行的直线和两条互相垂直的直线。学生经过自学或多或少地能初步认识到"平行"与"垂直"的大概意思。虽然一部分学生在画的过程中会出现错误，但毕竟学生是带着目标的思考进入画图尝试的，画图过程实际上也是帮助学生进一步理解的过程。

对比以上两次画图，我们觉得教法二的思维价值更高。

思考二："自主分类"与"有依据的辨析"哪种思维价值更高。

教法一是在学生不知道互相平行和互相垂直的概念下进行的。虽然大部分学生会朝着相交与不相交的两个角度进行分类，但总觉得一部分学生开始的分类是随意的。这样的分类过程需要教师更多地去引导，使学生逐步地概括出互相平行与互相垂直的概念。

教法二是使学生带着对概念的初步感知再进入质疑辨析，学生在质疑的过程中能自觉地运用概念进行交流讨论。当他们把这些作品辨析完后，自然地对互相平行和互相垂直的概念更加清晰了。

从教法二我们可以看出，教学过程是完全顺着学生的"学"而展开的，教学流程采用了独立自学、小组交流、展示评价，在展示评价环节，针对众多的作品教师再次组织学生进行小组交流,并随机把握质疑评价的过程。显然教法二更加体现了"以学定教"的教学思想,较好地提升了数学的思维价值。

思考三:对于"平面"概念的认识怎样处理更好。

"平面"是非常抽象的数学概念之一,对于"平面"要使小学生理解它"既无厚薄又无边无际"的确很难,所以在小学阶段只能要求学生达到初步的感知。

在教法一中教师先借助于一张白纸引发学生展开想象,初步了解"平面"大概是什么意思,教师创设这样的想象目的是把抽象的概念尽量转化为形象的直观感知。接着在随后的练习中教师引导学生观察实际现象,认识"同一平面"的大致含义。

在教法二中的前两步教学,教师并没有有意识地提到"平面",仅引导学生复习"直线"的概念。但从实际教学中我们可以看到学生并没有受到影响,在观察两条直线的位置关系时,仍然能对"两条直线无限延长会不会相交"发挥着很好的想象。这说明对"平面"的认识不去有意识地引导,看来问题并不是很大。当然教法二在最后练习中教师组织学生利用一张白纸,先画上一条直线,再通过一支铅笔想象成另一条直线平放在白纸上进行旋转演示,使学生在动态的变换中进一步认识两条直线从一般的相交到特殊的相交(垂直),再到不相交(平行)。然后又让学生把铅笔斜穿过纸面,使学生直观地认识到:既不与纸上的直线相交,又不与纸上的直线平行,这样的两条直线一定是不在同一平面内的。

总之,在小学阶段对于"平面"概念的认识要求不必太高,真正理解"平面"可以留到以后。所以我们觉得以上两种教法在引导学生对"平面"认识的处理,以及对"同一平面"的理解,所创设的形象化的感知是比较恰当的,可供教学时参考。

10 带着初步感知自学 抓住整合问题思辨
——"商的变化规律"教学实录与评析

周娇娇（执教） 陈庆宪（评析）

◎ **课前思考**

人教版义务教育教材四年级上册在"除数是两位数的除法"单元中编排了"商的变化规律"。教材分别呈现了三组算式（如图1），让学生通过计算和观察，分别去发现三条规律。在以往的教学中一般教师都是按照教材的顺序进行，这样的教学当学生学习了第一种情况：除数不变，被除数乘几，商也乘几，学生是很清楚的；当学习第二种情况：被除数不变，除数乘几，商反而除以几，虽然感到有点难度，但单独去理解

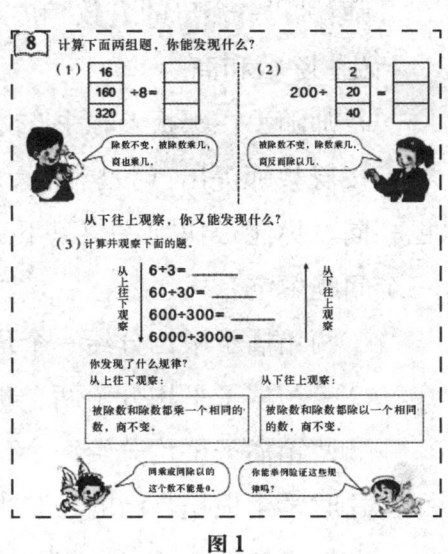

图1

还是没有多大问题的；当学习第三种"商不变的规律"时，学生记住这一规律比较容易，但问学生"商不变的规律"与上面两条"商变化的规律"有什么联系时，许多学生却含糊不清了。为了解决教学上的这一难点，我们采用了让学生带着初步感知去自学的方式，并把三条规律整合在教学的每一环节之中，使学生对三条规律作为一个整体来认识，从而收到较好的教学效果。

◎ 实录与评析

1. 引入生活素材,初步感知规律。

教师借助投影呈现下面这句话: 把一箱橘子平均分给一个班的同学,每人刚好得到4个。并向学生提出:每人得到4个橘子,如果要你写出算式应该是怎样的?

生:一箱橘子数 ÷ 一个班的人数 =4(个)

师:在这里"一箱橘子数"相当于除法算式中的什么?

生:被除数。

师:那"一个班的人数"和"4个"又相当于除法算式中的什么?

生:除数和商。

教师随手在黑板上板书(或卡片呈现):"被除数 ÷ 除数 = 商"。

接着教师提出:(投影出示)如果每箱的橘子数量一样,每班的人数也相同。你能很快地说出以下三题的结果吗?(在投影上继续呈现下面三个问题填空)

①两箱橘子平均分给一个班的同学,每人得到( )个。

②一箱橘子平均分给两个班的同学,每人得到( )个。

③两箱橘子平均分给两个班的同学,每人得到( )个。

这时学生根据自己的经验很快地说出了第①小题的结果是8个,第②小题的结果是2个,第③小题的结果仍然是4个。

师:请大家把这三题的结果连同以上第一句话一起思考,为什么会出现这样的结果呢?学生经过分组讨论后,教师组织反馈说理。

生:因为上面说的是一箱橘子,而第①小题说的是两箱橘子,所以每人分得8个橘子。

师:那第③小题也是两箱橘子,为什么每人仍然分得4个橘子呢?

生:因为第③小题是分给两个班的同学,橘子数增加了,但人数也增加了。

师:那好,第①小题的橘子数是第一句话中橘子数的几倍?

生：两箱橘子数是一箱橘子数的2倍。

师：这就是说在除法算式里什么扩大到了它的2倍？

生：被除数扩大到了它的2倍。

师：第①小题是分给一个班的同学，相当于在除法算式中什么没变？

生：除数没变。

师：在这种情况下我们猜想到了它的商就扩大到了它的几倍？

生：商就是原来的2倍。

教师随手在黑板上出示"(被除数×2)÷除数=（商×2）"。

师：那第③小题的数量关系又是怎样的呢？

学生针对第③小题继续发挥认知经验进行推理、猜想（过程略）。

教师根据学生的回答又出示"(被除数×2)÷(除数×2)=商（不变）"。

接着教师继续提出：那第②小题的结果为什么是两个呢？

生：因为第②小题与第一句话比较一箱橘子数没变，班级变成两个班了，也就是说人数是原来的2倍，所以每人分得只能是"4个"的一半，是两个。

师：那在除法算式里相当于什么没变，什么变了？

生：相当于被除数没变，除数变大了，商反而变小了。

教师根据学生的猜想在相应位置上出示"被除数÷（除数×2）=（商÷2）"。

教师强调指出：在这里被除数不变，除数乘2，商反而除以2。

黑板上形成了如图2的板书：

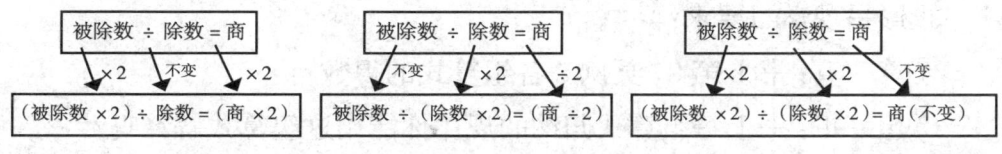

图2

师：请大家观察以上被除数、除数和商的变化，想一想③题所得到的除法数量关系与前两小题所得到的数量关系有什么联系？（学生在小组里交流片刻）

生：③题得到的数量关系与前两小题得出的数量关系有这样的联系，当被除数乘2，商也乘2；可是除数乘2，商反而要除以2；商要乘2，又要除以2，这样就抵销了，所以商不变。

教师让每一位学生针对这位同学的回答，继续观察板书想一想是否感知到了这样的联系。

【评析】我们知道学生的学习起点包括两个方面，即认知的逻辑起点和现实的经验起点。从以上设计的生活素材可看到，在这两方面的起点利用都有所体现，但略侧重于学生对生活经验的积累。从实际教学效果来看，学生凭着直觉很快地说出了每一题的结果，并能分析橘子箱数与班数的关系。教师在引导学生的质疑过程中，及时地把他们直觉感知用除法的数量关系呈现出来，使学生清晰地看到被除数、除数和商，它们之间两量的"变"与其中一量的"不变"的关系。当三题数量变化关系呈现完后，教师又特意让学生对这三个变化中数量关系做整体观察、思考，使学生初步感知到第三条"商的不变"的原因与前两条被除数的变化和除数的变化所引起的商的变化是有对应关系的。学生初步感知到了这样的变化，为以下自学、举例、验证打下了基础。

2. 提出自学要求，凸显整体感悟。

（1）引入自学：

师：刚才大家通过实际例子初步知道了被除数乘2、或除数乘2、或被除数和除数都乘2，商发生变化或不变，是不是乘其他数也有这样的规律呢？请大家带着以下的学习要求自学。

投影呈现学习要求：

①算一算：书上第87页例8各组算式的得数；

②想一想：书上每组算式归纳的规律你能用这组算式解释吗？

③举一举：举出不同的算式来验证每组的规律；

④议一议：分小组互相交流你的想法和举例。

学生根据以上要求进入自学活动。

（2）组织交流：

首先教师让学生汇报书上三组算式的得数,接着让学生随机解读每一规律和举例。

学生说到第一组规律时,教师借助于投影把第一组的算式和结论在屏幕上放大(如图3),让学生针对算式说理、举例。

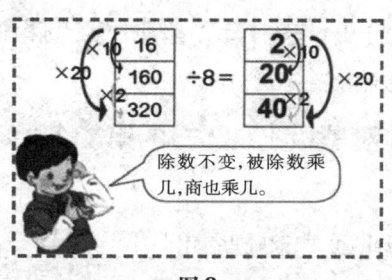

图3

生1:第二个算式与第一个比较,被除数乘10,除数不变,商也乘10;

生2:第三个算式与第一个比较,被除数乘20,除数不变,商也乘20;

……

学生另外举出了一些题组,教师让学生在黑板上写出以下两组:

$$24 \div 6 = 4 \quad 12 \div 4 = 3$$
$$240 \div 6 = 40 \quad 48 \div 4 = 12$$
$$48 \div 6 = 8 \quad 120 \div 4 = 30$$

让学生针对自己的举例,再次说理验证第一条规律。

通过学生对题组的解读,教师及时针对黑板上(图2)的第一条数量关系中的"×2"都改成"×几"。

当学生说到第二组规律时,教师同样在投影上把第二组的算式和规律放大出示(如图4),引发学生说理。

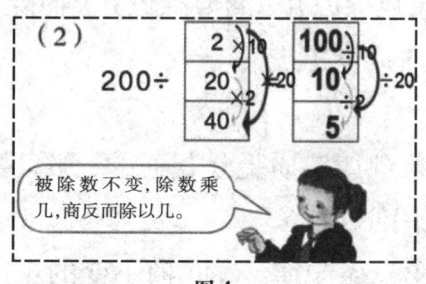

图4

生1:第二个算式与第一个比较,被除数不变,除数乘10,商反而除以10；

生2：第三个算式与第一个比较，被除数不变，除数乘20，商反而除以20；

……

学生也举出了自己的一些算式，教师有选择地让学生写出几组（题组略），让学生做进一步解读。

接着教师也同样针对黑板上（图2）的第二条"×2"改成"×几"，"÷2"改成"÷几"。

当学生说到第三组算式和规律时，教师也同样把算式和规律放大出示（如图5），让学生针对这组算式从上往下看和从下往上看，分别来表述发现的规律。

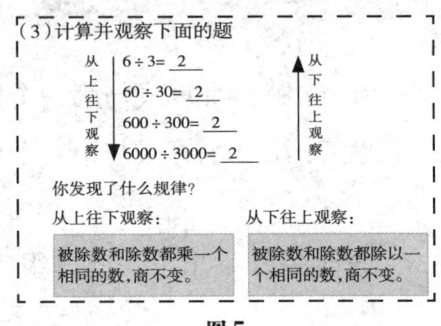

图5

接着教师继续让学生汇报自己的算式题组，并做进一步说理，又及时针对黑板上（图2）的第三条的被除数和除数都"×2"改成"×几"；同时添上被除数和除数都"÷几"。

再接着教师又提出：这三条规律之间有什么联系吗？

学生独立思考和小组交流后，教师组织学生汇报质疑。

集体交流中教师突出对第三条"商不变的规律"进行思辨：

生1：因为被除数乘几，商要乘几；而除数乘几，商反而除以几，互相抵销了，所以商不变。

生2：因为被除数除以几，商要除以几；而除数除以几，商反而要乘几，也互相抵销了，所以商不变。

……

师：看来这三条规律实质上是相通的，那只要记住了哪一条规律就把另外两条规律也记住了呢？

生：只要记住第三条规律。（即"商不变的规律"）

接着教师继续提出：你们看一看，书上"小精灵"给我们提醒的一句话是什么?

生:同乘或同除以的这个数不能是0。

师:是的,在除法算式里,0不能作为除数。如果除数是0,除法就没有意义了。

(在本课只要让学生知道"0不能作为除数"就可以了)

【评析】 本环节教学是学生在初步感知、猜想的基础上,带着学习要求进入自学活动的。因为教材在每组算式后面都已经呈现了规律,所以只要学生先对每组算式计算出结果,再通过观察就会很快地理解相应的规律。为了加深对规律的理解,教师除了要求学生对每一规律举出另外的算式进一步验证外,还要求学生针对这三条规律进行联系思辨。我们把三条规律整合在一起让学生自学概括、举例验证、质疑沟通,再进一步寻找出它们之间的联系,这样能使学生主动地从整体的视角构建知识,避免了过去分步教学所带来的对三条规律相对独立思考的弊端。

3.组织分层练习,加深理解规律。

(1)完成教材第87页的做一做和以下的补充题组。

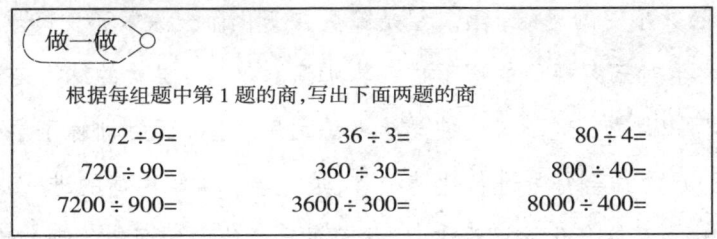

补充题组:

```
    72÷9=         360÷30=
    720÷90=       360÷15=
    7200÷900=     360÷5=
```

因为教材做一做的三组题是应用商不变的规律,所以教师及时补充了两组题。第一组是除数不变,被除数在变;应用第一条规律求商,同时这一组还可以与做一做的第一组进行比较。第二组是被除数不变,除数在变;应用第二条规律求商,同时也可以与做一做的第二组进行比较。

(2)根据算式"240÷30=8"很快写出得数:

480÷30=　　　120÷30=　　　2400÷30=　　　240÷15=　　　240÷5=

利用投影在3～4秒钟出示一个算式,让学生快速地把得数写下来,然后再出示这5个算式的得数让学生自己订正。

（3）根据算式"▲÷●=12"很快写出得数：

（▲×3）÷●＝

▲÷（●×3）＝

（▲×5）÷（●×5）＝

（▲÷★）÷（●÷★）＝　　　（★≠0）

（▲÷3）÷（●×2）＝

学生独立思考,小组交流讨论,集体评讲。

【评析】　教材的做一做题目只提供了三组利用商不变的规律计算得数,这也说明教材的重点是为了突出这一规律,为下面例9、例10简便计算做准备。但作为本课教学除了突出这一重点外,还需要更好落实三条规律和它们之间的联系,所以我们对练习做了一些补充。第(1)环节增设两组的计算,其中第一组是被除数变化而除数不变的题组,第二组是除数在变化而被除数不变的题组,这两组的补充,使学生对三条规律的理解进一步加深。第(2)层次的练习是要求学生快速运用规律写出得数,这不仅促使学生熟练运用规律,而且训练了学生思维的敏捷性。第(3)层次结合符号进行快速抢答,是对学生所学规律的进一步的深化,同时也使学生建立了符号化的思维方式,从而提高了他们的逻辑推理能力。

总之,本课教学从课始素材的引入,到例题学习方式的处理,以及练习材料的设计,都紧紧地抓住了规律之间的联系。教学中合理地利用了学生的认知经验,充分发挥了学生的自主学习能力,并给学生创设了充裕的思辨空间,使学生感受到如何从整体的视角去构建知识。

11 发挥题组功能　自主掌握技能

——"除数接近整十数的笔算除法"教学实录与评析

谢美慧（执教）　　陈庆宪（评析）

◎ **课前思考**

人教版原课程实验教材四年级上册编排了"除数是两位数除法"，这一单元分为两个小节，前一小节是学习"除数是整十数的口算除法"（包括除数接近整十数的估算）；第二小节是学习"除数是两位数的笔算"。"除数接近整十数的笔算除法"是笔算除法的第二课时，由于是计算课又是笔算的第二课时，所以在平常教研活动中很少对它进行研究。实际上对于这样的计算课，如何引导学生自主地掌握计算技能是很值得大家去探究的。从原教材的例题来分析，从情境问题中引出第（1）个算式是"84÷21"，要求学生把"21"看成"20"来试商。但在实际教学时大部分学生并不会把"21"看成"20"，而是直接用口算就知道应该商"4"。从第（2）个问题中引出的"196÷39"，要求学生把"39"看成"40"来试商，使学生得出当除数接近整十数时先把它看成整十数来试商。当然，我们可以按教材所提供的素材和思路进行教学，但问题是怎样更好地使学生把已学过的技能，自觉地迁移到"除数接近整十数的笔算"中去，通过怎样的练习使学生能自主地领悟计算方法。为此，我们对本课教学做了如下的改进。

◎ **实录与评析**

1. 基础训练、做好铺垫。

教师首先向学生提出：今天我们继续学习笔算除法，先请同学们以最快的速度口算、估算出下面两组算式的结果。

学生分别说出结果后，教师又提出：右边这组算式估算的结果都约等于8，你们是怎样估算的？

250÷50=	168÷18≈
240÷60=	168÷19≈
180÷30=	168÷20≈
360÷40=	168÷21≈
160÷20=	168÷22≈

生：都是把被除数看成160，把除数看成20，用了"160÷20"的口算来估算。

师：在这五道估算中其中一个算式的结果正好是8，你们看应该是哪一个算式呢？

学生通过观察很快地找到"168÷21"的结果就是8。

教师随手把这个算式的约等号改成了等号，并提出：你们是怎样想的？

生1：因为"21×8=168"，所以"168÷21=8"。

生2：我是用竖式进行计算的。

师：好的！等一下让你来说一说怎样列竖式计算好吗？

【评析】 口算、估算是笔算除法的主要基础，新课引入时设计这样的题组，既能使学生进一步熟练基本技能，又为本课探究笔算除法提供了素材。

2. 分步探究、领悟方法。

师：刚才这位同学说到了用竖式进行计算"168÷21=8"，那你们也能把这个算式写成竖式进行计算吗？

在学生独立笔算后，教师让之前这位学生板演竖式过程。评讲时教师并没有去强调把"21"看成"20"来试商，只分析竖式的书写与计算是否正确。

接着教师又提出：对于这组算式中的"168÷19"与"168÷20"你们还能用竖式算出精确的结果吗？

学生又进行独立计算后，让学生在黑板上板演竖式过程。教师重点针对"168÷19"的竖式，指导学生如何先把"19"看成"20"试商。并指出：除数接近整十数可以先看成整十数来试商。

再接着教师提出：那算式"168÷18"与"168÷22"的精确的结果又应该是多少呢？请你们继续写出竖式分别算一算好吗？

学生又独立用竖式试算,教师再组织学生进行互动交流。教师让两位学生将他们比较典型的试商过程板演到黑板上(如右图)。

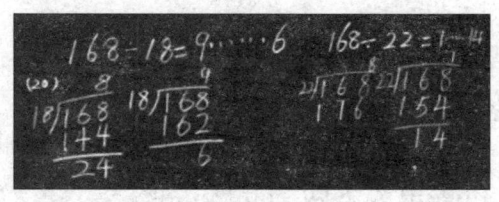

师:仔细观察这两位同学竖式的计算过程,你能看懂什么?

生:第一位同学在第一竖式里先把"18"看成了"20",商8,发现余数比"18"要大,所以写了第二个竖式改成商9。第二位同学的第一竖式把除数"22"看成"20"商8,发现商得太大了不够减,所以写了第二个竖式改成商"7"。

师:你们是否也看懂了这位同学表达的道理呢?(教师引导学生重述以上想法)

接着教师又提出:第一个算式把除数看大了结果商小了,如果能做到第一次试商的"8"与除数的"18"相乘先进行口算,早发现商小就可以马上改商"9",那只要写出一个竖式就可以了。第二个算式也一样,如果先通过口算,发现商大了马上改商,也会更快一些。

教师再针对这组算式又提出:算式"168÷21"的商刚好是8,当除数比"21"要小时,商应该比"8"要大;如果商8,那一定还有余数;当除数比"21"大时,商应该比"8"要小。

【评析】在这一组算式中对于"168÷21",学生通过口算直接得出结果,并且马上要求学生写出笔算过程。对于"168÷20"的竖式计算,学生在上节课就应该掌握,这样对于"168÷19"的竖式计算就会产生技能上的迁移。而且以上这三个算式的商都是8,不需要改商。到了"168÷18"与"168÷22"继续把除数看成"20"去试商,自然会出现改商的情况。由此可以看出教者对这组算式做了精心设计,在题组中已考虑到了技能的迁移、试商与改商、结果的对比等功能。学生在分步笔算这组算式时,随着除数接近"20"的变化,刚好商"8"到商"8"有余数,再到不能商"8"要改商的过程,初步领悟了除数接近整十数的笔算方法。

3. 分层练习、巩固提高。

(1) 联系实际解决问题。(出示下题)

老师带了 200 元钱来到运动商店买活动器具,根据图中三种球的单价提出以下两个问题:

① 如果都买足球,最多能买几个?还剩下多少元?

② 如果都买排球,最多能买几个?还剩下多少元?

③ 你还想提出什么数学问题?

学生继续提出:如果都买篮球,最多能买几个?还剩下多少元?

学生根据以上问题写出算式:200÷28、200÷38、200÷42,接着让学生先独立笔算这三个算式后,再对照学生的竖式做如下的反馈交流:

生 1:"200÷28"先把"28"看成"30"来试商,先商 6,因为 28×6=168,200−168=32,说明商"6"小了改商"7",28×7=196,200 − 196=4,所以 200÷28=7……4。

生 2:"200÷38"先把"38"看成"40"来试商,商 5,因为 38×5=190,200−190=10,所以 200÷38=5……10。

生 3:"200÷42"先把"42"看成"40"来试商,先是想到商 5,但 42×5=210,200 减去 210 不够减,所以要改成商"4",42×4=168,200−168=32,也就是 200÷42=4……32。

【评析】教师在以上的总钱数与单价的数量上做了精心设计,使第一个算式把除数看大了容易商小了,需要改商;第二个算式把除数还是看大了,但不需要改商;第三个算式把除数看小了容易商大了,又需要改商。让学生借助于具体问题背景,从"商"和"余数"的实际意义出发,来理解笔算时的试商过程,并及时巩固笔算的方法。

（2）题组训练，熟练技能。

①列竖式计算。

152÷43　　　142÷43　　　171÷43

学生笔算后，发现以上三个算式的结果都是商"3"，只是余数不同而已。

接着教师提出：在以上三个算式中哪一个算式最容易会先想到商"4"，后来发现商得不对需要改成商"3"？

学生互动交流，教师引导学生做如下的集体交流：把"43"看成"40"，第一个算式看成"150÷40"，不可能想到商"4"；第二个算式看成"140÷40"，也不可能想到商"4"。只有第三个算式，因为被除数是"171"超过了"160"，所以最容易商"4"。

这时教师针对第三个算式提出：现在是"171÷43=3……42"，那被除数增加到多少时刚好商"4"呢？

生：当被除数是172时，刚好商4。

教师随手写出："172÷434"，并接着又写出："173÷43""174÷43""174÷43"三个算式向学生提出：这些算式又是商几余几？

学生依次说出了商几余几后，教师又提出：被除数增加到多少时它的商还是"4"，而余数是"42"呢？

学生知道了被除数应该是"172＋42"，根据学生的回答教师随手写了"214÷43=4……42"。

②列竖式计算。

142÷28　　　152÷28　　　162÷28

学生笔算后，又发现这三个算式的结果都是商"5"，只是余数不同。

这时教师又提出：这三个算式把除数"28"都看成"30"去试商，哪一个算式让你最容易想到商"4"的？

生：我把"142÷28"看成"140÷30"，最容易想到商"4"，发现商小了，改成商"5"。

教师又针对"162÷28=5……22"问学生,在这个算式中,当被除数增加到多少时,它的商刚好是"6"?

生: 当被除数增加到168的时候,商刚好是"6"。

③列竖式计算。

72÷39　　　204÷52　　　272÷68　　　457÷57

【评析】 以上练习的前两组都对被除数做了精心的设计,在第①组计算中虽然都商"3"只是余数不同,而第三个算式容易先想到商"4"。同时教师组织学生针对这一算式进行质疑后,及时提出了延伸的问题,通过被除数依次增加,让学生去思考被除数增到多少时商刚好是"4"。这样使学生进一步感悟到"把除数看小了,容易商大了",以及在变化中感悟余数的变化范围。在第②组的计算中设计了除数都是"28",其中的第一个算式是"把除数看大了,容易商小了"的情况;教师再次针对其中的一个算式,引发学生对被除数进行增加,使学生又一次去感悟因被除数变化而引起的商和余数的变化。第③组计算设计了被除数不同,除数也不同的情况,其目的是让学生针对被除数、除数不同的每一个算式进行思考,以此提高学生的计算能力。

"试商"是本课的教学难点,又是除法计算中最重要的技能。要使学生熟练掌握这一技能,除了设计一定量的练习外,更需要让学生在计算过程中去悟出在什么情况下容易出现改商。纵观全课,我们为了突破学生学习上的难点,确定以题组的形式进行教学。对题组做了精心设计,尤其对被除数与除数做了精细思考,有的题组只是被除数的变化,有的题组只是除数的变化,题组中有的算式能很快地确定出商几,而有的算式容易商大了或容易商小了需要改商。其次,谢老师在课堂上较好地把握了动态生成,针对容易出现改商的算式,先让学生进行独立尝试,再组织质疑、延伸。在整个教学过程中学生亲身经历了这些题组的观察比较、试算探究,直至达到真正的领悟,掌握除数接近整十数的笔算技能。

12 针对学情整合素材 把握动态练中梳理
—— "小数的意义和性质"单元复习课教学实录与评析

王金飞（执教）　　陈庆宪（评析）

◎ **课前思考**

人教版原课程实验教材四年级下册"小数的意义和性质"，这一单元共有四个小节：小数的意义和读写法、小数的性质和大小比较、生活中的小数、求一个小数的近似数。单元所涉及的内容比较多，如何上好这一单元的综合复习课，确实是值得探讨的问题。对于这样的复习课，一般老师会想到针对每一小节的内容，分别设计复习素材和练习。虽然能做到边练边梳理，但学生往往处于被动参与，感到内容松散，知识之间缺少联系。因此，我们带着这些问题，对此课做了如下尝试，收到很好的复习效果。

◎ **实录与评析**

1. 揭示课题，回顾知识。

师：今天我们要复习《小数的意义和性质》这一单元，在这一单元中我们学了哪些知识呢？请翻开课本看一看，本单元共分为几个小节，每小节的内容是什么？

教师引领学生看书，并板书摘录：意义和读写、性质和大小比较、生活中的小数、求小数的近似数。

【评析】引领学生看书回忆知识点，这是复习引入的一种方法。通过摘录，使学生明确了复习目标，较快地进入了复习状态。

2. 练中质疑，整理知识。

（1）复习意义。

师：今天我们要通过对以下三个小数的研究，复习我们学过的知识。

请你从下面的图中选择合适的图,分别用阴影表示出"0.3,0.03,0.30"(课前发下的练习纸,第1题是空白的格子图)。

接着反馈学生所表示的阴影图:

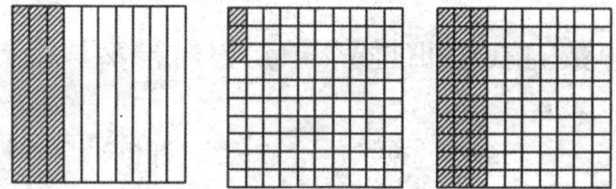

组织学生交流,使学生从中复习小数的意义和计数单位。

I. 0.3 就是 $\frac{3}{10}$,0.3 里面有 3 个 0.1($\frac{1}{10}$);

0.03 就是 $\frac{3}{100}$,0.03 里面有 3 个 0.01($\frac{1}{100}$);

0.30 就是 $\frac{30}{100}$,0.30 里面有 30 个 0.01($\frac{1}{100}$)。

(2)复习性质和大小比较。

师： 在这三个小数中有相等的小数吗?

生： 0.3=0.30。

教师结合图示说明,3 个 0.1 就是 30 个 0.01。接着教师又提出：0.3=0.30=（　　）。使学生说出括号内也可填上 0.300,0.3000 等,从中使学生回忆"小数的性质"。

师： 对于 0.03 与 0.3 有 0.03＜0.3,从这两个小数来看,又有怎样的联系呢?

引发学生回忆"小数点位置移动的大小变化关系",根据学生的回答做如下的板书：

小数点向右移,扩大

0.03 ＜ 0.3

小数点向左移,缩小

【评析】 以上两个小环节教师借助于"0.3,0.03,0.30"三个有一定联系的小数,通过画图、观察、分析图,把小数的意义和性质、小数点位置的移动等知识,巧妙地整合在一起进行复习。使学生自然地把这些知识点联系起来进行再认识。

（3）复习生活中的小数。

师：小数来自于生活,如练习中的三个小数就有可能来自测量长度、计算面积以及计录质量,请同学思考练习纸中的第2题：

Ⅱ. 0.3 米 =（　　）分米 =（　　）厘米

　　0.03 吨 =（　　）千克

　　0.30 平方米 =（　　）平方分米

学生练习后,通过质疑总结计量的互化方法：

高级单位 × 进率 = 低级单位　　低级单位 ÷ 进率 = 高级单位

（4）复习求一个小数的近似数。

师：实际测量中有时会碰到近似数,请同学想一想练习纸中的第3题的括号内可以填哪些数呢？

Ⅲ.（　　）米 ≈ 0.3 米　　（　　）米 ≈ 0.30 米

学生在填第一个括号时出现的,如小于 0.3 的有：0.29, 0.28, 0.27, 0.26, 0.25；大于 0.3 的有：0.31, 0.32, 0.33, 0.34。

教师根据学生的汇报进行板书后又提出：一定只有两位小数吗？

生 1：我觉得 0.295, 0.284, 0.315, 0.349…… 也是可以的。

师：除了有这样的很多三位小数外,还有其他的小数吗？

生 2：还有可能是四位小数、五位小数……

生 3：有无数多个。

生 4：不管它是几位小数,只要看小数的第二位进行四舍五入是否得到 0.3 就可以了。

师：那么近似数是"0.3"的最小数是几？最大数又是几呢？

让学生进行小组讨论交流后,做以下反馈：

生：当一个数在大于或等于 0.25,并小于 0.35 的范围时,都可以通过四舍五入的方法精确到0.3,所以最小的数是0.25,最大的数是0.34999……

师:如果用下面的直线图表示这些数的范围,应该怎样表示呢?
根据学生的交流,教师与学生一起画出下图:

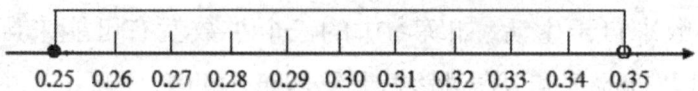

师:这里的最大数能等于0.35吗?

生:不能,如果是0.35,四舍五入就是0.4了。

师:那能得到近似数是0.3的最大数,从图上看应该在什么位置?

生:这个最大数在0.35的左边,而且它的位置与0.35非常非常接近。

师:是的,你们说的非常非常接近,我们可以说成"无限靠近"。

师:(　　)米≈0.30米,括号内可以填哪些数?而且这些数的范围又是多少?

生:括号内可以填上"大于或等于0.295,并小于0.30499……"接着与学生一起完成在直线上表示这些数的范围(如下图)。

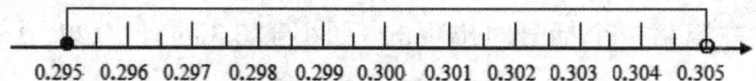

【评析】 以上两个小环节,教师再次借助于"0.3,0.03,0.30",引用到实际的计量单位,并借此复习了计量单位的化聚方法。接着教师又把"0.3,0.30"作为近似值,引发学生思考哪些数可用四舍五入的方法分别得到"0.3"和"0.30",在这思考过程中教师又借助于数轴的直观性,深入浅出地描述了能取到近似数"0.3,0.30"的范围。由于复习素材的合理延用,较好地促使了复习过程的动态生成。

3.联系实际,巩固知识。

(1)比一比:你有办法比较出下面各种物体质量的轻重吗?

大米850克　　油2千克200克　　洗衣粉3.15千克　　面粉0.02吨

先让学生自己比较,再小组交流想法,并提醒同学要注意什么?(先

要统一计量单位）

（2）读一读，写一写。

①上海世博园第一天参观人数为 207700 人，第二天为 225600 人。

207700 人 =（   ）万人 ≈ （   ）万人   （保留整数）

225600 人 =（   ）万人 ≈ （   ）万人   （精确到十分位）

②光每秒传播 299792000 米，约为 _____ 亿米。   （保留一位小数）

（3）改正下面的错误：

①小数都比 1 小。（使学生进一步认识到：小数不一定比 1 小）

② 1.2 和 1.20 的大小和意义都相同。（使学生进一步认识到：1.2 和 1.20 的大小相等，而 1.2 和 1.20 所表示计数单位不同）

③ 70   =7   =0.7   =0.07 （先让学生认识到这个式子是不相等的，再向学生提出：在每一数据的后面添上怎样的计量单位，才能使等式成立？让学生填出：70mm=7cm=0.7dm=0.07m）

（4）用 2、4、8、0 四个数字按要求写数。

①写出一个最小的两位小数和最小的三位小数。

②分别写出计数单位是十分之一、百分之一的小数。（分别各写出两个）

③把上面所写的小数从大到小排一排。

【总评析】 以上的教学给我们留下最深的体会是：利用简单的素材，把整个单元的知识串联在一起。有人说：复习课就像给学生一根线，让他们自己把珍珠（知识点）串联起来。那教学的关键是我们应设计怎样的一根线。今天我们针对本单元的内容特点，设计了"0.3，0.03，0.30"有一定联系的三个小数，但要通过这样简单的三个小数来梳理各知识点，就不能简单地去处理教学，它需要我们大气而简约地去把握复习过程。通过此课的教学研究，使我们进一步感悟到要上好复习课，必须思考三个问题：

1. 针对内容，分析学情。

我们常说：复习的功能之一是查漏补缺。也就是说，要有针对性地组织复习,尤其要针对学生有困难的学习内容和错误之处。比如在本单元,学生对小数的读写、大小比较,基本上没有问题,所以我们的复习过程中对读写、大小比较,就没有设计专项的复习训练,而把复习的重点放在对意义和性质的理解、小数点位置的移动对小数大小变化、计量单位的互化以及求小数的近似数等内容上。总之,我们在复习前一定要针对内容,认真分析学生情况。这是提高复习效率的前提。

2. 整合素材,练中梳理。

整合素材的目的是让学生能站在一定的高度去统观全局,使学生不会感到复习内容的松散。比如在本课教学中我们通过"0.3,0.03,0.30"这三个小数,让学生画图表示这三个小数来理解意义;从图的比较引出小数的性质;从观察这几个小数的小数点位置,回顾小数大小变化规律;从添上计量单位,引入生活中计量单位的互化;再从生活中的应用,提出"( )米≈0.3米,( )米≈0.30米"的逆向思考,梳理求小数的近似数的方法。从而把本单元的各知识点,整合在对这三个小数的思考上,做到环环相扣、上下呼应、和谐流畅,使学生在动态的思考中对本单元的知识和技能进行了整体的再认识。

3. 精选练习,合理拓展。

复习课除了查漏补缺,还要使学生进一步地熟练技能、拓展思维。所以要求我们对练习的设计,要做到合理、科学,并具有较强的针对性和恰当的拓展性。对于本课复习,我们考虑到学生对一些大数目,如何进行简写或如何进一步取近似数,往往在具体应用时容易产生错误,所以在练习环节我们增加了类似的题目。再由于对小数的意义和性质,需要加强辨析,因此,我们给学生提供了改错练习。此外我们还设计了让学生选出数字,组成一定要求的小数。这些练习的设计,不仅使学生加深了对小数的认识,而且拓展了学生的思维。

13 基于自学与操作 重在技能与想象
——"三角形的特性"(第一课时)教学实录与思考

陈庆宪

◎ **课前思考**

人教版义务教育教材四年级下册第五单元编排的"三角形"是对三角形的进一步认识,在这一单元里包括认识三角形的高和画三角形的高、认识三角形的稳定性、三角形的三边关系、三角形的分类、三角形的内角和等知识。本课是本单元的第一课时,除了进一步认识三角形外,重点认识三角形的高和掌握画高的技能。由于学生已认识了平行四边形的高及掌握了画高,所以认识三角形的高并不困难,难就难在能熟练地掌握画三角形不同边上的高,以及通过本课的学习进一步培养学生的空间想象能力。在教学方式上,虽然本课重于技能的操作,但也不能单纯地去传授画高的技能。那如何发挥学生在自己阅读文本的基础上,尝试画高;如何创设动态素材,让学生自己去感悟到随着三角形的变化,它的高也随之变化,从而认识到直角三角形的直角边上的高;并如何在动态变化中去认识钝角三角形的钝角边上的高。带着这些问题的思考,我对本课做了如下的教学尝试。

◎ **实录与评析**

1. 了解认知,引发自学。

揭示课题,并提出:对于三角形你都知道了它的哪些知识?

生:三角形有三个角、三个顶点、三条边。(教师板书)

师:今天我们要进一步认识三角形,并要重点认识三角形的高和画三角形的高。你们希望老师告诉你们这些知识,还是自学呢?

生：我们自学。

师：好的！我相信同学们。请大家按以下学习要求进行自学。（投影出示以下学习要求）

①仔细阅读课本第60页，怎样的图形叫三角形？什么叫三角形的高？（在书上用线画出来）

②请你在纸上画一个三角形，试一试能画出它的一条高吗？

学生独立自学并尝试画三角形的高。

【思考】 学生在此之前对三角形有过初步的认识，对三角形并不陌生，所以我采用先让学生回忆三角形的相关知识，再去读懂怎样的图形叫三角形，什么叫三角形的高。特别对于三角形高的定义的理解，需要学生静下心来去细读与思考。先让学生读懂，再让学生画出三角形的高。

2. 组织交流，掌握新知。

（1）交流怎样的图形叫三角形。

师：通过自学，你们能说出怎样的图形是三角形吗？（学生纷纷举手）

师：你们对三角形已有了一些认识，下面我们先来观察下图（如图1），指出哪几个图形不是三角形，再来说说怎样的图形是三角形？

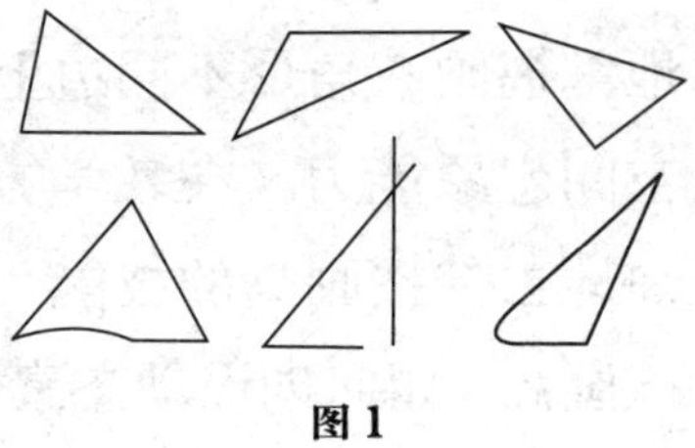

生：图中第二行的三个图形都不是三角形。

图1

师：为什么？

生1：因为第二行的第一个图形有一条边弯了，所以它不是三角形。

生2：第二行的第二个图形有的边画出头了，还有两条边没有接住。

生3：第二行的第三个图形有一个角不尖。

师：这是不是角？（教师指着第二行最后一个图形中不尖的角问学生）

生：这不是角。

师：那怎样的图形才算是三角形呢？

教师根据学生的回答揭示出：三角形是由三条线段围成的图形。（每相邻两条线段的端点相连）

接着教师指着画在黑板上的两个三角形（如图2），引导学生说一说这两个三角形的各部分名称，找一找每个顶点和它的对边。

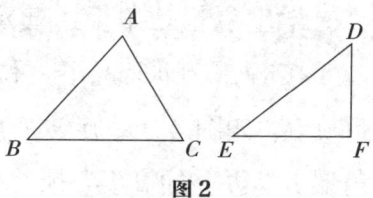

图2

【思考】由于学生对怎样的图形是三角形有着一定的认知基础，所以在这一环节没有让学生去画三角形，而是直接呈现预先画好的六个图形，只要学生能说出不是三角形的原因就可以了。这样做的目的是为了节省非重点部分的教学时间。让学生针对图2找一找顶点与对边，是为高的认识和画高做准备。

(2) 交流什么叫三角形的高，怎样画三角形的高。

先让学生汇报，教师在黑板上揭示三角形高的定义：从三角形的一个顶点到它的对边作一条垂线，顶点和垂足之间的线段叫三角形的高。这条对边叫三角形的底。

师：请同学根据三角形高的定义，在小组里互相检查一下，你们自己画的三角形一边上的高是否正确。

学生互相交流检查着，教师在巡视中找几位学生所画的三角形的高，逐一放在投影上，让学生带上直角三角板进行检查评析。

师：谁能画出黑板上三角形一条底上的高？

（让一位女生上来画，可能是由于初次接触画高，该生拿着三角板带直角的一边对准顶点时而另一边却偏离了三角形的底，但当一边对准三角形的底时另一边又偏离了顶点……）

师：谁愿意上来帮助她呢？

在另一个学生的帮助下终于画成了高，并标出了"高""底""垂足"的位置（如图3）。

教师先问第一位学生：刚才你一个人在画高时碰到了什么困难？（这位学生说了"点对边""边对边"的不容易）

师：你们能告诉大家自己是怎样画高的吗？

图3

学生拿着三角板边演示边说。

接着,教师又选了一位学生所画的三角形的高,把它放在投影上进行旋转(如图4),每旋转一次,都引发学生质疑所画的这条线是否还是三角形 BC 边上的高?为什么?

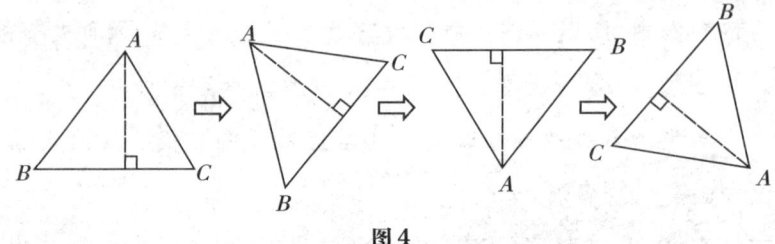

图4

(使学生再次针对三角形高的定义,说明还是三角形的高的道理)

师:通过刚才的观察,从三角形另外两个顶点出发,还可以画出三角形的几条高?(学生说出了从每一个顶点向对边作垂线,这样一个三角形有三条高)

继续让学生在自己所画的三角形上,从另外两个顶点,分别向它的对边作垂线,画出这个三角形的另外两条高。

【思考】 本环节是本课的教学重点,我先利用实物投影检验学生画出的高,从中检测学生自学的效果。接着指定学生在黑板上演示画高,这位学生一时把握不准教具(三角板)的操作。我没有主动去帮她,而是让学生继续观察,接着让一位同学帮助他完成画高,画好后又让这位同学谈谈刚才画高的体会。我特意创设这样的等待,全班学生都在观察中领悟了画高的要领。接着,我再利用实物投影,将学生的作品旋转到不同的方位,使学生认识到三角形高的本质,明白高与它的方向无关,进而认识到三角形的高有三条。

3. 组织练习,提高认识。

(1)通过一组为三角形画高的练习,来引发学生的动态想象。

先让学生画出图5四个三角形指定底上的高。

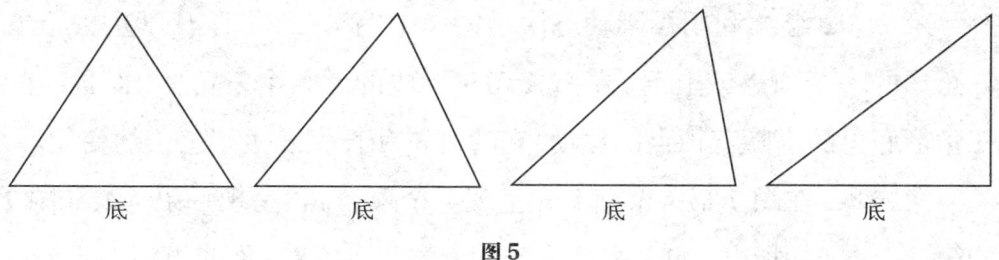

图 5

再呈现学生的作品,并提出:你们在画高的过程中感受到了什么?

生:好像三角形的高在向右移动。

师:是吗?大家再观察一下,最后一个三角形是什么三角形?

生:最后一个三角形是直角三角形。

师:那它这条底就是一条直角边了,这条直角边上的高在哪里呢?

学生说出了"这条高和另一条直角边重叠了"。

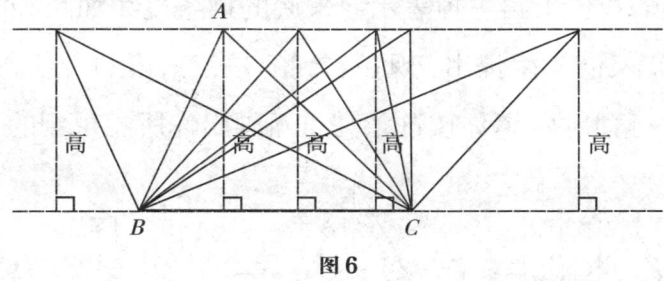

图 6

接着教师借助电脑动态演示出图 6,三角形的一个顶点沿着平行于 BC 这条底边做左右移动,变换出无数个三角形,同时这条底上的高也随之移动。移动成直角三角形时,学生直观地观察到高与直角边重叠,当移动成钝角三角形时,这条高与底边的延长线垂直。

【思考】 以上教学我先给学生创设一组等底、等高的四个三角形,虽然这四个三角形是相对静止的,但放在一起逐一画高,学生的感受就不一样了。学生在画的过程中,会感觉三角形的高,随着顶点向右移动而向右移动。同时把直角三角形巧妙地设计在最后,这样使学生在动态的想象中去认识直角三角形直角边上的高。再接着我借助于投影的演示,进一步促使学生动态想象,使学生直观地认识到钝角三角形的高。

(2)通过动态观察高的变化,引发对三角形的想象。

第一步,继续利用投影动态演示图7中的第一个图,让学生去想象三角形的一个顶点做上下、左右移动时形成的无数个三角形,而且这些三角形底上的高随着顶点的移动,它的位置和长度发生了怎样的变化。

第二步,在图7第一个图上先呈现一个顶点,再呈现一条垂线如图7的第二个图,并指出:如果这是一个三角形的一条高,你能想象出这个三角形吗?(让学生表述)

第三步,把第二个图去掉其他三角形的背景呈现图7中第三个图,又提出:如果是这样,你还能想象到原来的三角形吗?能想象到多少个?这些想象到的三角形与这条高对应的底在什么位置?(让学生说一说与这条高对应的底在原来底的这条虚线上)

第四步,投影上再去掉表示原来底的这条虚线如图7的第四个图(只有一条高),又向学生提出:现在看到的是三角形的一条高,你还能想象出原来的三角形吗?请你按这条高重新画出你所想象到的一个三角形。

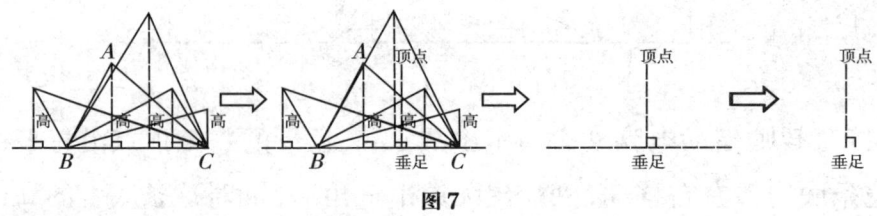

图7

老师预先发给每位学生已画好如图7的第四个图的纸片,让学生利用这条高去画自己想象到的三角形。

当然这样的三角形也有无数多个,学生画的各有不同。当大部分学生都画出后,教师展示学生所画的三角形,组织交流评价。

【思考】这一环节的教学充分利用课件的连续动态变化,对三角形一个顶点上、下、左、右移动,引导学生观察、想象三角形的高的长度、位置的变化。再从指定的一条高去想象与这条高对应的底的长度、位置的变化,在脑中重新构建出三角形,再把想象到的三角形画出。这样的训练培训了学生的空间想象力,也加深了他们对三角形高的认识。

（3）再次画高，激发学习兴趣。

师：以上我们画了许多垂直水平方向的三角形的高，下面请同学以最快的速度画出图8中的三个三角形所指定底上的高。

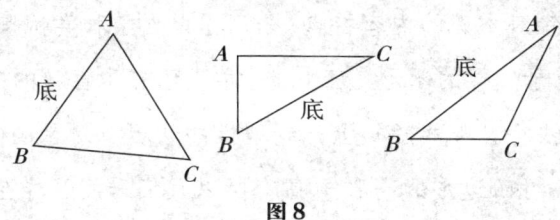

图8

学生画后，再组织反馈评价。

接着又针对图中的第一个三角形，要求学生画出另外两条边上的高。

当学生画好后，再提出：你们有没有发现，这个三角形的三条高刚好交于一点？

这时大部分学生惊讶地发现确实交于一点，教师又提出：是否任意一个三角形的三条高都能交于一点呢？

当学生迟疑时，教师再利用投影逐一演示出直角三角形的三条高交在直角顶点上，而钝角三角形的三条高延长后交在三角形的外面。（如图9）

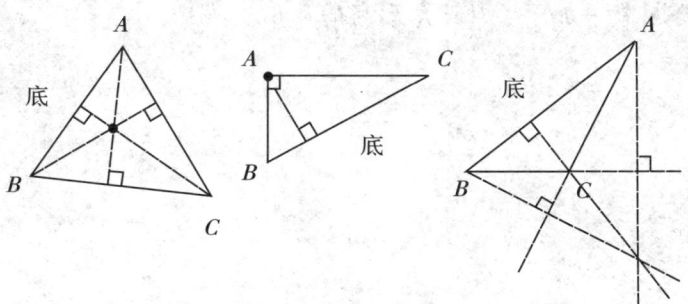

图9

师：下课后你们还可以继续画一些三角形，再去试试，是否所有三角形的三条高都可以交于一点？（这时学生兴趣盎然）

【思考】 以上教学特意向学生介绍了"一个三角形的三条高交于一点，钝角三角形的三条高延长后交于三角形外的一点"的知识，其目的是使学生的感受到数学的奥秘，激发学生的学习兴趣和动手画高的积极性。

纵观全课教学着重体现以下两点：

1. 基于自学与操作。《标准》在基本理念中提到：有效的教学活动是学生学与教师教的统一，学生是学习的主体，教师是学习的组织者、引导者与合作者。数学教学活动，要注重培养学生良好的数学学习习惯，使学生掌握恰当的数学学习方法。因此，我针对本课的内容特点，采用了以自学和尝试操作相结合的方式组织学生学习。对于怎样的图形是三角形，学生已有了直观的感知，再通过阅读和集体交流，能很快将直观的感知上升到理性的认识。对于高的认识，学生在本课之前已认识了平行四边形的高和画高。所以我们采用让学生先阅读文本，再去尝试画高。在实际教学中，我们可以感受到这样的学习效率更高了。

2. 重在技能与想象。三角形高的定义是一种发生式的定义，它是这样定义的，从一个顶点向对边作垂线而产生的顶点到垂足之间的这条线段叫这个三角形的高。这种定义与操作直接相关，也就是要理解高的定义一定要通过操作。所以在以上教学中我们竭力去引导学生经历尝试画高、交流评价画高、组图画高，以及从一条高重新想象画出三角形等操作活动，实实在在地把技能落到实处。本课除了画高技能的掌握外，还需要借此内容进一步培养学生的空间想象力。所以在教学中我们还特意创设含有动态性的题组和动态的投影演示，使学生在多次动态想象中加深了对三角形高的认识。

14 创设简约素材　拓展思维想象
——"三角形的三边关系"两次教学后的思考

王金飞（执教）　　陈庆宪（评析）

◎ 第一次教学

1. 回忆、引入。

师：今天我们继续学习三角形的相关知识，你们还记得什么叫三角形吗？

生：由三条线段围成的图形叫三角形。

师：每相邻两条线段的端点相连。

接着教师呈现教材例3的情境图，引发学生思考。学生运用生活经验，得出走中间这条路是最近的。

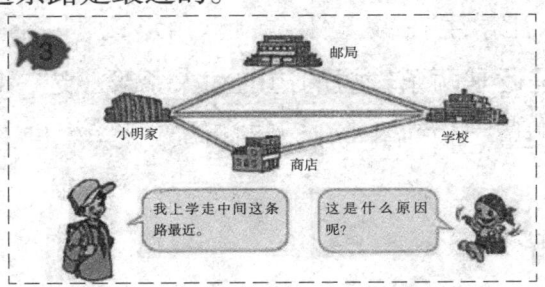

教师利用这个情境图，借助于投影显示出上下两个三角形，并指着每一个三角形提出：你们发现了什么？

（学生一时不知道说什么）

师：在这个三角形中，两条边的长度加起来与另一条边比较，你们能发现什么？

生：两条边的和大于第三条边。

师：是不是所有的三角形的三边都有这样的关系呢？我们大家来做个

实验好吗?

2. 实验、概括。

师: 下面请同学们自己做一个实验,每一位同学都有五根小棒,长度分别是 3cm、4cm、5cm、9cm、10cm,每次从中任意拿出三根摆一摆,看是否能摆成三角形? 把每次情况记录在下面的表格上。

实验次数	三根小棒长度记录			能否围成三角形	算式表示三边关系
	第一条	第二条	第三条		
①					
②					
③					
④					
⑤					

学生通过动手拼摆后,发现摆不成三角形的三根小棒中其中两根长度的和小于第三根,或者两根长度的和等于第三根。能摆成三角形的都是两根较短的小棒的长度的和大于第三根。

接着教师再让学生在纸上任意画三角形,用尺子量一量三边的长度,算一算是不是还是两条较短的边的和大于第三边。

学生画图、测量、计算后,教师及时反馈,使学生进一步认识了三角形三边的关系。

3. 练习、深化。(略)

【**教后思考**】 以上教学过程充分体现了原教材的教学意图,学生在积极参与动手实验的过程中获得了三角形三边关系的认识。这也是我们平常见得最多的一种教法。然而我们仔细思考这一知识,学生在日常生活中或多或少地积累了三角形两边之和大于第三边的经验。因此,我们觉得单认识这一知识学生不会有多大的困难,问题是我们如何通过这一内容的教学进一步拓展学生的思维。带着这一问题去观察以上的教学,学生是通过用指定长度的小棒摆三角形,边摆边记录三边关系,看来学生是在验证课始的猜想,似乎比较开放,但我觉得每一次的操作结果实质上是固定的,操作、记录过程是没有动态想象的。我们认为:最佳的学习素材不仅仅给学生提供直观模型来说明这是什么,而更重要的是通过这一素材能引发学生有价值的思考,能让学生通过这样的素材自己去想明白。基于这样的思考,我们对本课的教学进行了改进。

◎第二次教学

1. 复习三角形的认识。

观察下面的图形,哪些图形不是三角形:

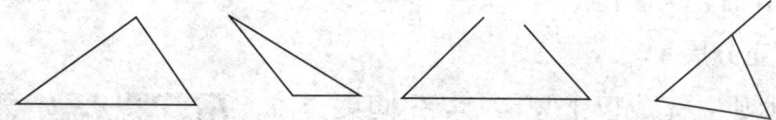

在学生说出后两个图形为什么不是三角形后,再回忆三角形的定义:由三条线段围成的图形叫三角形。(使学生进一步明确相邻的两条线段的端点要相连)

2. 引入问题,自主探究。

让学生拿出预先准备好的三根小棒,并提出:按端点相接能否摆成一个三角形?(课前发给学生的三根小棒按端点相接是无法摆成三角形的。而且这三根小棒由长到短排列,分别是红、黄、蓝三种颜色,与教师所用的三根颜色相对应)

学生在动手拼摆时马上发现这三根小棒摆不成三角形。(如右图,教师的教具是将每根吸管与一个小磁块绑在一起,这样就可随意贴在黑板的不同位置)

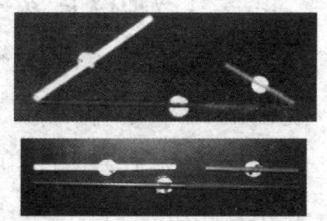

教师提出:为什么摆不成三角形?到底是什么原因?想一想怎样的改变就能摆成呢?请大家按以下的学习单进行思考,并把你的思考写在横线上。

给每一位学生提供了以下学习单:

①先独立思考为什么按端点相接摆不成三角形?把原因写在下面的

横线上:

_____

②你认为怎样改变三根小棒的长度,才能使它们摆成三角形?把想法写在下面的横线上:

_____

③先同桌互相交流,再小组讨论,选出一位同学把原因和想法写到交流板上。

3. 交流评价、动态生成。

(1)充分展示。

学生独立完成以上思考后,先同桌交流,再小组讨论,把原因和解决方法写到反馈交流板上。教师把大黑板分为五个区域。各组有一位同学在黑板上书写,其他人帮助补充。约3分钟,各组书写结束。

(2)交流质疑。

各组阐述原因。

组1:因为黄色小棒和蓝色小棒加起来的长度小于红色小棒。教师将三根小棒分别标上 a, b, c,引导学生说出:因为 $a+b<c$,所以不能摆成三角形。(教师板书 "$a+b<c$,摆不成")

接着让学生回答解决问题的方法:把黄色和蓝色的两根小棒延长,延长到两根长度加起来大于红色小棒。教师把贴在黑板上的黄色小棒和蓝色小棒拉长一些,当拉长到这两根小棒加在一起与红色的一样长时,教师又问学生:这时能摆成三角形吗?

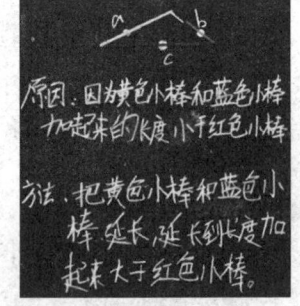

组1

生: 不能摆成三角形。(教师板书 "$a+b=c$,摆不成")

教师继续拉长黄色和蓝色两根小棒,同时板书 "$a+b>c$,能摆成"。

组2同学反馈的原因与组1的基本一样,有学生说出:刚才在听第一组解释时,发现我们组有一个地方错了,也就是两根短的加在一起不能与长的一样长。(学生随手擦去"一样长")

师:是的,除了这个问题要改正,还要把方法写得更明确一些,也就是黄色的和蓝色的加起来比红色的这根要长一些。还可以用什么方法?

生:可以把较长的红色小棒剪短一些。

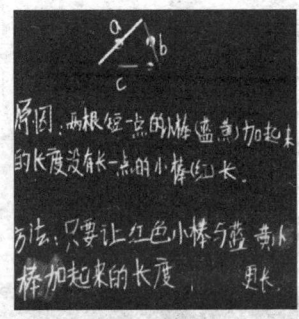
组2

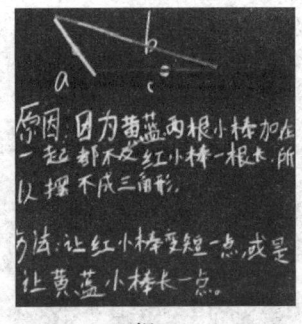
组3

随着组2同学的进一步解释,教师用剪刀把红色的小棒分几次剪短。当教师把红色小棒剪短到与蓝色小棒加起来等于或小于黄色小棒时,学生又一次感受到另外两根长度的和也要大于第三根。(教师补充板书:"$a+b>c$,能摆成")

组3同学反馈原因与以上两组也基本一致。在解决方法中也说到要把较长的红色小棒变短一些,同时说到要把黄色的变长一些,或者把蓝色小棒变长一些。教师也随着学生的解释把蓝色的小棒逐渐变长,使三根小棒能摆成三角形。

接着,教师将蓝色小棒继续变长,在不断增长的过程中使学生又一次直观地感受到,当"$a+c=b$"或"$a+c<b$"时,不能摆成三角形,必须符合"$a+c>b$"。(教师板书:"$a+c>b$,能摆成")

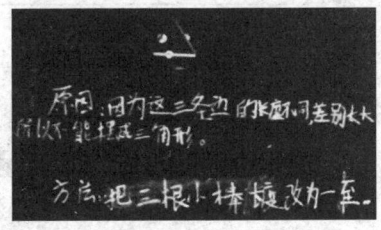
组4   组5

组4同学写得不够准确,写出了"三根小棒长度一样长,就能保证有两根小棒长度的和大于第三根小棒。"

师:第4组同学解决问题的方法可行吗?

生:可行的。(教师再次肯定了组4的方法,指出:因为每两条边的和是第三边的2倍了,所以一定能摆成三角形)

组5同学反馈原因与前三组的看法也是一致的。方法是把红棒缩短,使黄、蓝棒能连接上,或把黄、蓝棒的长度增加到比红棒要长(原来写着一样长)。第五组同学在汇报时不断地修改着自己的板书(包括写错的字)。

(3)概括梳理。

教师在组织以上各组质疑交流过程中,动态生成下图的板书。提出:经过刚才大家的思考与交

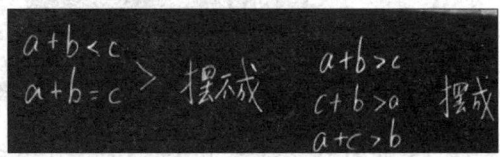

流,得到能摆成三角形的条件,下面请大家根据条件用一句简短的话来说明三角形的三边关系。

学生经过短时间的交流后,概括出:三角形的任意两边之和大于第三边。

4.组织练习,加深理解。

(1)(如图)下面每组小棒,按端点相接,能不能摆成三角形?在括号内填一填,并说一说为什么?

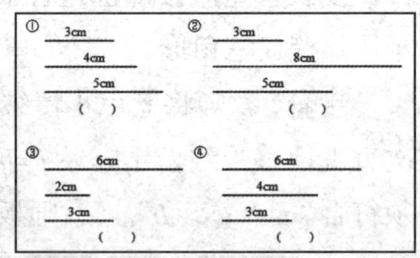

学生独立判断后,教师进一步提出:你们觉得用什么方法判断最快?

教师有意识地引导学生质疑推理,使学生得出:只要找出最短的两条边之和是否大于第三边就可以了。

(2)如果一个三角形两条边的长度分别是4cm,6cm,那么另外一条边的长度可能是多少?

通过独立思考，大部分学生想到了另一条边的长度是整厘米数的"3 cm，4 cm，5 cm，6 cm，7 cm，8 cm，9 cm。接着教师利用投影动态地演示第三条边小于等于2cm不能构成三角形，大于2cm后就能构成三角形，逐步拉长，到10cm时又不能构成三角形。学生在这样的动态想象中，知道了第三条边的长度应该是"大于2cm并且小于10cm"。（教师用字母表示第三条边的取值范围。板书：$2 < a < 10$）

（3）解释日常生活中三角形三边的关系。（题略）

【教后思考】 我们倡导"以学定教"的教学思想，要给学生创设更多的数学活动空间。但一定要注意不能只看表面上学生是否参与，更重要的是看学生的参与是否具有思维价值。从以上教学效果分析，我们主要关注了以下三点：

1. 创设了简约而富有想象的问题素材。第二次教学没有采用第一次那样规定死的5根小棒，而只给学生三根摆不成三角形的小棒。学生操作后马上发现摆不成三角形，并且没有提供这三根小棒的具体数据。那为什么摆不成呢？学生会自主地寻找原因与解决问题的方法。这样更能引发学生的想象。他们会把不够长的小棒做延长的想象，把太长的小棒做缩短的想象。如此简约的三根小棒，给学生带来的不是单一的想象。只有这样，才有可能更好地落实《标准》提出的"四基"和"四能"的目标，尤其是让学生经历活动过程，从而获得数学的基本活动经验，进而培养解决问题的能力。

2. 采用了民主而自主开放的学习方式。在学习方式上我们采用了"独学、对学、群学"的学习流程。我们把班级学生分为五个大组，教学时先让学生经过独立操作、独立思考，并把自己想到的问题原因与解决问题的方法写出来，接着与同桌"对学"相互交流，然后在大组中"群学"进一步讨论；再接着各组派代表把本组讨论的结果和方法写到大黑板上。这样的学习方式给学生创设了较大的学习空间，学生在独学时自由发挥想象，在对学与群学中交流不同的想法；最后教师又让各组充分表达本组的观点。这样做的目的是为了能让学生在民主、开放、和谐的氛围中实践自主学习。

3. 获得了自然而动态生成的学习效果。在以上的教学中，我们看到学生在表述原因中自然会说：由于两条短边的和小于第三边，所以摆不成，教师随手给三根小棒的长度分别标上 a,b,c，同时揭示"$a+b<c$，摆不成"。当学生说到要把两根短的小棒延长时，教师又特意把两根短棒延长并接在一起，与最长的一样长。使学生直观感知，这种情况还是摆不成，自然地揭示了"$a+b=c$，摆不成"。继续延长两根短棒，把学生的想象变为现实，揭示出"$a+b>c$，能摆成"。同样，当学生想象到把较长的一根缩短时，教师把较长一根多次剪短，剪到与另一根长度相加等于或小于第三根……在引发学生想象质疑中，概括出"三角形任意两边之和大于第三边"。在练习环节，判断三条线段是否能组成三角形时，让学生在练中自己悟出，只要选择最短的两条线段并将它们加起来，看是否大于最长的这条线段，从而自然地掌握了判断技巧。总之，整个教学过程较好地实现了动态生成。

15 适当拓展练习　感受数学魅力
——"三角形内角和"练习课教学实录与评析

叶婉红(执教)　　陈庆宪(评析)

如何针对"三角形内角和"知识，上好一节练习课？这一问题在以往的教学中并没有引起教师们的关注。在平常设计的练习中，见得较多的是重复已知三角形两个角的度数求第三个角的度数的题目，练习形式比较单一，难以激发学生的学习兴趣。我们针对这一内容，对练习做了深入思考，主要通过对数学自身内涵的挖掘，对练习内容进行适当拓展。现把教学的简要过程整理如下。

1. 基本练习。

(1) 判断：下面三个角有可能是同一个三角形的三个内角吗？

① 70°,60°,50°　(　　)

② 65°,65°,50°　(　　)

③ 37°,53°,100°　(　　)

④ 90°,40°,50°　(　　)

学生针对以上每组三个角的度数，判断出①、②、④中每组的三个角的度数相加都刚好是180°，所以都有可能是同一个三角形的三个内角。同时，教师要求学生回答②组的三角形是一个等腰三角形；④组的三角形是一个直角三角形。

教师提出：如果一个三角形的三个内角刚好是④组的90°、40°、50°，你能画出这样的三角形吗？

学生根据以上角的度数各自画出了直角三角形，这时教师从学生所画的三角形中找出了两个大小不同的直角三角形，利用投影呈现在屏幕上。提出：为什么会出现大小不一样的三角形呢？

生：它们的边的长短不一样。

师：也就是说两个三角形虽然三个角分别相等，但有可能什么不一样？（学生重述：有可能大小不一样，也就是有可能边的长度不一样）

教师借助于投影把两个大小不同的直角三角形按其中40°的角重叠在一起，接着再把一条直角边进行左右平移，与斜边和另一条直角边相交出多个直角三角形（如图1）。并提出：你们看到了这些三角形什么变了？什么没变？

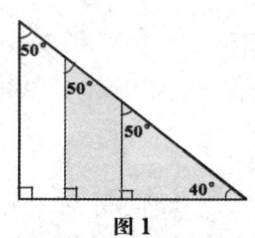

图1

生：三角形的大小变了，三角形的三个内角的度数没变。

【**评析**】运用三角形内角和的知识对以上四组角进行判断，使学生较快回忆起已学知识。而在这一环节中值得我们关注的是叶老师让学生在已知直角三角形的三个内角度数的情况下，画出这个三角形，这看似是一道画图题，却为以后要学习的"相似三角形"知识埋下了伏笔。学生在这样的画图、观察、比较中，知道了三个内角虽然分别相等，但它们的大小却可以不同。投影的展示，让学生初步感受到三条边是在同时缩短或延长，这也与以后要掌握的相似三角形的对应边成比例有关。

（2）分别算出以下三角形∠B的度数（如图2）。

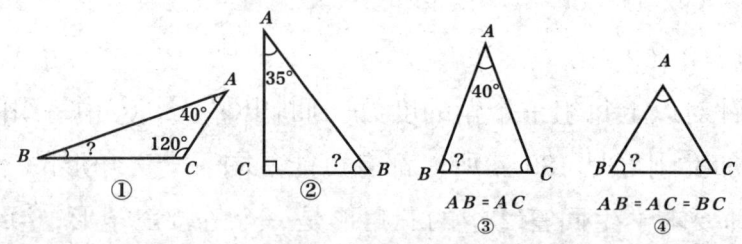

图2

学生独立列式计算后，教师组织反馈评讲。针对②、③、④小题，引导学生根据三角形的特点交流计算方法。

2. 拓展练习。

（1）用三角形内角和研究它的外角。

师：今天我们不但要熟练运用三角形内角和的知识，计算三角形中未知角的度数，而且还能运用这一知识去研究与它相关的一些知识。请同学们先来研究第一个问题。

投影出示问题一：用三角形内角和研究它的外角。（同时呈现图3）

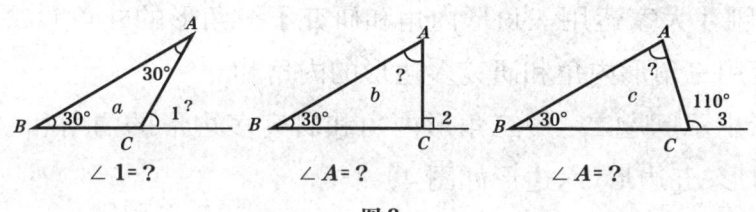

图3

师：如图中的∠1，∠2，∠3都是三角形的一条边的延长线，与另一条邻边所夹的角，这样的角叫这个三角形的一个外角。请同学们根据下面要求完成学习。

①分别求出以上每个图形中指定角的度数。

②观察上面三个图形，你有什么发现？分小组讨论。

学生小组交流后，教师进行反馈评价。在评价中发现大部分学生都能按以下的方法进行计算，教师根据学生的回答板书每一个图的算式：

a图，∠1的邻角度数是180°−30°−30°=120°，再用平角减去邻角得到∠1=180°−120°=60°。

b图，直接看出∠2是直角，所以它的邻角是90°，∠A=90°−30°=60°。

c图，先计算∠3的邻角是180°−110°=70°，再计算∠A=180°−30°−70°=80°。

部分学生提出：我们发现，每个外角都刚好是它不相邻的两个内角的和。

师：是吗？大家仔细看一看是这样的吗？

生：是的！

这时教师又借助于投影在a图上点击C点，使它在BC的边或边的延长线上从左往右移动（其他两个顶点不动），使学生直观地感受到它的外角从小变大,而三角形的另一个内角也跟着从小变大。

【评析】 可以明显地看出教者设计这样的外角题材,其目的是通过外角与邻角的思考,进一步巩固三角形内角和的知识,并让学生发现三角形的一个外角等于它不相邻的两个内角之和。当然对于这一结论的掌握并不重要,重要的是学生经历了观察、发现的过程,借此来提高学生发现问题、解决问题的能力。

(2)用三角形内角和研究多边形的内角和。

师: 刚才大家运用三角形内角和研究了三角形的外角问题,下面我们再来运用三角形内角和研究多边形的内角和。

投影出示问题二:用三角形内角和研究多边形的内角和。(呈现表格中四边形、五边形、六边形如图4)

名称	三角形	四边形	五边形	六边形	…	n边形
图形	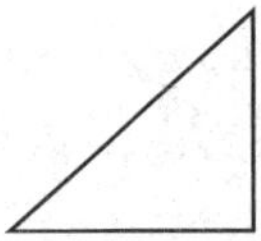 △	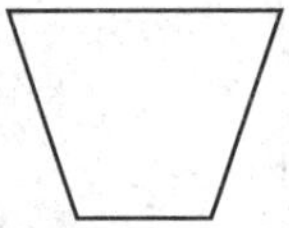 ▱	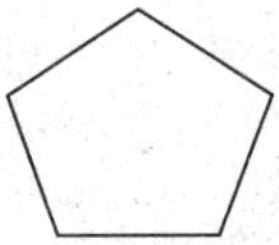 ⬠	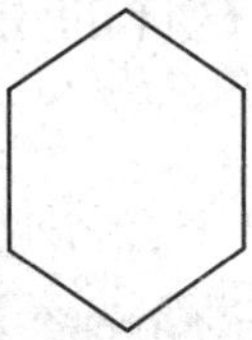 ⬡	…	
内角和	180°				…	

图4

同时出示以下学习要求:

①想一想,以上各图有几个内角?

②请你用画一画、算一算的方法求出各图形的内角和是多少?

③想一想计算多边形内角和有什么计算规律?

④在小组内说说你的想法。

学生独立思考、计算,小组讨论后,再组织反馈评价:

四边形分成两个三角形,它的内角和是:$2 \times 180° = 360°$。

五边形分成三个三角形,它的内角和是:$3 \times 180° = 540°$。

六边形分成四个三角形,它的内角和是:4×180° =720。

……

师: 在分法上要注意从一个顶点出发,把多边形分成几个三角形(在上图中呈现出分法)。你们发现有怎样的计算规律了吗?

学生通过以上的类推,得出"n 边形"的内角和是"$(n-2)×180$"的计算规律。

教师又出示了凸四边形和凹四边形、凸六边形和凹六边形,并提出:请大家继续观察,它们的内角和是否还可以用以上计算方法计算?

在学生的互动交流中,教师呈现图中的分法,使学生知道这里的凹四边形和凹六边形的内角和仍然可以用这种计算方法得出内角和(如图5),就是在分割时要注意一般从凹进去的顶点出发去分出三角形。

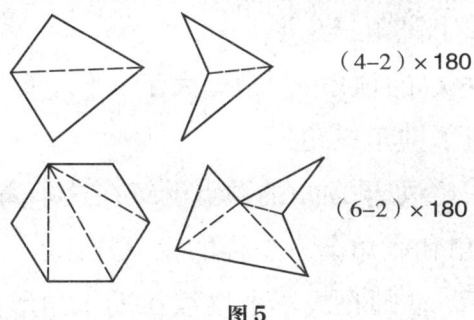

(4–2)×180

(6–2)×180

图5

教师提出:是否所有的凹多边形都可以用这种方法计算内角和呢?

教师激发学生课外探究。

【评析】 设计这样一组多边形让学生去研究它们的内角和,其主要目的是让学生经历观察、尝试、操作、发现计算规律的过程,从而使学生获得一些数学活动经验。学生在找到凸多边形的分法之后,得出内角和的计算规律难度并不大。而叶老师不仅只满足凸多边形的内角和,还联想到了凹多边形。但针对一些凹多边形在分解成三角形时,在方法上是有一定技巧的,所以叶老师并没有过多地展开,只提到,所有凹多边形是否都可以用这种计算方法,激发了学生课外探究的欲望。

(3)用三角形内角和研究内角的变化。

①研究顶角的变化。

师：我们现在知道无论三角形怎样变化，它的内角和始终是180°，接着请大家观察下面一个直角三角形（利用投影先出示图6中的直角三角形ABC），现在把顶角的顶点沿着高的沿长线向上移动，形成三角形AB_1C；再沿着高向下移动，形成三角形AB_2C。要求思考：

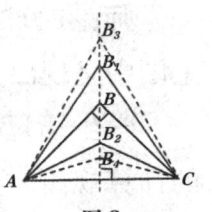

图6

观察三角形AB_1C和三角形AB_2C，它们的内角与三角形ABC的内角相比，发生了怎样的变化？变化后的两个三角形分别变成了什么三角形？

学生小组交流后，教师组织反馈评价：

生1：三角形AB_1C的顶角变小了，小于90°，而它的两个底角变大了。这个三角形变成了锐角三角形。

生2：三角形AB_2C的顶角变大了，大于90°，而它的两个底角变小了。这个三角形变成了钝角三角形。

师：你们想象一下，如果顶角的顶点继续在这条高所在的直线上上、下移动，三角形的顶角和底角会有怎样的变化规律？

学生想象片刻后，教师在投影上继续拉动三角形的顶角，使学生直观地感受到顶点越往上移动，顶角越小；顶点越往下移动，顶角越大。

②研究与圆有关的三角形内角的变化。

师：刚才我们研究了三角形一个顶点在它高所在的直线上移动，如果把它的顶点放在一条圆弧上移动又会怎样呢？

教师利用投影先出示一个圆，再画上一条线段AB把圆分成两个半圆（四年级学生只是初步认识圆）。接着引导学生在圆弧上任意确定一点C，并将C点与A、B两点连接成一个三角形（如图7），提出：这样连接成的三角形又会是什么三角形呢？

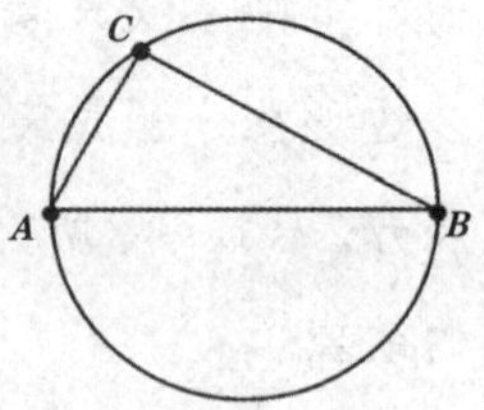

学生在预先发给的画有直径AB的圆的图上，按

图7

以上要求画三角形。当学生检验出这个三角形是直角三角形时,教师提出:是不是在圆弧上再任意找几个点,按同样方法连接起来的三角形,也同样是直角三角形呢?

一段时间后,学生兴奋地得出:都是直角三角形。(教师利用投影验证结论)

师:你们仔细观察这些直角三角形,直角所对的弧刚好是半圆弧,另外两个锐角所对的弧加起来也刚好是半圆弧,因为这两个锐角的和也是90°。

学生仔细观察,都发现了这一现象。

师:你们太厉害了,这一知识我们到中学才能学到呢,你们现在就发现这一现象,真了不起了。

教师借助投影先呈现图8中的圆外绿色的区域,并要求在这一区域内任意找一点,再与A、B连接成三角形。并提出:这样连接成的三角形又是什么三角形?

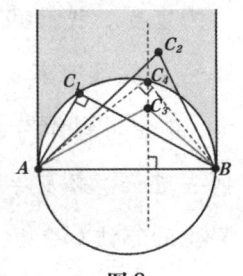

图8

学生又在预先发的另一个画有圆外区域的图上,按以上要求连接三角形。

当学生发现这样连接的三角形都是锐角三角形时,教师又提出:请大家在圆内也任意确定一点,看看连接的三角形又是什么三角形呢?

学生又经过操作、度量后,发现这样的三角形是钝角三角形。

这时学生产生强烈的好奇心,有学生说:数学太神奇了。这是为什么呢?

这时,教师在投影上,过一个钝角三角形顶点,画出底边上的垂线,此垂线交于圆弧上一点,这一点与AB连接成的又是一个直角三角形。并向学生提出:通过刚才画图过程的观察,你能找一些道理吗?

教师没有让学生马上回答,而是让学生带着好奇与悬念,结束了本课的练习。

【评析】 我们知道在图形与几何教学中很重要的一点,就是如何尽量做到化静为动。一般在演示图形动态之前,应先让学生在观察静态图形中去想象动态的变化,然后利用媒体演示,使学生在观察中再次验证自己想象的过程。叶老师在以上教学中已较好地演绎了这样的想象过程。我们看到,叶老师在第一步教学时,先让学生针对三个三角形进行观察、分析,并展开想象,然后把三角形的顶点沿着高所在的直线进行上下移动,使学生感受到随着顶点变化而引起的角的变化。这一步的想象又为下一步的练习提供了联系,在接下来的环节中教师巧妙设计了"圆"与"三角形"的一些相关知识。叶老师非常清楚这些知识是以后要学习的,不需要学生现在去搞清楚,只要求学生通过这样的过程,发现所连接出的三角形都是直角三角形就可以了。显然这样的设计很好地激发了学生的好奇心,使学生自然地感受到数学的内涵和魅力。

纵观全课的练习,我们深刻体会到,作为教师全面、深入掌握学科知识是多么的重要。我们都会说"只有深入,才会浅出",我觉得这仅是一个必要条件,它还需要教师有着深入思考的意识与习惯。只有把知识点放在整体结构中去思考,才会想到如何去进行知识的渗透;只有教师有这样的思考意识,才能想到如何去进一步拓展学生的思维。作为"三角形内角和"这一知识,在小学阶段是用实验的方法(测量、剪拼)来获得的,中学阶段是通过演绎推理的方法加以证明。中学在学习相似三角形时,我们知道最为重要的是认识三个内角的对应相等、对应边成比例,然而在以上教学中,叶老师有意识地让学生根据一个直角三角形的三个内角度数来画三角形,这样就自然地渗透了相似三角形的知识。我们还知道任意的凹多边形的内角和也可用"$(n-2) \times 180°$"来计算,在分割三角形时,因有不同的方法,所以我们在练习时只给学生呈现两个特殊的凹多边形,并在教学时采取点到为止的方法,仅给学生带来一些思考。我们还知道学习圆的知识时,圆周角的度数的知识是相当重要的,尤其直径所对的圆周角是直角。而对于四年级的学生通过这样作图会发现这样的事实,我们的目的是借助于这样的事实,引发学生深入思考。由此可见,只要我们经常针对学习内容,适当创设拓展性的练习,同时注意把握好练习的度,就会在不知不觉中,培养了学生的发散思维和探究意识。

16 强化画图感知　凸显运动本质
——"图形的运动（平移）"教学实录与评析

金玲玲（执教）　　陈庆宪（评析）

◎ **课前思考**

人教版义务教育教材对"图形的运动"分为三个阶段进行教学。在二年级下册编排了图形的运动（一），教学要求只是结合日常生活中的现象，初步认识图形的对称、平移和旋转，会看图找出轴对称图形和平移、旋转后的图形。在四年级下册编排了图形的运动（二），要求再次认识轴对称、平移，并要求能在格子纸上画出轴对称图形和平移后的图形。五年级下册编排了图形的运动（三），要求能在格子纸上画出旋转后的图形。

对于对称、平移和旋转的运动都属于保距运动。所谓保距运动，就是物体或图形的刚体运动。如果图形沿一条直线折叠，直线两旁的图形完全重合，这个图形叫轴对称图形，也就是轴对称图形中任意两个对应点到这条直线的距离相等。如果图形向同一方向，且任意两个对应点保持距离不变的运动叫平移运动。如果图形绕同一点按某个方向旋转一个角度，这样的运动叫旋转运动，旋转运动后任意两个对应点到所绕的这一点的距离保持不变。

当然我们在教学时不要求学生完整地去表述这些运动的定义，但一定要清晰地认识到这些运动的本质，这就是学生在学习图形运动时要达到的主要目标。最近我们针对四年级下册的"平移"一课进行一些思考，为了能在教学中更好地凸显平移运动的本质，我们给学生创设了由浅入深的画图素材，让学生在画图中去自主感悟，收到较好的教学效果。现把教学过程整理如下，供大家教学时参考。

◎ 实录与评析

1. 观察生活现象,初步感知特点。

（1）展现生活现象,揭示课题。

先在屏幕上播放电梯上下移动、窗门水平移动、汽车直线运动的视频,然后把这三种现象的画面放在一起(如图1),向学生提出:在生活中这三种现象的物体运动要你用两个字来概括,应该是什么运动?

图1

生:平移。

师:这就是我们今天要学习的有关平移的知识。

(教师板书课题)

（2）观察运动特点,初步感知平移。

屏幕上出示两个小熊的头像,动态演示头像的移动。其中一个头像沿水平方向移动后,形状、大小不变,而另一个头像移动后,形状拉长了。(学生观察)

师:观察刚才这两个小熊头像的移动,你们有什么话想说吗?

生:上面这个小熊的头像移动后,头像的形状、大小不变,而下面这个小熊头像移动后被拉长了。

教师在屏幕上打上格子。

师:现在你们又有什么发现?

教师没有急于让学生回答,而是在两个头像上分别确定了几个点,再在移动后的两个头像上找到它们的对应点,分别用红线连起来。再让学生观察刚才的演示

师:现在你们又发现了什么呢?

生1:我发现上面小熊的头像上的三个点,移动的格子数都是一样的。

生2:我发现下面小熊的头像上的三个点,有一点移动了9格,有一

个点移动了 7 格,还有一个点移动了 8 格。

生 3:上面的小熊头像上的点都移动了 9 格。

师:请大家仔细观察是这样的吗?

学生观察后,大部分学生都有了发现。这时屏幕上出示这些移动的格子数(如图2)的画面,并向学生明确指出:像上面小熊这样的移动我们叫它"平移",而下面这样的移动,使形状发生了变化,不能叫"平移"。

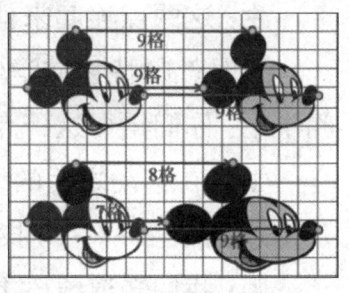

图 2

【评析】 以上教学,利用视频,把日常生活中的平移现象引入了课堂,并巧妙提出:你能用两个字来概括是什么运动吗?这一简短视频的播放,使学生将生活的经验与在二年级已初步了解的平移知识联系起来了。接着教师利用两个小熊头像的移动,让学生在观察中明显感受到不同,但教师没有直白地向学生交代不同在哪里,而是逐步添加画面上的信息,每一次添加都能引发学生思考。最后,学生感受到第一个小熊头像上的每一点移动的距离都相等,而第二个小熊头像上的各点移动的距离不相等。从而使学生明确第一个小熊头像的移动属于平移,第二个移动不是平移。这样,为进一步学习平移打下了基础。

2. 分层画图探究,逐步领悟本质。

(1)画出平移后的线段。

预先给每位学生提供画好一条线段的格子纸,要求学生画出线段 AB 向右平移 5 格后的图形。学生独立画图后,教师利用实物投影让两位学生向全体同学汇报画法。

生 1:我先把 A 点向右平移 5 格,再把 B 点向右平移 5 格,接着把移动后的两个点连上线。

生 2:我也先把 A 点向右平移 5 格,接着在移动后的这一点往下数三格,再向右数一格,点上一点,然后把这两点连起来。

师:这两位同学所说的共同点是什么?

生:都先确定线段两个端点向右移动了 5 格。

师： 那为什么把移动后的两个点连起来，就认为是把这条线段向右移动了5格呢？

生： 这两点连起来就是一条线段。

这时教师特意在学生的格子纸上指着原来这条线段上的任意一点，问学生：你们觉得这一点移到哪里了？

学生在移动之后的线段上找到了它的对应点，教师又随机指出另外几个点，学生都一一寻找到了它们的对应点。

师： 我们知道线段上有无数个点，这些点都是怎样移动的呢？

生： 所有点都向右移动了5格。

这时教师在屏幕上再次动态演示出图3画面。

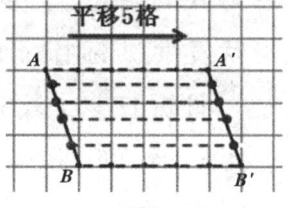

图3

【评析】 以上环节从最简单的线段图开始，教学时教师没有满足于学生只画出平移后的线段，而是通过原来线段上的任意点，让学生去寻找它们的对应点。使学生初步感受到图形的平移，实质是这个图形上所有点的平移。

（2）画出平移后的三角形。

让学生再在格子纸上画出向左平移4格后的三角形。学生独立画图后，教师利用实物投影出示了学生的三幅作品（如图4）。向学生提出：观察这三幅作品，你们有什么话想说吗？

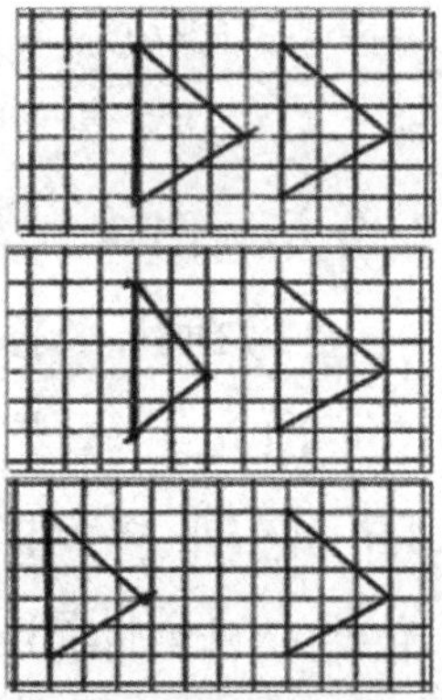

生1： 第二张画错了。

生2： 第三张也画错了。

师： 这两位同学错在哪里呢？

生1： 第二张的三角形，其中一个顶点向右移动了5格了，没有移动4格。

图4

生2： 第三张的移动格数不对……

师： 实际上第三张把原来三角形平移了几格？

生： 平移了7格。

师：那要把三角形向左平移4格,关键要抓住什么来平移？

生：要抓住三角形的三个顶点都向左平移4格。

师：从刚才大家的分析,第一张画得怎样？

生：正确。

师：我们让这位同学说一说画的过程好吗？

这位学生做了表述后,教师在屏幕上动态演示平移的过程,接着教师又在原来三角形上任意指定几个点,让学生一一找到这些点移动后的位置。

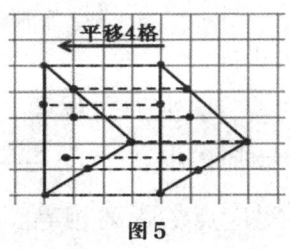

图5

屏幕上逐步呈现了图5的画面。

【评析】 在以上教学中教师有针对性地选择了学生的三幅作品,引发学生观察思考。学生通过观察找出其中两张的错误,并分析错误的原因,通过这样的观察分析,也恰恰梳理了怎样把三角形向左平移4格的画法。紧接着教师又利用投影再次动态演示,并让学生寻找图形上任意点的对应点,使学生又一次感受到每一点到它的对应点的距离都相等。

(3) 画出平移后的四边形。

让学生继续在格子纸上画平移后的四边形。要求自己确定方向和距离。

用投影展示学生的作品,并让学生说一说是怎样画的,并完整表述自己所画的图形是向哪一方向平移了多少格。

教师又在屏幕上动态演示四边形分别向左、右、上、下平移后的画面。分别让学生说一说平移的方向和距离。

【评析】 通过画图和表述,学生进一步领悟到画多边形的平移,关键是先抓住多边形顶点的平移,如以上四边形四个顶点向同一方向移动距离相同了,就能准确地画出平移后的四边形。另外,由于本环节是让学生自己确定移动方向和距离,再画出平移后的四边形,所以又一次给学生创设了自主想象的空间。

(4) 整体观察,概括本质。

接着,教师把以上三次画平移的图截在一个画面上(如图6),向学生提出：你能总结一下,在一个图形中的所有点,在平移时它们的方向、距离有什么特点?

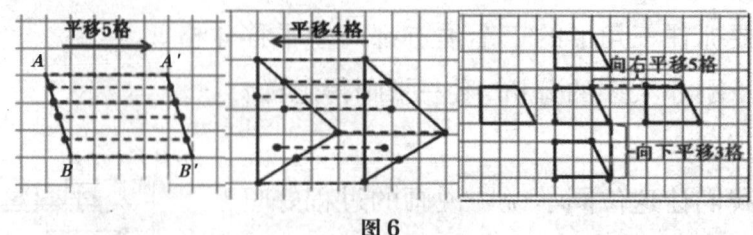

图6

学生独立观察、互相讨论后,教师再组织集体交流,形成统一看法,教师板书:"方向——所有点移动的方向相同;距离——所有点到它的对应点的距离相等。"

【评析】 从线段向右平移,到三角形向左平移,再到四边形向左、右、上、下的平移。每一次学生画图后,教师再让学生去寻找图中一些点的对应点。学生经过三次画图和对应点的寻找,逐步领悟图形平移的本质特征。而以上环节是把三次平移后的图形画面截在一起让学生观察、比较,这样便于学生从整体的视角去总结图形平移的本质,同时也培养了学生的观察、概括能力。

3. 适当拓展画图,深化运动本质。

师: 刚才我都是在格子纸上画平移后的图形,如果现在没有格子你还能画平移后的图形吗?

屏幕上出示如图7。提出:现在图上没有格子了,要你把三角形向右平移,而且三角形的一个顶点已经移动好了,你能根据图中的信息画出平移后的三角形吗?

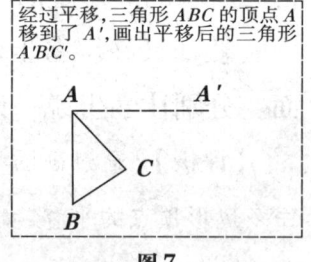

图7

学生在预先发给的已画好图7的练习纸上画图。学生独立画图后,再组织学生交流。

师: 你们是怎样寻找这个三角形平移后的另外两个顶点的?

生: 先量出 AA' 的距离,再按 AA' 的长度去量 B 到对应点的距离及 C 到对应点的距离。

师: 那方向又怎样确定呢?

生: 只要画好平行线就可以了。

师：是的。因为要准确地画出平行线，我们现在还没学，所以我们靠观察或用自己的方法尽量画出平行就可以了。

接着，针对以上所画的图，提出：我们上面所画的平移都要在水平方向或上下方向上的，是不是平移只能发生在水平方向或上下垂直方向上呢？

生：不是。（这时教师在屏幕上呈现刚才四边形的格子图，动态演示四边形朝着右上角或右下角平移，再朝着左上角或左下角平移）

接着教师又出示图8，向学生提出：图中的三角形有一条边已经平移好了，你还能继续接着画出平移后的三角形吗？

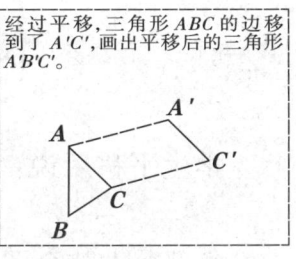

图8

学生独立画图后，再组织交流（过程略）。

【评析】 因为现在还没要求学生用直尺和三角板画平行线，所以教材不要求学生在没有格子的纸上画平移后的图形。我们还是设计了画图环节，虽然大部分学生靠观察来把握对应点的方向，但就在这样观察、画图中能把平移的本质思考得更加透彻。当然在设计这一拓展性的练习时，我们是由浅入深的。比如以上教学，先按三角形其中一个点水平移动的位置，画出平移后的三角形；再按三角形其中一边向右上角移动的位置，画出平移后的三角形。通过倾斜方向平移的画图，让学生明白平移是可以向不同方向平移的。

4. 创设应用素材，体验平移价值。

师：今天我们又学习了平移的知识，平移的现象在我们日常生活中处处可见。我们还可以运用平移来制作图案。

这时屏幕上先出示图9中左边的一个小图案，向学生介绍：比如我们在计算机上同时按下 Shift 键和 Ctrl 键，再用鼠标按住这个图案进行拖动，就可复制出一幅美丽的图案。

教师在计算机上操作演示，制作出了图

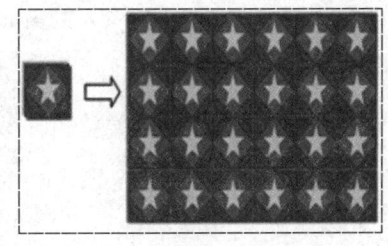

图9

9右边的图案。接着教师又利用其他小图案,再次通过以上的操作制作出另外一幅美丽的图案。

师:除了日常生活和图案制作时要用到平移,平移还可以解决许多数学中的问题。如图10,涂色部分占整个图形的几分之几?

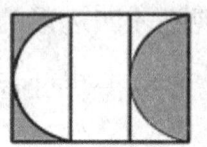 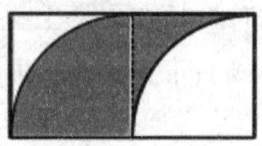

图10

学生平移后说:第一图形中涂色部分占整个图形的 $\frac{1}{3}$,第二个图形中涂色部分占整个图形的 $\frac{1}{2}$。

【评析】 教师联系生活,在计算机上复制图片,形成美丽的图案,激发了学生的学习兴趣,学生感受到平移在生活中的应用。再通过对图形涂色部分的平移,来解决数学问题,使学生体验到平移可以解决数学问题。

纵观全课,我们力求在强化画图感知的基础上,凸显平移运动的本质。所以在学习素材上,创设了由浅入深的画图素材,并要求学生独立画图、互动交流、自主解读。在每次反馈评讲中,教师都引导学生寻找原图形上任意点平移后的对应点位置,从而强化图形平移运动的本质。

17 创设探究题组　自主解读算理
——"一个数除以小数"教学实录与评析

王才红（执教）　　陈庆宪（评析）

◎ **课前思考**

"一个数除以小数"是在"除数是整数的小数除法"的学习基础上进行教学的。这一内容人教版课程义务教育教材编排在五年级上册，教材为本课编排了两个例题，其中一个例题是每编一个中国结要用 0.85m 丝绳，那 7.65m 长的丝绳，可以编几个中国结。写出算式"7.65÷0.85"，再思考如何把除数转化成整数进行计算，使学生初步学会转化的方法。教材接下来的例题是针对"12.6÷0.26"的算式，学习在除数转化为整数时，被除数也同时扩大相同倍数（先要在末尾添加"0"的情况）。教材对这两个例题，分成两课时来进行教学。我们觉得，因为有了前一例题的把除数转化为整数的算理支撑，掌握第二个例题算式的计算应该不是很难，所以我们把这两个例题整合在一节课进行教学。

本课的主要问题是学生在列出第一个例题的算式"7.65÷0.85"后，怎么会自己想到利用商的不变规律，把除数转化成整数进行计算呢？如果教师先给学生提示：你怎样把除数转化为整数，要使商不变又应该怎样转化呢？学生才有可能想到商的不变规律，也就是把除数和被除数同时扩大到它的100倍。但这样的教学，学生经历的思考过程显然比较平淡，处于被动接受状态。出于这样的思考，我们对本课的学习素材做了补充，在教学环节上也做了适当调整。试教后，收到较好的教学效果，现整理如下，供大家教学时参考。

◎ **实录与评析**

1. 题组迁移，引发自主解读。

（1）从口算题组的联想中解读算理。

教师在屏幕上先后呈现两个算式：24÷6= ，2.4÷6= ，学生很快地回答出它们的商分别是"4"和"0.4"。

接着教师又呈现出"2.4÷0.6="，这时有一部分学生回答出：商是"4"，教师问：对吗？学生说出了商还是"4"。

师：这个算式与前两个算式哪里不同？

生：除数是小数。

师：是呀！今天我们就要学习除数是小数的除法。（同时揭示课题）

师：那"2.4÷0.6"的商为什么是"4"呢？（学生再次独立思考，小组交流）

生1：我发现"2.4÷6"与"24÷6"比较，被除数缩小了它的 $\frac{1}{10}$，商也缩小了它的 $\frac{1}{10}$；而"2.4÷0.6"与"2.4÷6"比较，除数缩小了它的 $\frac{1}{10}$，商反而要扩大到它的 10 倍，所以"2.4÷0.6"的商是"4"。

生2：我把算式"2.4÷0.6"与"24÷6"进行比较，发现"2.4÷0.6"的被除数与除数同时乘10，就和算式"24÷6"一样了。因为被除数和除数同时乘一个数商是不变的，所以"2.4÷0.6"的商也是"4"。

师：真好！其他同学是否也都观察到了呢？（学生都表示同意）

教师接着提出：除了与前两个算式比较，利用商的变化规律能得出第三个算式的结果，那你们还能直接针对算式"2.4÷0.6"来说明它的商是"4"吗？

学生思考片刻后，教师提示："2.4"里面有几个"0.1"？

生：2.4 里面有 24 个 0.1。

师：那 0.6 呢？

生：因为 2.4 里面有 24 个 0.1，而 0.6 里面有 6 个 0.1；这样 24 个 0.1 里面就是 4 个 0.6 了，所以 "2.4÷0.6" 的商是 "4"。

教师根据学生的回答，在屏幕上逐步演示出部分数位顺序表和直观图（如图1），帮助学生理解结果。

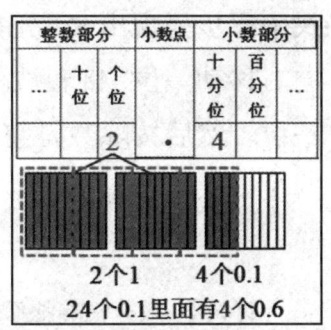

图1

接着教师又提出：你们是否还可以添上实际计量单位来说明呢？

这时有学生提出了添上 "m" 作单位，这样就有 2.4m=24dm，0.6m=6dm，也就是 24 dm 里面有 4 个 6 dm。

也有学生提出了添上 "元" 作单位，这样就有 2.4 元 =24 角，0.6 元 =6 角，同样 24 角里面有 4 个 6 角。

师：大家都能从不同角度说明了 "2.4÷0.6" 的商是 "4"，那你们能把它写成竖式进行计算吗？

学生独立写竖式计算，教师在巡视中发现学生有两种写法，就选两位学生分别把自己的竖式写在了黑板上（如下面两种竖式）。

$$
\begin{array}{r} 4 \\ 0.6\overline{)2.4} \\ 2.4 \\ \hline 0 \end{array}
\qquad
\begin{array}{r} 4 \\ 6\overline{)24} \\ 24 \\ \hline 0 \end{array}
$$

师：你们仔细观察，能看懂这两位同学的竖式吗？

生1：第二个竖式原来被除数是 2.4，除数是 0.6，为什么可以改成 24 除以 6 呢？

师：是呀！你把题目的数改了人家看不懂，你能解释一下吗？

生2：因为被除数和除数同时扩大到它的 10 倍，商是不变的，所以直接写成 24 除以 6 了。

师：第一个竖式大家一定看懂了，他是直接商 "4"，用 4 乘 0.6 得 2.4。可见这两种竖式都有道理。如果在写竖式时，先不改变原来的被除数和除数,结合第二个竖式的方法,那又该怎样思考呢?

教师在学生再次尝试竖式后,在黑板上通过板书把转化的过程在竖式中逐步呈现出来:先把除数转化为整数,要扩大到它的10倍,小数点向右移动一位,接着被除数也要扩大到它的10倍,小数点也要向右移动一位。然后按除数是整数的除法进行计算。

黑板上呈现的竖式是:
$$0.6\overline{)2.4\,.}4$$
$$\underline{2.4}$$
$$0$$

【评析】 教师没有把原教材的第一个例题的"两位小数除以两位小数"作为新课的开始,而是重新创设了数据简单的"一位小数除以一位小数",这样就为学生降低了探究难度。同时让除数是一位小数的算式以题组的形式出现,前两个算式学生用原有技能就能很快回答出结果,并且这两个算式与今天要学的第三个算式"除数是小数的除法"联系密切。学生在思考第三个算式时,自然主动地联系到前两个算式,通过观察被除数、除数的变化,自主解读了商为什么是"4"。此外,在这一环节,教师还引发学生用被除数和除数都有几个"0.1",或对被除数和除数添加计量单位的方法来分析为什么商是"4",可见这样的设计给学生创设了更大的思维空间。接着让学生用竖式尝试计算。教师先呈现了学生的两个合情竖式,在引导学生自主解读竖式后,又提出在写竖式时原来的被除数和除数先不变,把两种竖式结合起来,进而再次引发学生对算理的思考。教师根据学生的思考,通过竖式的板书,帮助学生逐步掌握运用商的不变规律,把除数是小数的除法转化成除数是整数的除法,同时指导学生怎样书写竖式。

(2)在继续尝试中再次解读算理。

教师把课本中例4(本课的第一例题)的问题背景打在屏幕上(如图2),并提出:请根据题意列出算式,写出竖式计算。

图2

学生独立列式并尝试竖式计算后,教师在屏幕上逐一呈现以下问题:

问题①:自学课本例4,你的竖式计算与书上的一样吗?

问题②:你还能看懂书中两个方框(如图3)表示的意思吗?请针对你自己的竖式说一说。

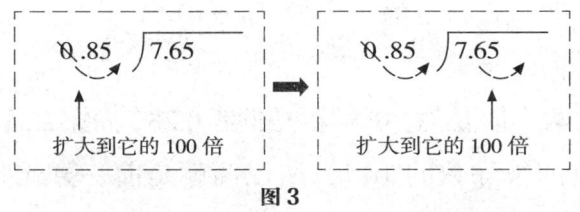

图3

让学生对照自己的竖式,说出以上方框中的转化过程,如右边的竖式。

问题③:题中的数量都以"m"为单位,在计算时除数转化为整数,被除数和除数实际上可以看成都转化成了以什么为单位?

学生根据计量单位的转化说出:把除数转化成整数,就相当于把0.85m转化成了85cm,被除数7.65转化为765,也就是相当于把7.65m转化成了765cm。

师:这样就转化成了"765÷85",就相当于计算"765cm里面有几个85cm?"

【评析】 以上环节,把书上的例题当成练习题来处理,先让学生针对问题列出算式,并尝试竖式计算。由于学生在上一环节中初步掌握的方法是一位小数的转化法,所以自然地能把除数是两位小数转化成除数是整数来进行计算。接着,教师并没有直接拿学生的竖式进行评讲,而是让学生自己去阅读例题,除了对照课本检查自己竖式计算过程与书上的是不是一样外,还要求学生针对课本中所呈现的转化过程做进一步解读。这样,在再次解读过程中,学生加深了对算理的理解。

(3)在巩固练习中引入被除数末尾需要添"0"的解读。

题组①用竖式计算: 62.4÷2.6   0.544÷0.16

学生计算后,及时做了反馈评讲(过程略)。

题组②用竖式计算： 　　1.26÷0.28　　12.6÷0.28

在学生计算前，教师提出：观察这两个算式，你们能估一估它们的商哪个大吗？

生： 第二个算式的商大。

师： 那你们还能看出它们的商有怎样的关系吗？

生： 第二个算式的商是前一个算式的10倍。

师： 为什么？

生： 因为这两个除法算式的除数都是0.28，而第二个算式的被除数是前一个算式中的被除数的10倍，所以商就是前一算式商的10倍。

学生独立尝试竖式计算，让学生把竖式板书写到黑板上（如右边两个算式）。

$$
\begin{array}{r} 4.5 \\ 0.28\overline{)1.26.0} \\ 1\,12 \\ \hline 140 \\ 140 \\ \hline 0 \end{array}
\qquad
\begin{array}{r} 45 \\ 0.28\overline{)12.60.} \\ 11\,2 \\ \hline 140 \\ 140 \\ \hline 0 \end{array}
$$

师： 第一个竖式的被除数末尾添"0"是在什么时候添的？而第二个竖式被除数末尾添"0"又是在什么时候添的？

生： 第一个竖式是在商"5"前添的，而第二个竖式一开始就添了。

师： 为什么第二个竖式一开始就要添"0"呢？

学生分小组交流后，再组织集体交流。

生： 因为除数的小数点要向右移两位，被除数的小数点也要向右移两位，原来被除数只是一位小数，所以还要添上一个"0"。

师： 是呀！因为除数是两位小数，要将除数扩大100倍转化为整数，小数点就要向右移两位，而被除数只有一位小数，也要扩大100倍，也要向右移两位，位数不够先要添上"0"。

【**评析**】 这一环节中教师设计两组练习，第一组两个算式是让学生巩固以上刚学会的转化法。第二组的两个算式是除数不变，而被除数又有10倍关系。教师在学生竖式计算前，先让学生根据商的变化规律进行了估算，然后尝试竖式。接着教师抓住这两个算式的转化过程中被除数末尾添"0"的前后不同，让学生自主解读被除数在转化时为什么要先添"0"。教学中充分体现了让学生在练习中自主解读算理的过程。

(4)在整体观察思考中提炼计算方法。

师：到现在我们已经计算了6个除数是小数的除法，现在你们把计算方法总结一下好吗？（投影呈现下面的要求，让学生先独立思考，再小组互相交流）

观察黑板上的和自己写的竖式的计算过程，在计算除数是小数的除法时：先_____ ；接着_____ ；然后_____ 。

学生根据以上要求继续观察思考，小组交流后，再集体交流。接着教师又让学生把书上方框内的计算方法填写完整。

再接着教师又提出：这个计算方法是将除数是小数的转化成除数是整数的除法计算，这种转化是根据什么来转化的？

生：根据商不变的规律来转化的。

师：现在表述计算方法的文字比较长，你们能不能把它缩短一些，便于我们记忆呢？

学生思考了片刻后，在教师的引导下总结出：

一看：看清除数是几位小数。

二移：被除数和除数小数点向右移动相同位数。

三算：按除数是整数的除法来计算。

【**评析**】 概括计算方法的过程，也是学生对算理进一步梳理和理解的过程，培养了学生的概括能力。最后，教师又和学生一起把计算方法概括成"一看、二移、三算"，这样的概括对学生掌握除数是小数的除法的计算技能很有帮助。

2．题组对比，增强算理解读。

题组一：先比一比每一组算式，估一估它们的商有什么关系，再写出竖式算一算：

① $5.88 \div 0.49 =$ 　　② $26 \div 1.3 =$
　　$58.8 \div 0.49 =$ 　　　　$26 \div 0.13 =$

题组二：先估一估每一组题，再写出竖式算一算：

①下面"$2.4 \div 0.12$"的商哪一个是正确的

A. $2.4÷0.12=0.2$ B. $2.4÷0.12=2$
C. $2.4÷0.12=20$ D. $2.4÷0.12=200$

②下面"$3.72÷0.24$"的商哪一个是正确的

A. $3.72÷0.24=1.55$ B. $3.72÷0.24=16$
C. $3.72÷0.24=15.5$ D. $3.72÷0.24=28$

以上各组题先后呈现,每组题都让学生先估算说理、后计算评价。(过程略)

【评析】 以上练习可以看出,王老师对题组做了精心设计。如题组一的①组设计了除数都是"0.49",被除数从"5.88"变成了"58.8",让学生估出商也扩大了它的10倍。在算一算中,要注意被除数随着除数转化时,被除数的末尾在什么时候添"0"。题组二的②组,用同一个算式有意设计了四个结果,要学生判断哪一个"商"是正确的。对A与C这两个结果进行分析,需要引导学生判断,除数转化为整数时,被除数应转化成"37.2"还是"372",进而判断商是"1.8"还是"18";对B与D这两个结果进行分析,虽然它们都是错的,但要让学生说出理由。B的算式除数和商相乘的末尾数字是"4",与被除数末尾数字"2"不相符,所以是错的;D的算式"商"的首位不可能是"2"。由此可见,通过对以上几组算式的估算、分析和计算,既能更好地培养学生的数感和运算能力,又能加深对算理的理解。

纵观全课,我们可以看到在整个教学过程中充分发挥了题组的作用。课始的题组起到了复习原有的计算技能的作用,也使学生想到了要把除数转化为整数。由教材第一个例题的算式延伸到除数是两位小数的算式计算,并提供了练习题组,使学生在及时巩固计算技能的同时,自然地知道了被除数末尾要添加"0"的计算。在最后的练习中,又提供了多个题组进行深化训练。此外,本课对原教材的例题教学和计算方法的概括,采用了"导学"的方式,把原来两个例题科学地设计在题组的探究之中,把计算方法的概括放在学生整体观察中,达到动态生成的教学效果。

18 抓住联系整合素材　发挥自主练中提升

——"小数除法"单元综合练习课教学实录与评析

马凤娟（执教）　陈庆宪（评析）

◎ **课前思考**

"小数除法"是人教版义务教育教材五年级上册第三单元的内容，本节课是这个单元教学后的一节综合练习课。练习内容包括小数除法的口算、竖式计算、估算、混合运算，以及小数除法的应用。由于内容多，要想把这些内容组合成有一定序列的练习，确实需要精心设计。我对此课做了一次深入的思考，想出了一套设计方案。紧紧围绕以练为主，创设了三个环节。第一环节是基本训练：通过三组口算练习，在练中回顾口算方法，以及除法算式里三个数之间变化所产生的各种关系，从而掌握口算技巧，提高口算能力。第二环节是专项训练：让学生按要求自己来组算式，在组算式的过程中巩固笔算和估算能力。第三环节是综合训练：以题组的形式呈现用小数除法来解决实际问题，在对比中进一步领会"进一法""去尾法"的实际意义。在原题的基础上增加条件，引入较综合的应用问题，让学生独立写出综合算式，进行脱式计算，巩固计算技能。通过教学实践，大家觉得效果较理想，现把主要教学片段整理如下，供大家教学时参考。

◎ **实录与评析**

1. 基本练习。

师：同学们，今天我们要上一节小数除法的练习课，请看屏幕。比一比，看谁算得又对又快。

投影出示以下口算题：

5.6÷8=　　　　0.42÷0.21=　　　　1.32÷0.6=

1÷0.01=　　　　2.5×0.4=　　　　　1.25×0.8=

30÷60=　　　　 2.5÷0.5=　　　　　27.3÷0.3=

学生把口算结果写在自己的本子上,接着投影出示计算结果,学生核对,订正。然后老师指定"1÷0.01"和"27.3÷0.3"这两个算式,让学生说说是怎么算的?

生1:把0.01扩大到它的100倍,把1也扩大到它的100倍,变成100除以1等于100。

生2:把除数0.3扩大到它的10倍是3,为了商不变,27.3也要扩大到它的10倍,用273除以3得到91。

师:他们回答得很好。在小数除法中,碰到除数是小数时,先要把除数转化成整数来计算。

板书:把除数(小数)转化为整数。

【评析】 这一组的口算,主要让学生巩固小数除法的口算技能,让学生梳理在小数除法中如何利用商不变的规律,把除数转化成整数的方法。在口算中我还提供了"2.5×0.4""1.25×0.8"的乘法口算,其目的除了要学生在口算中注意认真审题外,还为以下简便计算做了一些铺垫。

师:刚才同学们口算了一组以小数除法为主的算式,下面我们再口算一组算式好吗?这里有三组口算题,先静静地观察每组口算题,想一想每组口算题怎样算速度最快?

投影呈现以下口算题:

40÷0.5=　　　　2÷0.5=　　　　　1.6÷3.2=

4÷0.5=　　　　 2÷0.25=　　　　 16÷32=

0.4÷0.5=　　　　2÷0.125=　　　　160÷320=

学生静静地观察、思考后,再让学生汇报每一组的得数(投影同时呈现得数)。

师:你们看出每一组口算题有什么规律了吗?

生1：我发现第1组除数不变，被除数每次都除以10，那么商每次也要除以10。

生2：我发现第2组被除数不变，除数每次都除以2，商每次都反而要乘2。

生3：第3组，被除数和除数每次同时扩大到它的10倍，商是不变的。

师：这就是我们原来学过的"商的变化规律"。你们还有更快的方法吗？

生4：把第1组的被除数和除数都乘2，这样除数就是"1"了，商就分别是80、8、0.8。

生5：我把第2组的除数也转化为"1"，第1小题被除数和除数都乘2，第2小题都乘4，第3小题都乘8，这样计算的结果分别是4、8、16。

生6：我还发现第3组的每一题的被除数都是除数的一半，这样每题的结果都是0.5。

师：看来在除法中只要我们灵活运用商的变化规律，一定能使计算更简便，计算速度会更快。大家再练一组口算题。

投影又呈现了以下口算题：

12.4÷0.5= 　　2.4÷4.8= 　　4÷0.25=

8÷0.125= 　　3.2×0.5= 　　2÷0.01=

5.6÷2.8= 　　3.6÷7.2= 　　0.1÷10=

学生口算之后，教师呈现答案让学生及时订正，并抽出几个口算题让学生说一说是采用什么方法口算的。

【评析】 以上练习环节中，我们先给学生提供了三组有规律的口算题，并有意识地让学生静静观察思考后再进行计算，其目的是促使学生灵活运用商的变化规律。接着又给学生提供第二组口算，让学生把刚才质疑回顾的规律，再一次在练中得到巩固。

2. 专项练习。

师：刚才老师给你们的算式都是现成的，你能根据以下要求自己编出算式进行计算吗？

用2、4、6、8四个数字，并添上小数点，组成一位小数除以一位小数的算式,数字不能重复。

①要求商最大。(商保留一位小数)

②要使这个算式的商大于"2",而小于"3",请你写出这样的算式,并计算出结果。(商保留一位小数,你还能写出多少个这样的算式)

学生独立思考计算后,教师让几位学生把算式写到黑板上。

① $8.6 \div 2.4 \approx 3.6$

② $6.8 \div 2.4 \approx 2.8$　　$6.4 \div 2.8 \approx 2.3$　　$8.6 \div 4.2 \approx 2.0$

师:第①个问题只有一个算式?

生:因为要使商最大,所以被除数要尽量大,除数尽量小,商才会最大。而符合这一要求的算式只有一个。

师:第②个问题,你是用什么方法找到这些算式的?

学生再次进行讨论交流得出以下思考:

生:先写出被除数和除数的整数部分,这里的整数部分相除的结果应该是"2"或"3"。如果整数部分的商是"2",那么被除数的小数部分要大于除数的小数部分,如算式"$8.6 \div 4.2$"的结果大于"2",

师:说的有道理,比如定好整数分别是"8"和"4",写出"$8.2 \div 4.6$"可以吗?

生:不可以的,因为这个算式的商小于"2"了。

师:那这里的被除数和除数的整数部分的商是3,如"$6.8 \div 2.4$"和"$6.4 \div 2.8$",为什么这两个算式的小数部分的"8"和"4"可以调换呢?

学生讨论。

生:因为这两个算式的被除数都没有除数的3倍或3倍以上。

【**评析**】　这是一道开放式的综合运用练习。虽然一部分学生在组算式的过程中乱凑,而大部分学生会根据要求进行数值的分析、估计。如第②题商在2～3,大部分学生会把被除数和除数的整数部分先确定下来,接着去思考小数部分的数。由此来看,这样的训练,既巩固了计算的技能,又训练了估算,学生在选择数字搭配中又经历了有序的思维推理过程。

师:刚才大家采用估算的方法组算式,让我们再用刚才大家总结的方法来估一估下面算式的商的范围吧。

哪几个算式的商大于1,而小于2;哪几个算式的商大于3,而小于4。

① 4.6÷2.8　　② 8.4÷2.6　　③ 6.2÷4.8
③ 8.6÷2.4　　⑤ 6.8÷4.2　　⑥ 8.6÷0.25

学生找到了商大于1,而小于2的算式有①、③、⑤;商大于3,而小于4的算式有②、④。要求学生说一说估算的过程。(略)

师:那第⑥个算式的结果又是多少呢?你觉得这个算式怎样算速度最快呢?

生:应该将被除数和除数同时乘"4",把除数转化为"1",这样计算比较快。结果是34.4。

【评析】 这一题组的估算,是对上面总结的估算法的再一次应用和巩固。通过这样的估算,进一步提高了学生的估算意识和估算能力。在题组的最后一题我们特意安排了"8.6÷0.25"的算式,其目的除了对商的估算之外,还要求学生再次应用商的变化规律把除数转化为"1"进行口算,同时这个算式还对引申下一环节的综合应用起到桥梁作用。

3. 综合练习。

师:你能用第⑥算式"8.6÷0.25"来编一道解决生活中实际问题的应用题吗?

学生在独立编题的基础上互相交流,教师再组织集体反馈评讲,接着出示以下三个题目,并提出:下面的三个题目,能用到这个算式来计算吗?

①共有8.6千克的牛奶,每个瓶子装0.25千克,一共需要多少个瓶子?

②同学们将一根长8.6米的丝带,每0.25米截成一段,做成圆环,这根丝带可以做成多少个这样的圆环?

③一种车在沙漠中行驶8.6千米,消耗汽油0.25升,照这样平均每升汽油能行驶多少千米?

生:都能用这个算式解决问题。

师:都用了同一个算式,那结果都是"34.4"吗?

生:是的,计算结果都是34.4。

师:是吗?请你们仔细想一想,在小组里互相讨论一下。

得出:第①题35个瓶子;第②题34个圆环;第③题34.4千米。

师:为什么都用同一个算式解决,结果却不一样呢?

生：第①题算出结果是 34.4 个瓶子，说明 34 个瓶子还装不下，所以要 35 个瓶子，用了进一法。第②题算出结果是 34.4 个圆环，圆环只能做成 34 个，要用去尾法得出结果。第③题直接算出结果就可以了。

【评析】 三道题能用同一个算式解决问题，能激发学生的思考兴趣。但这三题所呈现的结果却不尽相同，需要学生根据实际情况对结果进行"进一法"或"去尾法"的处理，以此来提高学生对实际问题的分析能力。

师：现在我对第③小题增加以下不同的条件，你还能列出综合算式吗？
①照这样计算，4 升油可以行驶多少千米？
②照这样计算，要行驶 17.2 千米，需要准备多少升汽油？
③车子经过技术改良后，每升汽油可以行驶 48.6 千米，这样每升可以多行多少千米？

学生分别列出了以下综合算式，教师让学生展示在黑板上，组织集体讲评。

① $8.6 \div 0.25 \times 4$

② $17.2 \div (8.6 \div 0.25)$ $0.25 \times (17.2 \div 8.6)$ $0.25 \div 8.6 \times 17.2$

③ $48.6 - 8.6 \div 0.25$

讲评过程（略）。

讲评后，教师要求学生针对以上算式，用递等的方法写出这些混合运算的计算过程。

【评析】 通过增加条件来引出综合应用问题，并要求学生列出综合算式。这样的训练过程，能更清晰地让学生看到用两步解答问题与一步解答问题的联系，从而提高学生解决问题的能力。此外，在列出综合算式后自然过渡到了混合运算，要求学生用递等的方法计算这些混合运算，这样又及时巩固了混合运算的技能。

纵观全课，从口算到估算，促使学生灵活运用商的变化规律；通过用四个数组成小数除法算式到以算式编题，提高了学生的计算能力；再引导学生对问题结果的质疑到用混合运算解决问题，进一步提升了学生解决问题的能力。整个教学过程抓住联系整合素材，多次巧用题组，借题过渡，使全课获得了较好的训练效果。

19 抓起点引发自主学习 拓内涵增强含义理解

——"用字母表示数"教学实录与思考

陈庆宪

◎ **课前思考**

"用字母表示数"是人教版五年级上册的教学内容，本课的教学重点应放在"表示"的含义上。学生对用一个字母表示具体一些数的理解并不难，难就难在用字母揭示数量关系后，要想象这里的字母可以表示哪些数，含有字母的式子又相应地表示了哪些数。虽然学生在学习时会存在认知难度，但五年级学生对用字母表示数并不陌生。学生在这之前曾经用字母表示了运算定律；在学习长方形和正方形的周长和面积时，大部分教师都尝试了用字母表示周长和面积的计算公式；在一年级开始的教材和平常的练习中，也会用到方框或括号等符号表示未知的数。所以学生对用字母或其他符号表示数是有一定的认知的，那我们如何利用学生的这些认知来引导他们自主学习，创设怎样的学习素材来突破认知上的难点，这就是本课教学所要思考的两个重点。出于这样的思考，我对本课教学做了以下的改进，收到良好的教学效果。现做简要整理，供大家教学时参考。

◎ **实录与评析**

1. 谈话引入、直接解读。

（1）谈话引入。

教师板书课题，并问学生：用字母表示数，你们觉得"字母"重要，还是"表示"重要？

这时学生有三种意见，有说"字母"重要，有说"表示"重要，也有说"字母"和"表示"都重要。

师：现在我们暂不下结论，等大家学了这节课后，再来体会哪个词更重要一些。

接着屏幕上出示一句话：看到这一课题，你能想起我们哪里用到过字母吗？能举个例子吗？

等学生独立思考片刻后，让几位学生把自己想到的写在黑板上。

这时有学生写：$C=(a+b)\times 2$，$S=a\times b$；$a+b=b+a$，$(a+b)+c=a+(b+c)$……

教师针对学生写出的式子，让学生说出所表示的意思。前两个式子分别表示长方形的周长和面积的计算公式，后两个分别表示加法交换律和结合律。并进一步指出：这里的字母 a、b、c 可以表示什么数？

生：可以表示许多数。

【思考】 一开始要学生回答"字母"重要，还是"表示"重要，"字母"只是一个名词，重要的是"表示"的含义。课始没有必要让学生在这一问题上过多纠结，只让学生去关注这两个关键词轻松地引入新知就行。接着教师让学生回忆，此前有没有用到过字母，并让几位学生写出一些式子，这样既可以了解学生的学习起点，又可以使学生感受到今天学习用字母表示数并不是全新的，已学过用字母表示数的知识。

（2）直接解读。

师：看来同学们对字母表示数并不陌生，那如果用字母表示一个人的年龄，你又会想到什么呢？

这时屏幕上出示一句话：如果用"a"表示小明的年龄。你猜小明可能是几岁？

生：5岁、8岁、12岁、15岁……

师：你们猜了很多，却不一定能猜到小明今年是几岁，这是为什么？

生：因为"a"可以表示很多的数。

师："a"表示"100"可能吗？

生：也有可能的，不过不能叫小明了，要叫老明了。（全班同学发出一阵笑声）

师：那"a"表示"150"可能吗？

生：不大可能。

师：用字母表示实际意义的数量时，还要考虑实际的取值范围。

屏幕上又出示：小明的爸爸比小明大30岁，小明的爸爸年龄是多少？

学生一起说出：$(a+30)$岁。

这时屏幕上又出示：

请你想一想、说一说，用"a"表示小明的年龄，用"a+30"表示他爸爸的年龄有什么好处？

学生独立思考后，小组交流，接着教师组织学生集体质疑。

生1：用字母 a 表示小明的年龄，a 可以表示小明去年的年龄，也可以表示今年的年龄，还可以表示明年的年龄。同样"a+30"也随着可以表示他爸爸去年的年龄、今年的年龄、明年的年龄。

师：谁能再解释一下这位同学说的意思吗？

生：如果说小明去年是8岁，他爸爸去年就是38岁；小明今年是9岁，他爸爸今年就是39岁；明年小明是10岁，他爸爸明年就是40岁。

师：小明去年一定是8岁吗？

生：不一定。

师：这样可以说明用字母表示小明和他爸爸年龄的好处在哪里呢？

生：不管小明是几岁，他爸爸都比他大30岁，这样的意思表示出来了。

师：这就是用字母表示数，既简洁又清晰地理清了它们的数量关系，所以说用字母表示数具有简洁性和概括性。（教师板书：简洁性、概括性）

【思考】 本环节利用学生原有的知识储备，采取了直接解读的方式。先让学生从用字母 a 表示小明的年龄出发，去想象 a 可以表示许多的数，想象到"a+30"也随着 a 的变化而变化。通过质疑，使学生感悟到用字母表示他们的年龄，能把所有可能的年龄都以简洁的方式概括在字母与含有字母的式子之中，从而揭示出用字母表示数具有简洁性、概括性的特点,以及能更好地理清数量之间的关系。

2. 多题写式、自学简写。

(1) 多题写式。

师:下面请大家根据以下各题的数量关系写出含有字母的式子。

(预先发给每位学生印有以下题目的练习纸)

① 小汽车每小时行驶 65 千米,t 小时能行驶(　　)千米。

② 一条路全长 a 千米,一辆汽车行驶了 65 千米后,还剩下(　　)千米。

③ 一篇打字稿 3600 个字,王红每分钟打字 x 个,按照这样的速度,(　　)分钟能打完。

④ 一个人在地球上能举起 a 千克的物体,在月球上,人能举起物体的质量是地球的 6 倍,这个人来到月球能举起(　　)千克的物体。

⑤ 1 只青蛙 1 张嘴,2 只眼睛,4 条腿;a 只青蛙(　　)张嘴,(　　)只眼睛,(　　)条腿。

⑥ 一个长方形长是 a,宽是 b,它的面积 $S=$(　　),它的周长 $C=$(　　)。

⑦ 一个正方形的边长是 x,它的面积 $S=$(　　),它的周长 $C=$(　　)。

学生在独立写式后,教师让两位同学把自己所写的结果抄到黑板上,接着组织学生进行评价。

(2) 自学简写。

教师重点针对⑦小题的结果"$S=x \times x$"和"$C=x \times 4$"问学生:你觉得在写这两个式子时要注意什么?

生:在写字母"x"与写乘号"$\times$"时,要注意如果写得差不多,就看不清楚了。

师:是呀!不过在写数学式子时,碰到字母与字母相乘,字母与数字相乘时可以简写,那到底怎样简写呢?要老师告诉你,还是你们自己去看书自学呢?

生：看书自学吧！

师：好的，请大家带着以下学习要求自己阅读课本，并完成第③题。

①自学数学书第 53—54 页。

②请你在书上圈一圈、画一画字母与数相乘是怎样简写的？字母与字母相乘又是怎样简写的？

③试一试：把以下的式子简写：

$a \times c=$　　$b \times 4=$　　$4 \times x=$　　$x \times 1=$

$4 \times x + 2=$　　$a \times 3 - b \times 2=$　　$x \times x=$　　$x+x=$

学生自学简写后，教师直接针对第③题组织学生反馈订正。

重点针对"$x \times x = x^2$"和"$x + x = 2x$"进行质疑，使学生明白 x^2 和 $2x$ 的区别。

教师提出：下面请大家把练习纸上的其他六道题的式子，能简写的简写。

生：第①题可以写成"$65t$"；第④题写成"$6a$"；第⑤题写成"a 张嘴，$2a$ 只眼睛，$4a$ 条腿"；第⑥题写成"$S=ab$、$c=2(a+b)$"。

【思考】 第一环节是让学生在多题的写式中进一步体会含有字母的式子的含义，在学生对所写的式子进行评价后，引出第二环节的自学简写。当学生自学后，教师并没有让学生去说如何简写，而是让学生直接交流第③小题是如何简写的。通过此题的交流订正，既能了解学生的自学效果，又能在交流中进一步掌握如何简写的方法，使教学环节做到了自然对接。

3. 创设情境、加深理解。

（1）从"x"到"$4x$"的联想。

师：下面我们一起观察一台带有程序的机器。

（屏幕上先出示如图 1 中的这台机器，以及左上角写着"一个数"用 x 表示，右上角写着"另一个数"）

接着屏幕上进行动态演示，当左边 x 的值分别是 1、2、3 时，右边的数依次是 4、8、12。使学生感受到另一个数是前一个数的 4 倍。

接着向学生提出：这里的 x 还可以表示什么数？（学生继续说出了

一些整数)

师：x一定是整数吗？

生：不一定的，x还可以表示小数或分数。(让学生举出几个小数和分数，同样通过这台机器，分别都把这个数乘4得出另一个数)

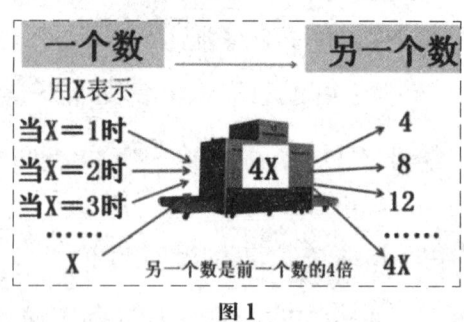

图1

师：那好！我干脆把"x"放进去，那出来的另一个数是多少？

学生很快地说出：另一个数是"$4x$"。

(屏幕上显示出"x""$4x$"。)

师：前一个数是"x"，另一个数是"$4x$"，这里的"$4x$"既有"4"又有"x"，为什么还能说是另一个数呢？(语气强调"一个数")

生1：这另一个数是"4"与"x"相乘的结果。

生2：另一个数是"4"与"x"的积。

接着教师以同样的程序，把左边的x分别换成实际的含义，让学生回答出"$4x$"表示的相应实际含义(如图2)。

学生一一做答，教师又提出：这里的"x""$4x$"除了老师给你的几个实际的含义外，对于"$4x$"你又想到哪些含义？

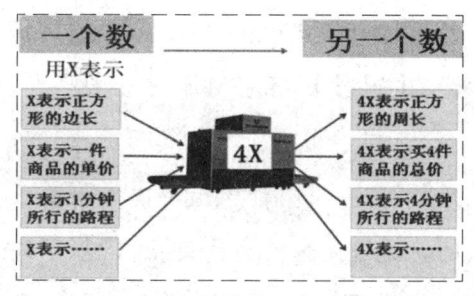

图2

生1：我想用x表示每天看书的页数，那$4x$就表示4天看的页数。

生2：我想用x表示每小时的用电量，那$4x$就表示4小时的用电量。

生3：我想用x表示输入的电压，那$4x$就表示输出的电压。

师：你真有科学头脑，相信你以后一定会造出这样的变压器。

生4：我想用x表示放进去的钱，那$4x$就表示……

这时全班同学都笑了，教师笑着说：你也太贪心了吧。

【思考】 我们在以上环节创设了输入程序的活动，学生在观察思考中进一步认识到字母表示数与含有字母的式子之间的联系。当学生知道另一个数用

"$4x$"表示后,教师有意识地提出:这里的"$4x$"既有"4"又有"x",明明有两个数,为什么还说是另"一个数"呢?通过质疑使学生认识到这里含有字母的式子是一个整体,这也是在为后续学习代数打基础。另外在这一环节我们还创设了另一个画面,加深了学生对含有字母的式子所表示的数量关系的理解。

(2)从字母的取值到含有字母的式子的求值。

师: 下面我们把这台机器的程序变一变(屏幕上的程序改成了"$2a+3$")。

师: 当 $a=4$ 时,那另一个数又是多少?

根据学生的回答,呈现计算过程。

师: 如果当 $a=6$ 时,那另一个数"$2a+3$"又是多少?请同学们接着算一算。

屏幕呈现图3的画面,让每位学生都来算一算"$2a+3$"的值。

再接着机器上的程序又改成了"$2(a+b)$"(如图4),并向学生提出:这里的式子含有两个字母了,你还能根据这两个字母表示的数来算出另一个数吗?

先让学生口答,当 $a=4$,$b=8$ 时,$2(a+b)$ 的值。

再让学生算出,当 $a=0.6$,$b=1.4$ 时,$2(a+b)$ 的值。

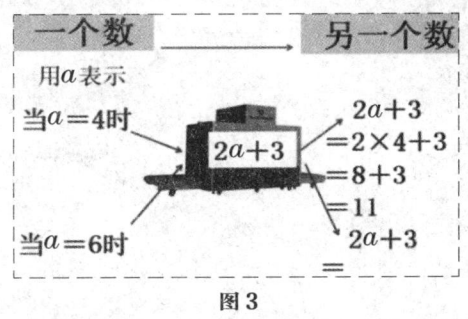

图3

学生计算后,教师提出:你能自己确定一组 a、b 的数值,再计算出相应的两个式子的值吗?

学生尝试后,教师反馈。(过程略)

接着教师又提出:为什么同学们算的结果大多都不相同呢?

生: 因为字母"a"和"b"可以表示很多的数,所以算出的结果也很多。

师: 现在再读"用字母表示数"这个课题,你又读懂了什么?

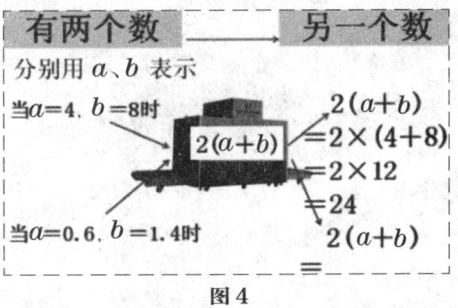

图4

生1：我读懂了字母可以表示许多数。

生2：我知道，当字母表示的数变化时，含有字母的式子的结果也在变化。

师：字母在表示实际意义时还要注意什么？

生：还要注意字母表示数的范围。

【思考】 继续让学生根据字母所指定的数值，去计算含有字母式子的值。其目的是为了让学生更好地理解，在字母表示不同的数时，含有这个字母的式子的值也在变。同时使学生再一次加深对含有字母的式子随着字母表示数的变化而变化的函数思想。而且以上所创设的形式还能激发学生的学习兴趣。

纵观全课教学，主要凸显了两个教学特点：一是抓住了学生的学习起点，引发学生自主学习。利用学生原有的感知，直面"a"和"$a+30$"分别表示小明的年龄和爸爸的年龄进行质疑，使学生很快认识到用字母表示数的功能。接着让学生利用原来掌握的数量关系独立写出含有字母的式子，并在评价式子中引发学生自学简写。使学习过程变得更加简洁明快、突出自主性。二是创设了随着字母的取值变化，使含有这个字母的式子也随之变化的情境素材，通过这样程序性的计算与联想，加深了学生对字母表示数内涵的理解。

20 回归认知本真 关注自主经历

——"平行四边形的面积计算"教学实录与评析

杨灵君(执教)　　陈庆宪(评析)

◎ 课前思考

"平行四边形的面积计算"一课是学生第一次用"等积变形"的转化思想推导面积计算的教学。在以往的教学中教师一般采用以下三步进行：第一步引导学生去数格子纸中的平行四边形的底和高、长方形的长和宽的格子数，从而知道平行四边形的底与长方形的长、平行四边形的高与长方形的宽对应相等；再数一数它们的方格数来得出面积，发现它们的面积也相等。进而初步猜想到平行四边形的面积是"底×高"。第二步引导学生探究性地验证，让学生通过平行四边形的纸片剪拼转化，并进行说理论证得到平行四边形的面积计算方法。第三步组织练习。

分析以上教学，我们会明显感受到这种教法的优点是从学生的原有认知起点出发通过数格子引入，获得猜想后，进入第二步探究。但存在一个缺陷，数格子的目标过于明显，先通过数格子得出底和长、高与宽的长度，再得出面积，通过数与记录就得出面积是"底×高＝长×宽"。我们觉得这种初步的猜想是材料安排好的必然结果，学生没有完全在原生态的思维状态下去猜测平行四边形的面积计算方法。那如何让学生回归到认知的本原，也就是当学生没有学习平行四边形面积计算方法之前，面对平行四边形的面积计算问题会怎样思考呢？它的面积与什么有关呢？它的面积应该怎样计算呢？据我们平时的了解，大部分学生的第一反应误认为是邻边相乘，很难感受到它的面积与它的底和高有关。今天提供给学生的是数格子的素材，学生只要按要求数就可以了，这样的教学能激发学生的好奇心、自主性吗?

对于第二步验证性的探究,关键是要给学生留有充裕的思考空间,交流出不同的想法,尤其要注意以不同的边为底进行剪拼推导。

对于第三步的课堂练习,以往教师都会给学生提供多个已知平行四边形的底和高来计算面积。我们认为学生能运用公式计算面积看似很重要,其实没有必要重复去做过多的题,因为它毕竟是机械的应用。在本课应特别注意让学生自己寻找平行四边形的底和对应的高,再计算面积。此外,还可以设计面积计算与本课的图形转化相结合的练习,尽可能在练习中提升数学的思考价值。

针对以上分析,我们对本课做了以下尝试,现整理如下,供大家教学时参考。

◎实录与评析

1. 回归本真,在操作观察中初步感悟。

让学生拿出四根塑料棒搭成一个平行四边形(如图1),并向学生提出:你们可以轻轻地拉一拉、玩一玩这个平行四边形。

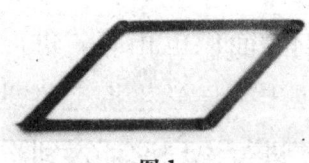

图1

接着提出:你们在玩这个平行四边形时,想到了什么数学问题吗?(学生先分组交流,再组织集体反馈)

生1:平行四边形容易变形。

生2:平行四边形的形状变了,面积也变了,但周长没变。

师:这个平行四边形变成怎样的图形时它的面积最大?

生:变成长方形时它的面积最大。

师:是吗?大家再慢慢地拉一拉,看一看是这样吗?

让每一位学生感受当平行四边形变到长方形时,它的面积最大。

师:假如这个平行四边形的两条邻边分别是7厘米、5厘米,那这个长方形的面积是多少平方厘米?

教师随手在黑板上画出一个长方形,借此复习"长方形的面积=长

×宽"。

教师又提出：这些图形面积的大小变化与什么有关呢？

教师继续让学生拉一拉平行四边形的框架，先分小组说一说自己的发现，再集体交流。

生1：与角度有关。（指的是两条邻边的夹角，教师肯定他的想法有道理）

生2：平行四边形越扁，它的面积越小。

师：平行四边形越来越扁，你能想到与平行四边形的什么有关呢？

生：与平行四边形的高有关。

教师在长方形后随手画出三个平行四边形。提出：拉动平行四边形，它的高会变成3cm、2cm、1cm（如图2）。

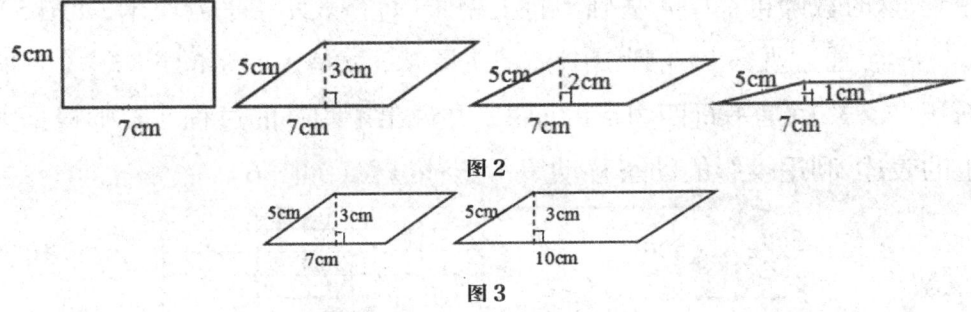

师：平行四边形随着它的高的变化而变化，那平行四边形的面积除了与高有关外还与什么有关呢？

在学生思考片刻后，再投影呈现出图3让学生观察。

生：平行四边形的面积还与它的底有关。

【评析】 这一环节主要让学生在操作活动中提出数学问题。学生通过仔细地观察、静静地思考，感悟到平行四边形的面积随着高的变化而变化，当变成长方形时邻边相乘就是它的面积，而且它是平行四边形所有变化中面积最大的一个。这样不仅借此回顾了长方形面积的计算方法，同时说明一般平行四边形的面积不能用邻边相乘。接着通过投影观察，使学生完整感悟到面积大小与平行四边形的底和对应的高有关。

2. 关注经历，在观察猜想中引发探究。

（1）观察猜想。

师：请同学们观察黑板上这一组平行四边形（如图2）的变化，你们觉得平行四边形的面积应该怎样计算？（学生交流）

生：这三个平行四边形的面积可能分别用"7×3""7×2""7×1"来计算。

教师利用投影呈现第一个平行四边形（如图4），并提出：你们能从图中看出"7×3"就是它的面积吗？

学生再次观察、交流，部分学生看出了以长为7cm、宽为3cm的长方形，还有部分学生迟疑着。这时，教师没有马上让学生说出，而是继续等待片刻后，发现又有部分学生想到一种割补方法，但还有部分学生没有想到，这时教师再在图4基础上打上格子（每格表示1平方厘米，如图5）。

学生通过观察都找到图中长是7厘米、宽是3厘米的长方形，它的面积"7×3"就是平行四边形的面积，并说出了割补的过程。教师根据学生的表述，利用投影的动态移动展示割补过程（如图6）。

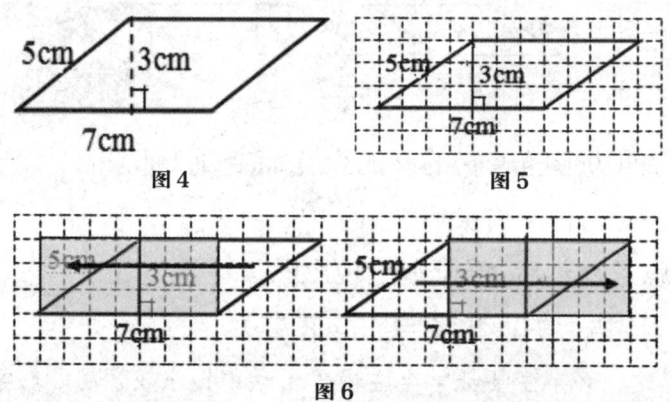

图4　　　图5

图6

师：通过对这个特殊的平行四边形面积的观察和计算，我们可以猜想到，一般平行四边形的面积应该怎样计算呢？

生：平行四边形的面积 = 底 × 高。

【评析】学生经历了第一环节的活动，知道了平行四边形的面积不能用邻边相乘，在引导进一步观察中，学生自然猜想到：平行四边形的面积 = 底 × 高。

但要从图中观察出底与高相乘就是平行四边形的面积是不容易的。所以杨老师先借助一个特殊的平行四边形来观察,并提出:你们能从图中看出"7×3"就是它的面积吗?为了使更多学生经历观察、想象过程,杨老师没有急于呈现格子图,而采取继续等待,当有更多学生有一定的感悟后,再呈现格子图。通过格子图的观察,使所有学生都不仅看到长是 7 厘米、宽是 3 厘米的长方形,而且看到了这个平行四边形通过割补就能转化为这个长方形。这样为进一步验证性的探究打下了基础。

(2)引发探究。

师:请同学们拿出一张平行四边形的纸片,先找出一条底,并标上字母 a;再画出这条底上的高,并标上字母 h;再把它剪一剪、拼一拼、想一想是否原来的平行四边形的面积就是"底 × 高"。

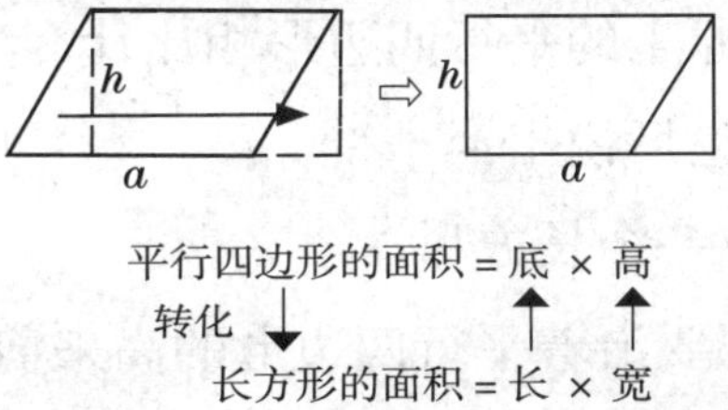

图 7

学生剪拼后,教师把学生剪拼的纸片重新贴在黑板上(如图 7)。学生由于受以上的投影割补提示,顺利完成这种剪拼的方法和说理。教师根据学生的推理,逐步做了板书。

师:除了沿着高剪出一个直角三角形和一个梯形拼成长方形外,怎样剪也能拼出长方形?

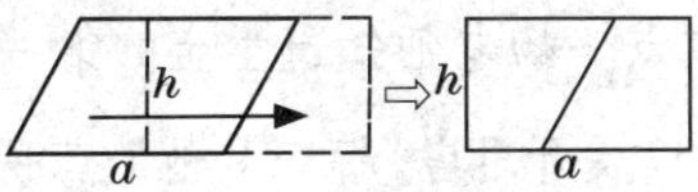

图 8 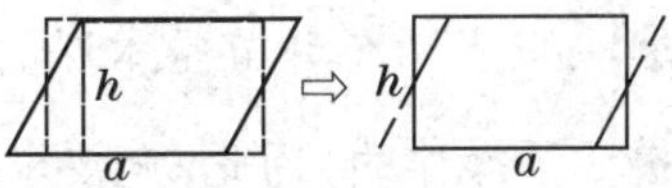　　　　图 9

学生拿出另外一张平行四边形的纸片,继续剪拼探究。教师在学生独立探究后,再揭示出不同的剪拼方法(如图 8、图 9),并组织质疑交流,分别说出推理过程。

师：刚才大家都以平行四边形较长的一条边为底，再沿着这条底上的高剪拼成长方形，现在能不能以较短的一条边为底，沿着这条底上的高来剪一剪，是否也能拼成长方形。

在学生继续探究说理中揭示另一种剪拼方式（如图10）。

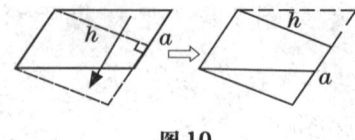

图10

（3）反思小结。

教师提出以下问题组织学生交流：

①以上剪拼的共同之处是什么？

②剪拼的时候要注意什么？

③剪拼的图形与原来的平行四边形相比什么变了，什么没变？

学生经过小组讨论后说出：

生1：都要剪拼成一个长方形。

生2：剪的时候都要沿着平行四边形的高来剪。

生3：剪拼后的长方形与原来的平行四边形的面积没变，而且长方形的长与平行四边形的底相等，长方形的宽就是平行四边形的高。

师：那什么变了？

生：形状变了。

师：这样的转化是图形的形状变了，而它们的面积不变，这叫"等积变形"。也就是把新的图形面积计算转化为已学过的图形的面积计算。

【评析】以上两个环节是本课的教学重点。杨老师知道学生的第一次剪拼是在投影的提示下操作的，因此，她要求学生继续展开思考，探究其他的剪拼方法。通过不同的剪拼与说理，使学生达到更好的思维训练，获得更多的活动经验。当学生逐一表述剪拼方法和推理过程后，杨老师还继续引导学生进行汇总反思，使学生进一步梳理不同剪拼的共同点与注意点，帮助学生进一步强化"等积变形"的转化思想。

3. 提升价值,在组织练习中进而深化。

(1)独立完成课本练习十五第2题(如图11)。

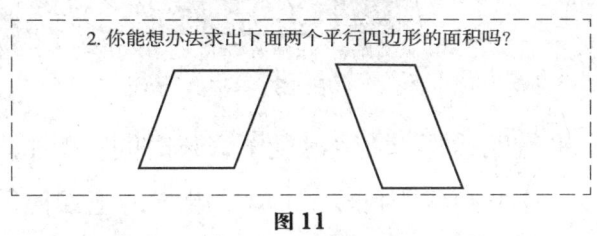

图11

学生在计算图中两个平行四边形面积时,首先自己要在图中确定底和高,测量出长度,再计算面积。而且每一图都有两种测量方法,教师在教学时及时做了反馈评讲。(评讲过程略)

【评析】 因为根据平行四边形的底和高的长度来计算面积,这只是计算问题,所以杨老师没有让学生做这样的题,而选择了两个平行四边形,让学生分别测量之后再计算。此题有三点好处:①学生必须先确定底和对应的高再测量,再计算它的面积;②学生进一步理解同一个平行四边形的两条底和它们对应的高分别相乘的结果应该是相等的,即面积相等;③学生知道因为测量可能出现误差,所以计算面积也可能出现比较接近的数值。

(2)看图回答下面各平行四边形的面积(如图12):

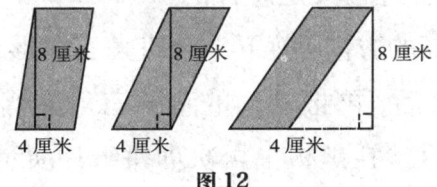

图12

学生很快回答出了这三个平行四边形的面积都是"4×8=32(平方厘米)"。

接着教师提出:如果让你们将这三个平行四边形分别转化成长方形,你们觉得应该怎样转化呢?

学生通过观察很快说出了前两个平行四边形的剪拼方法,投影呈现学生所说的剪拼过程(如图13)。

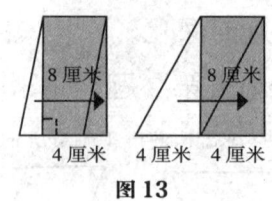

图13

对于第三个平行四边形,学生迟疑了好长时间,这时教师把第三种形状的平行四边形纸片发给各组同学,让学生继续讨论如何剪拼成长方形。

学生经历剪拼探究后,教师将学生的两种剪拼贴在黑板上(如图14)。

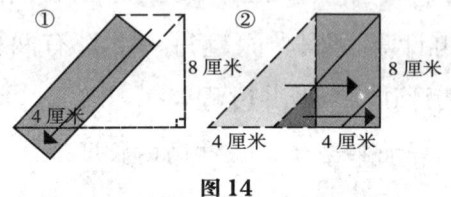

图14

师:对于①平行四边形转化成了长方形,根据已知条件,你能计算出它的面积吗?

生:①剪拼后的长方形的长与平行四边形对应的底的长度不知道,长方形的宽与平行四边形对应的高的长度也不知道,要重新测量才能计算它的面积。

师:对于②的剪拼过程又是怎样的?

生:先沿着高(高的方向)剪下一个直角三角形,把剩下的四边形向右平移与三角形拼合后,再把外面的直角三角形剪下平移到右面。(教师根据学生的说理,直接在黑板上再次剪拼纸片演示过程)

师:实际上,把这个平行四边形剪拼成长方形还有不同的方法,大家课后可以继续探究。

【评析】 杨老师利用平行四边形的面积计算,除了使学生知道等底等高的平行四边形面积相等外,还有另一主要目的是使学生再次整理转化思想。学生通过第三个平行四边形的剪拼转化,懂得了无论怎样的平行四边形都可以把它剪拼成长方形,但剪拼后的长方形的长和宽与原来平行四边形的底和高要对应。通过这样的练习不仅加深了转化思想的认识,而且提升了思维的思考价值。

4. 组织反思,突出总结转化思想方法。

教师向学生提出以下问题组织学生小结:

①本课除学会了平行四边形面积计算方法外,我们还学到了什么?

②我们是怎样想到要把平行四边形转化成长方形的?

(过程略)

【评析】 教师在组织学生小结中突出了学法的反思,通过对本课学习过程的简单回顾,使学生进一步明确了把"新知"转化为"旧知"学习方法。并知道这种转化是在自己观察、想象中获得的。

21 再谈"怎么想不到"到"怎么能想到"

——对"三角形面积计算"教学的二次思考

陈庆宪

《教学月刊小学版》(数学)曾在 2010 年第 10 期刊登了麻彩虹老师所写的《从"怎么想到"到"怎么想不到"——"三角形面积计算"磨课记》。麻老师在文章中介绍了三种教学设计,第一种是给学生提供两个完全相同的直角三角形纸片、两个完全相同的锐角三角形纸片、两个完全相同的钝角三角形纸片,让学生把每两个完全相同的三角形拼摆成平行四边形推理三角形面积的计算方法。麻老师觉得这种方法提供的材料太明显了,学生还没经过思考就在教师的要求下摆出长方形或平行四边形,这不是学生自己探究出的方法。第二种方法给学生提供了画有格子的三角形(每格表示 1 平方厘米),让学生通过数格或剪拼把它转化成已学过的图形,推理三角形面积的计算方法。这种方法是从一个特殊的三角形通过剪拼来推理三角形面积的计算方法,而且这种方法过后,学生不会想到用两个完全一样的三角形来拼成平行四边形进行推理。接着麻老师介绍了第三种方法,先让学生观察一个长方形和两个平行四边形,先复习长方形和平行四边形的面积计算方法,接着把这三个图形连上对角线,分出了直角三角形、锐角三角形、钝角三角形;这样,学生观察到每个三角形都是刚才长方形或平行四边形面积的一半,同样也自然地想到可以用任意两个完全一样的三角形去拼成平行四边形来验证三角形面积的计算方法。麻老师经历了三次磨课,比较推崇第三种方法。

麻老师的文章引发了笔者的思考。笔者认为,第三种方法学生虽然自己会想到,但是靠前面对长方形、平行四边形的对角线分成两个完全一样三角形的暗示,由于有分必有合,学生自然会想到用两个完全一样的三角形拼合回去。这种思维经历过程是比较直接的,这样的处理方式似乎也太直白了。那么怎样使学生经历有价值的思考呢?当时笔者写了一点补充作为探讨,发表在《教学月刊小学版》(数学)2011年第1、2期合刊上。主要做法是把麻老师的第二种有格子的三角形放在格子纸中(如图1,每格表示1平方厘米)。希望学生能借助于格子背景,对这种特殊的三角形,除想到数格子和割补的方法外,会想到图2的扩拼法。在实际教学中我们发现,学生开始都是直接去数三角形的格子,而在数的过程中会用到割补法。接着让学生进一步观察,一部分学生想到了扩拼法。在这一环节教学之后,我们给学生提供了画在纸上一个直角三角形、一个锐角三角形、一个钝角三角形,要求学生标上底和高,并采用画一画的方法把它转化成已学过的长方形或平行四边形。学生以画代摆,不仅画出了割补法,还运用了扩拼的方法,来推理三角形面积的计算方法。

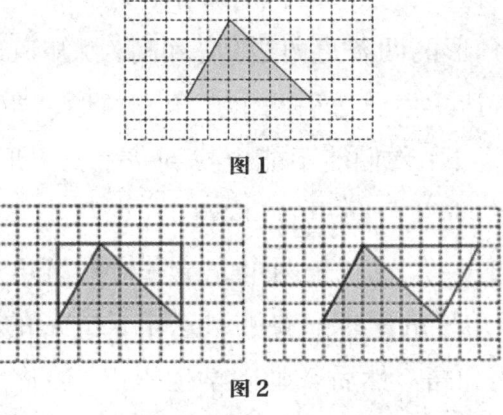

图1

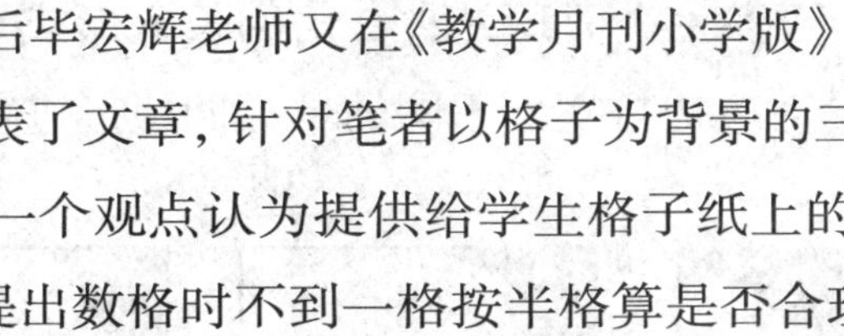

图2

时隔几个月后毕宏辉老师又在《教学月刊小学版》(数学)2011年第7、8期合刊上发表了文章,针对笔者以格子为背景的三角形探究法提出了三个观点。第一个观点认为提供给学生格子纸上的三角形是一个特殊的三角形,并提出数格时不到一格按半格算是否合理;按三角形中位线剪开再拼成平行四边形学生是想不到的。第二个观点认为推导三角形面积有两种策略(割补法和扩拼法),本课重点是扩拼法。第三个观点认为研究三角形面积要从"一类"到"几类"进行。于是，毕老师提出他的教学方案是从研究直角三角形的面积开始。

笔者认为毕老师的观点的确值得我们深思，并对毕老师提出的后两个观点完全赞同，但对第一个观点我认为值得商榷。让学生以格子为背景先研究这一特殊的三角形，从这一特例学生自己一定会想到去数格，把两个不到一格拼成一格，这实际上就是割补法；除此外学生还会慢慢地借助于格子背景想到把它扩拼成长方形或平行四边形，按扩拼之后的图形去数格和计算，三角形面积就是扩拼之后的图形的一半。从这一特殊三角形数格和扩拼，其目的是为了让学生自己去想到如何把任意一个三角形也做类似的转化得到面积的计算方法，这一过程也正是体现了从特殊到一般的认知规律。当然毕老师提供的教法也给我带来了很好的启示，毕老师先要求学生在一个长方形上画一条线段，产生出一个三角形，学生画出了（如图3）三种情况。学生很快说出了第一个图中这个直角三角形的面积是这个长方形面积的一半，只要测量这个长方形的长和宽，也就是直角三角形的两条直角边（底和高）就知道这个三角形面积应该怎样计算。接着让学生思考后两个直角三角形，学生虽然一时有点困难，但在教师的启发下：你们能不能也找到一个长方形，使这两个三角形成为它们的一半呢？学生经过思考，构建出（如图4）长方形，三角形的面积是长方形面积的一半，也就是两个完全一样的直角三角形可以拼成一个长方形，计算三角形的面积只要测量这个长方形的长和宽，也就是测量直角三角形的底和高。然后教师向学生提出：给你一个锐角三角形或钝角三角形，你能否找一个面积是它2倍的长方形或平行四边形呢？接着学生操作以不同对应边拼摆出不同的平行四边形进行推导。

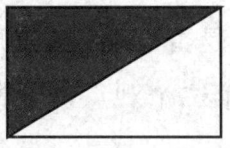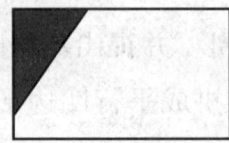

图3

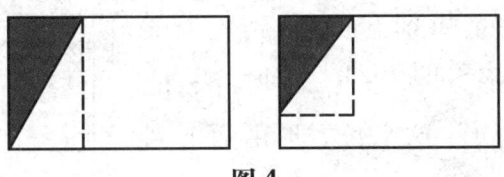

图 4

分析以上教法，首先，笔者认为毕老师对学习素材的处理很有创意，特别让学生在一个长方形中任意划分出不同的直角三角形，使学生很快进入一般直角三角形的面积探究中。但仔细思考这样的学习素材处理也避免不了麻老师所介绍的第三种方法，麻老师是对一个长方形和两个平行四边形，同时连上对角线来分别分出两个完全一样的直角三角形、两个完全一样的锐角三角形、两个完全一样的钝角三角形，而毕老师只是针对长方形分出了两个完全一样的直角三角形（如图3中的第一个图），从这个直角三角形的面积就是这个长方形面积的一半，再去思考后两个直角三角形如何分别扩拼成长方形。由于有了第一个图形的暗示，再加上教师的提示，学生才会想到图4的方法。另外，笔者认为采用这样的教学方案，学生还只局限于扩拼法，虽然扩拼法是教学的重点，但对学生来说前面刚刚学习了平行四边形的面积计算，对平行四边形的割补法（等积变形）的转化方法印象是很深的，如果在没有任何暗示的情况下，让学生思考，估计大部分学生想到的只会是怎样去割补，把它转化成已学过的图形。

通过以上分析，反思自己的教法确有很大不足。在某教研活动中，一位老师又要教学此课，不得不使我重新思考。借鉴毕老师从直角三角形入手，我觉得原来采用的"格子法"不能只给学生一个锐角三角形，而应该给学生同时提供三种三角形（预先发给每位学生如图5的格子纸，每格表示1平方厘米）。学生先观察直角三角形，因为直角三角形是学生最容易思考的，无论学生从怎样的角度去观察都能得到这个直角三角形的面积。在实际教学中，学生果然得出了以下的三种方法（如图6）。第一种方法，直接数格子（6个整格加上6个半格），得到面积是9平方厘米；第二种方法，把三种方法的上半部

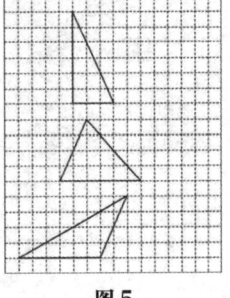

图 5

分的小直角三角形剪拼到下面,得到一个正方形,面积也是 9 平方厘米;第三种方法,把它扩拼成一个长方形,这个长方形由两个完全一样的直角三角形拼成,面积是长方形面积的一半,也得到 9 平方厘米。

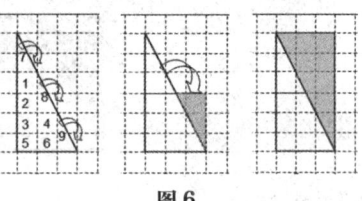

图 6

教师组织对以上三种方法反馈评价后,再让学生继续针对另外两个三角形进行观察思考。接着教师组织学生反馈评价,除了一部分学生说到割补外,还有相当多的学生说到扩拼法。(如图 7 是把锐角三角形扩拼成的图形。钝角三角形扩拼成的图略)

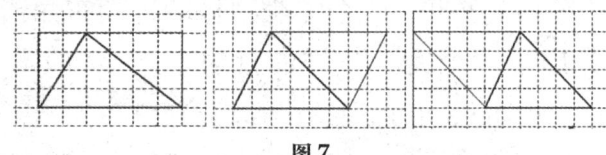

图 7

接着教师再向学生提出:对于任意三角形的面积也能用类似的方法来验证它的面积计算方法是"底 × 高 ÷ 2"吗?这时让学生拿出纸片学具,学生从中选出两个完全一样的直角三角形纸片、两个完全一样的锐角三角形纸片、两个完全一样的钝角三角形纸片,分别拼摆成长方形或平行四边形做进一步验证说理(如图 8、图 9、图 10),教师及时组织学生反馈评价。

用两个完全一样的直角三角形拼成的长方形或平行四边形:

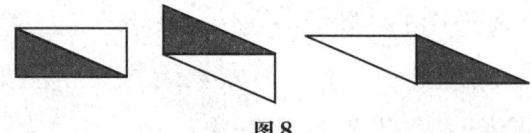

图 8

用两个完全一样的锐角三角形拼成的平行四边形:

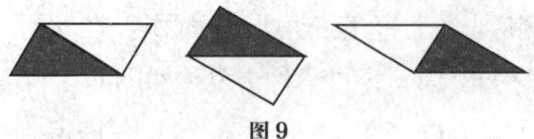

图 9

用两个完全一样的钝角三角形拼成的平行四边形:

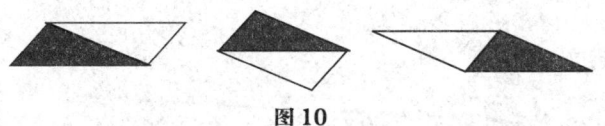

图 10

反馈中教师抓住每一对三角形不同对应边的重合拼出的平行四边形，要求学生找出拼好的平行四边形的底和高与三角形对应的底和高，使学生全面验证三角形的面积计算方法。

最后教师要求学生拿出一个三角形，并向学生提出：你能不能只将一个三角形剪拼成已学过的图形，推理出三角形的面积计算方法。（过程略）

纵观以上分析，我们都在寻找如何让学生自己去想到三角形面积计算的推导策略。有这些不同教学方案的交流，应该感谢麻彩虹老师开始提出的"怎么想到"到"怎么想不到"的思考，这里的思考实质是对教学观念上的深究。我们都在想如何从学生的实际出发，更好地让学生经历有价值的数学活动过程；我们都在追求学生在自主发现的过程中哪一种素材和方法既给学生暗示因素小一些，又能促使学生主动地进行探究，只有这样学生才有可能获得更有价值的数学活动经验，更好地提高学生的观察、想象能力。

22 注重自主解读 培养分析能力
——"复式折线统计图"教学实录与评析

范伟强（执教） 陈庆宪（评析）

◎ **课前思考**

人教版原课程实验教材五年级下册编排了"复式折线统计图"。学习这一内容前，学生已经掌握了"单式折线统计图"和"复式条形统计图"的相关知识，并对统计图有了一定的解读能力，尤其是能将单式折线统计图的画图方法、统计图的特点和作用，直接应用于复式折线统计图。因此，学习本课内容主要让学生认识到，为什么要把两组数据画在同一个图上，使学生感悟到复式折线统计图的主要特点是便于比较数量的变化趋势。所以我们在设计本课时，突出了以下三点思考：①如何发挥学生的学习潜能；②如何通过统计图的解读，能更好地分析数据，解决实际问题，预测数量的发展；③对于复式折线统计图和复式条形统计图，在应用特点上有哪些区别。带着这三个问题，我们对本课做了以下尝试：

◎ **实录与评析**

教学片段一：整体观察比较，自主解读新知。

直接观察、比较。投影同时呈现下面三幅统计图，并向学生提出：你们能看懂这三幅统计图吗？

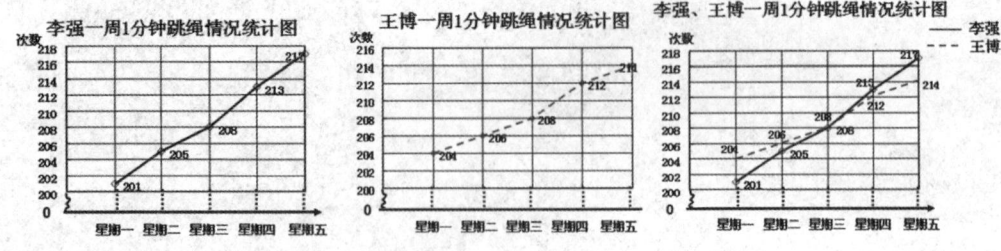

生1:第一幅是李强一周内1分钟跳绳的统计图,第二幅是王博一周内1分钟跳绳的统计图。

生2:我看懂了李强一周内1分钟跳绳的次数提高得比较快。

生3:我觉得第三幅图是前两幅图合并起来的。

师:是吗?请大家仔细看一看。(这时学生都表示赞同)

师:前两幅分别记录了李强和王博一周内1分钟跳绳的次数情况,这是我们以前学过的单式折线统计图,那第三幅是把李强和王博一周内1分钟跳绳的次数合并画在一张图上,这第三幅统计图是我们今天要学习的"复式折线统计图"。(揭示课题)

师:把两幅同类的单式折线统计图合并成复式折线统计图有什么优点呢?

(学生分小组交流后,再组织集体汇报)

生1:可以更好地比较每一天两人1分钟跳绳的次数。

生2:更容易看出李强和王博一周内1分钟跳绳次数的变化情况。

师:说得很好,复式折线统计图的优点就是"便于比较数量的变化趋势"(并板书)。那在画复式折线统计图时要注意什么?

(组织学生再次分小组交流,在汇报质疑中使学生知道,画复式折线统计图时,表示两组数量变化的折线要用不同颜色或用实线和虚线加以区分,同时要在图的右上角注明图例)

接着教师又指出:在画这幅折线统计图时,为什么第一格要压缩从200次开始,而每格之差是2个单位呢?

(使学生借此复习为什么要压缩,因为1分钟跳绳次数最少是201次,最多是217次,所以从200开始到218,每2个单位分成一格,分成9格更能形象地看出变化情况,又比较美观)

【评析】 以上教学与以往不同的是,没有一步一步地从复习单式折线统计图开始,而是直接把两幅单式统计图与一幅复式统计图一起呈现。由于折线统计图本身具有直观形象,对于复式统计图,学生读懂它并不困难,所以让学生直面这三幅图做整体观察、比较,就能解读出这幅复式统计图是前两张单式统计图合并而来的。这样的教学过程不仅较好地发挥了学生的学习潜能，而且显得教学过程简约、大气。当学生知道复式统计图的优点之后，教师及时提出画图的注意事项，以及本图为什么要压缩一部分数量、第一格从200开始等。学生通过对统计图的解读与质疑，为下一环节的学习奠定了基础。

教学片段二：独立尝试画图，及时掌握技能。

1. 引导学生独立画图。

投影出示右图中的表格和已画好的横轴与纵轴的格子图（材料预先发给每位学生），要求学生根据表格的两组数据，画出复式折线统计图。同时提醒学生思考：第一格要压缩数量，要考虑应从多少数量开始；每格单位应是多少比较合适等问题。

学生独立画图后，教师评价学生所画的不合理的或存在错误的几张图。学生出现的错误有以下两种情况：①纵轴每格表示的数量单位不合理；②忘了注写图例。

教师在引导学生自主纠正后，再利用投影，逐步呈现画图的每一步，最后得到（如右图）完整的一张复式折线统计图。使学生能完整、直观地观察画复式折线统计图的每一个细节。

红太阳家电商场2009年A、B两品牌彩电销售情况统计表

季度	一	二	三	四
A品牌	217	140	119	99
B品牌	108	130	137	145

2. 引导学生解读分析。

师：观察这张复式折线统计图，你们有什么话想说吗？（让学生分小组说一说，然后组织集体交流）

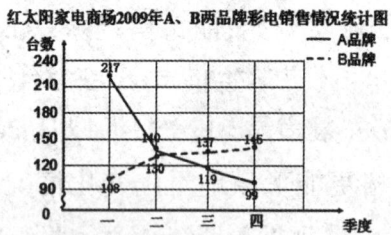

生1：A品牌彩电销售量在下降，而B品牌彩电销售量在上升。

生2：第二季度两种品牌的彩电的销售量很接近。

生3：前两个季度A品牌的销售量都比B品牌要多，而到第三、四季度A品牌比B品牌的销售量要少。

师：从这张复式折线统计图上可以明显地比较出两种品牌彩电销售变化趋势，当然也知道各季度销售的数量。

3. 引导学生与条形统计图比较。

利用投影在以上折线统计图的右侧出示下面的复式条形统计图，提出：请你们观察这两幅统计图各有什么优点？

学生经过观察、分析、小组交流，再组织集体交流，使学生达成共识：复式条形统计图能形象地看出每一季度两种品牌销售数量的多少，而复式折线统计图不仅能看出每一季度两种品牌销售数量的多少，还能便于比较数量变化的趋势。

【评析】 在这一环节的教学中教师让学生独立画图尝试，紧接着抓住学生画图出现的问题，及时做出反馈纠正，然后教师借助于媒体，逐步呈现画图过程。通过这样的过程，扎实地落实了画图的操作技能。当学生对画好的折线统计图进行分析时，屏幕上又呈现复式条形统计图。把同一背景的两组数据画成折线统计图与条形统计图，再组织学生去

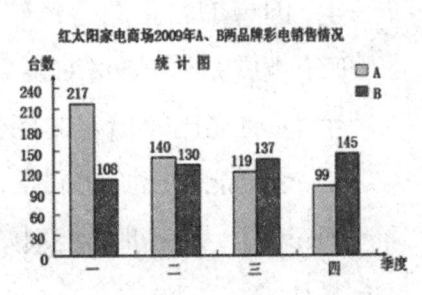

观察，使学生更清楚地看到复式折线统计图与以前所学习的复式条形统计图的区别与联系。

教学片段三：多项素材解读，加深理解功能。

解读素材（一）：

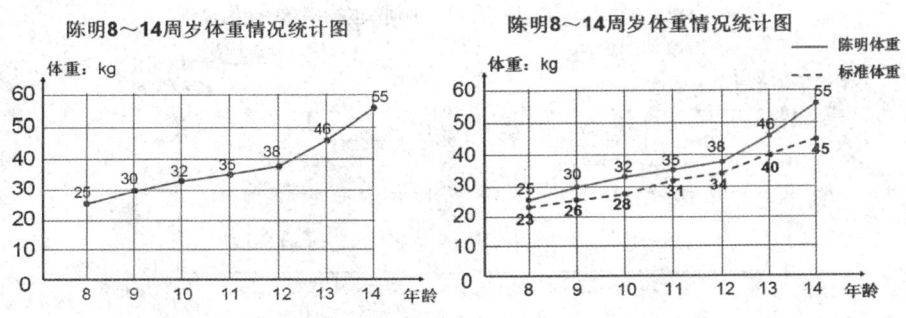

投影先呈现上面左图的单式折线统计图，让学生说出这幅图说明了

陈明同学8～14周岁体重逐年增加的情况。接着在这张图中添上"8～14周岁标准体重"的变化趋势线,如上右图的复式折线统计图。教师提出:看到这幅图你们又有什么话想说的吗?(这时学生讨论非常热烈)

生1:陈明同学的体重每年都超标。

生2:陈明同学在13周岁、14周岁时体重增加得特别快,超标更严重了。

生3:建议陈明同学要控制饮食,加强运动。

……

师:你们在观察第一张图时,知道陈明体重在逐年增加,但观察第二幅图后,为什么会有这么多想法呢?

生:因为第二张图有每年的标准体重可以参考。

师:也就是说,通过对复式折线统计图的观察,你还能发现什么?

生1:更能比较出它的变化。

生2:更能看出陈明同学体重超标的严重性。

师:对了,更能准确地对数据做出对比分析是吗?(学生表示赞同)

解读素材(二):

投影先呈现下面左图的单式统计图,学生解读到陈明同学成绩不错,但为什么第二单元成绩特别低呢?

接着教师又在单式统计图中添加班平均成绩的折线(如下面右图),并问学生:你们现在还有什么话想说吗?

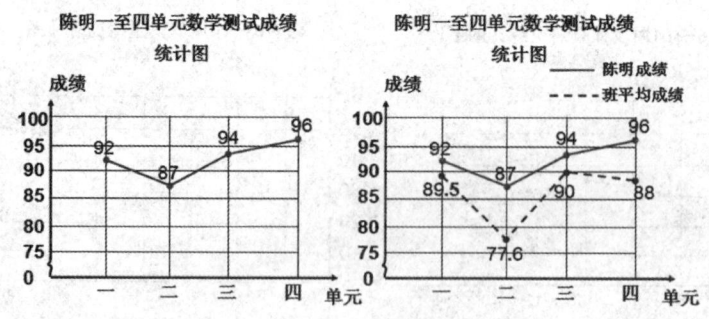

生1:陈明同学数学成绩总的是很好的,每次都在班级平均成绩以上。

生2：第二单元可能试题太难了吧，班平均分只有 77.6 分，陈明得了 87 分，超过班平均分大约有 10 分。

师： 是呀！复式折线统计图还能帮助我们对陈明同学的学习成绩做出评价。

【评析】 通过对以上两个素材的分析，从单式统计图的解读到复式统计图的解读，使学生自然感受到复式折线统计图的功能。并且在解读过程中，增强对复式折线统计图的认识。

解读素材（三）（选自教材中的做一做的题目）：

投影先呈现下面的统计表，同时提出：这是李欣和刘云在 10 天内进行的跳绳训练测试成绩表。观察表格，你能预测出哪位同学去参加学校运动会能取得更好的成绩吗？

成绩\第几天\姓名	1	2	3	4	5	6	7	8	9	10
李 欣	152	155	158	160	157	159	162	165	165	167
刘 云	153	154	159	155	160	164	158	162	160	165

这时学生有不同意见，很难定出哪位同学去参加更合适。此时，教师再呈现下面的统计图，并提出：现在通过对这幅折线统计图的观察，你能定出派哪位同学去参加更合适吗？

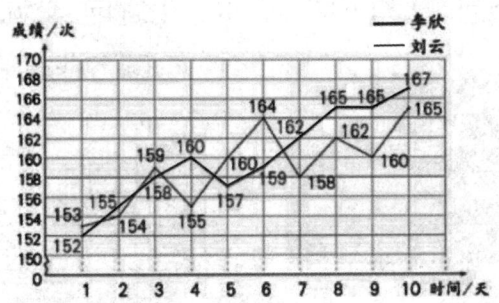

生1：我认为李欣同学最后 4 天的训练成绩都比刘云好，应该让李欣同学去。

生2：刘云同学最后一天的训练成绩提高幅度很大，估计刘云同学去参加可能会取胜。

……

师：尽管意见不统一，大家说得却都有一定的道理。观察复式折线统计图比观察复式统计表的数据，有什么优势呢？

生：更能看出成绩的变化情况。

解读素材（四）：

投影继续呈现如右图，让学生解读甲、乙两地在某一年中每月平均气温的变化情况。特别要引导学生质疑乙地的平均气温在零下的情况。（渗透负数的认识）

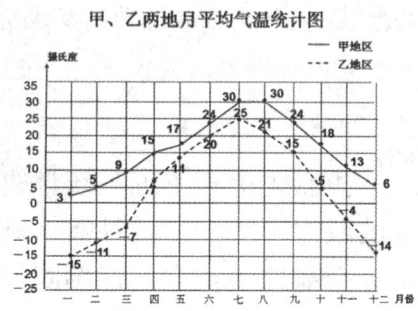

接着向学生提出：你们认为甲、乙两地大概是我国的哪两个地区？（学生又一次展开互动交流）

生：甲地一定是我国南方的某一地区，乙地应该是我国北方的某一地区。

师：是的，甲地就是我们当地（浙江临海），而乙地是我国的哈尔滨。

生：原来如此。

接着投影呈现两幅本校校园中两种树木的图片，以及两种树木适应气温的范围和两个问题（如下图），组织学生解读、交流：

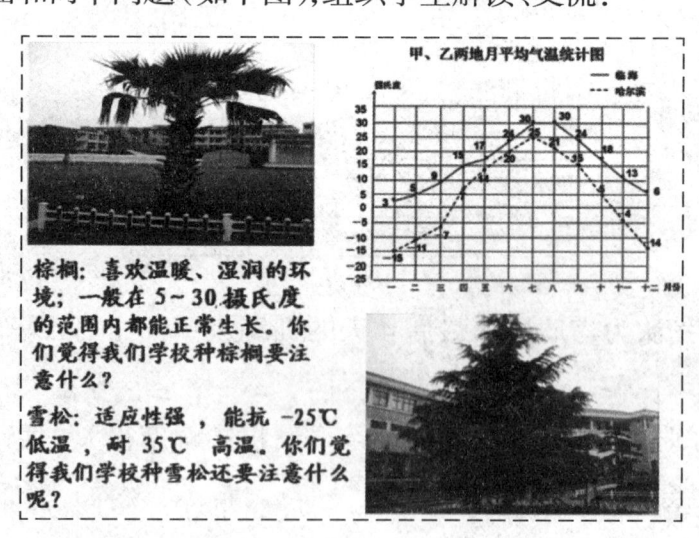

生：每年的 12 月、1 月，本地偶然有几天可能在零度左右，所以学校种的棕榈，每到这两个月都要包扎一下，穿上"外衣"防冻。而雪松在本地或北方，都没有多大问题。

【评析】 学习复式折线统计图，自然要涉及生活中的素材，在生活中寻找两组数据，解读它们的数量变化趋势的方法虽然很多，但我们只停留在数量的变化解读上是不够的。如在以上教学中，我们借助于对两地月平均气温的分析，联系到实际的两个城市；从本地月平均气温，去联想到本校两种树木适应气温的范围。这样的素材设计，使学生在解读统计图的同时，把对数学的分析与对人文、自然的思考进行了融合，更好地激发了学生学习数学的兴趣。

23 借题发挥精心设计　改换形式加深理解
——"复式折线统计图"练习课教学实录与评析

林丽亚（执教）　　陈庆宪（评析）

◎ 课前思考

人教版原课程实验教材五年级下册"复式折线统计图"按通常的教学进程在新授课之后，紧接着要针对练习二十五的第 3、4、5 三道题上一节练习课。课本中的第 4 题涉及的数量比较多，如果让学生完整地画出复式折线统计图，必定影响教学时间；第 3 题的内容比较直白，学生思考过程也比较简单；第 5 题是让学生进一步认识在怎样的情况下用折线统计图或条形统计图。教材的每道练习目的虽然很清楚，但要构成一节高效的练习课，教师必须对练习素材进行改进与补充，才能使练习内容丰富，并具有整体性；练习过程流畅，并具有层次性。为了达到这一目的，我们在本课着重思考如何让教材的现成练习素材，发挥更大的练习效应。现把教学过程和设计思路整理如下，供大家教学时参考。

◎ 实录与评析

1. 基本练习。

（1）独立画图，交流评价。

教师创设情境呈现表格和没有画完整的统计图（这就是教材中练习的第 4 题的一部分），并提出以下练习与合作要求：

①根据表中的数据把复式折线统计图画完整。

②小组互相检查画得是否正确。

③小组针对下面两个问题进行交流：

在画复式折线统计图时要注意什么？

采用复式折线统计图的作用是什么?

学生独立画图,小组交流。教师针对以上的要求逐一组织集体反馈评价。

学生出现的主要问题是忘了标上图例,教师给予及时提醒。

接着教师利用投影呈现画折线统计图的过程,还呈现了这四个月的两种彩电数量的复式条形统计图,让学生比较复式折线统计图和复式条形统计图各自的优点与不足。

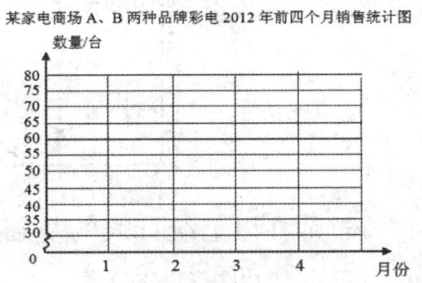

某家电商场A、B两种品牌彩电2012年前四个月销售统计如下表

某家电商场A、B两种品牌彩电2012年前四个月销售统计图

在交流中,学生说出:复式条形统计图能形象地看出每个月销售数量的多少;复式折线统计图不仅能分析、比较销售数量的多少,而且能看出销售数量的变化趋势。

板书:复式折线统计图便于分析、比较数量的多少和变化趋势。

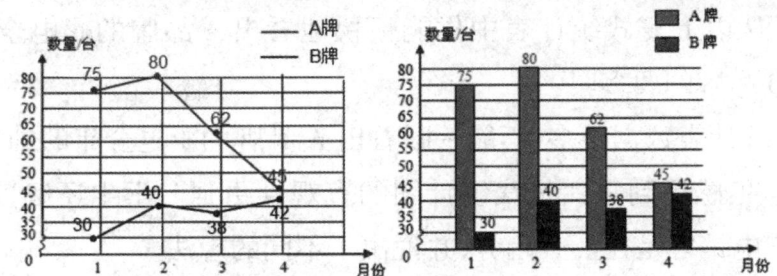

【评析】 以上练习片段的素材选自于教材中的第4题,如果按第4题要求把12个月A、B两种商品都让学生画出来,显然在操作上是重复的。因此,教师截取了前四个月的数量,让学生画一画,并对照条形统计图,使学生很好地回顾了画折线统计图的技能和注意点,并进一步认识了复式折线统计图的作用。

(2)观察分析,自主解读。

某家电商场A、B两种品牌彩电2012年销售统计如下表。

数量/台 月份 品牌	1	2	3	4	5	6	7	8	9	10	11	12
A	75	80	62	45	53	42	38	46	35	32	37	30
B	30	40	38	42	45	43	46	39	42	50	43	52

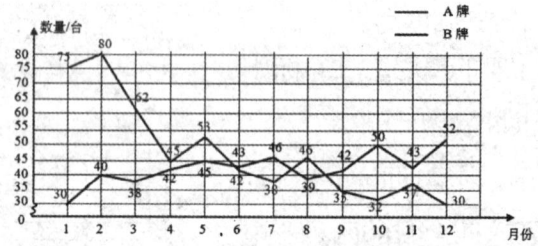

某家电商场A、B两种品牌彩电2012年销售统计图

教师在以上统计表的基础上继续呈现商场全年各月的销售情况,接着出示全年的折线统计图。

再提出以下观察分析、交流讨论的要求:

①哪种品牌彩电全年总销量最高?

②如果你是商场经理,从上面统计图中能得到哪些信息?它对你有什么帮助?

学生很快从图中看出A品牌彩电全年的总销量最高。

师:从以上复式统计表中你能很快地看出A品牌的彩电全年的总销量比B品牌的要多吗?

生:统计表数据很多,不能一眼看出A品牌的彩电全年的销量最多。

使学生感受到复式折线统计图的直观性更强。学生还解读出了B品牌的彩电销售是在上升趋势,并说出了不同的想法。

【评析】 以上教学过程对第4题做了完整呈现,并引导学生针对图表进行解读。这样的处理不仅没有影响原题的练习目的,而且大大提高了练习效率。

2.专项练习。

(1)分析信息,合情猜想。

教师给学生提供以下没有标题的三张图,要求根据以下学习要求读懂图的意思:

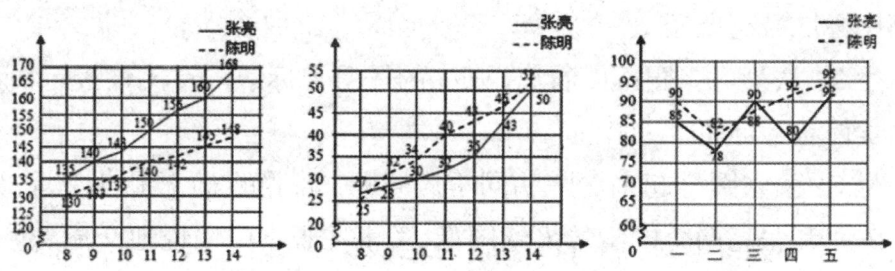

练习与合作要求：

①想一想这三张图分别统计了张亮和陈明的什么情况？给每张统计图补上合适的标题和横标与纵标的名称。

②读了这三张统计图后，你有什么想法想在小组里说一说？

学生独立思考、小组交流后，教师组织学生集体交流。从反馈情况分析，学生合情地说出了第一张图表示的是张亮和陈明两位同学的身高情况；第二张图表示的是这两位同学的体重情况；第三张图大部分同学都说出了是表示这两位同学的考试分数情况。

教师针对学生对每张图的标题、横标与纵标的表示，组织评价，接着利用投影呈现三张完整的统计图，让学生对照检查。

在每一图上分别添加上标准身高、标准体重和班级的平均分（如下图）。

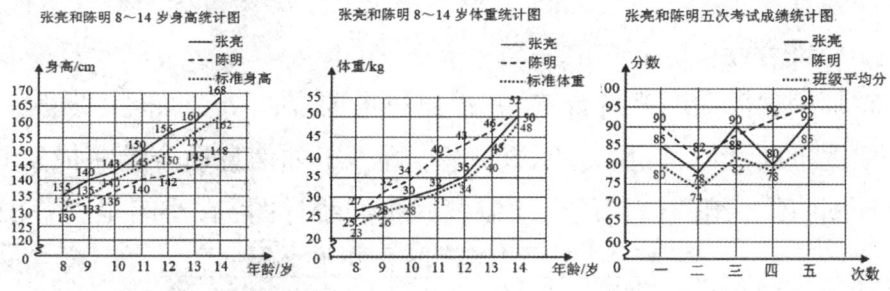

（2）深度解读，加深理解。

针对以上完整的统计图教师又向学生提出以下思考：现在继续观察这三张图，你又有什么想法，能说一说吗？

学生小组互动交流，教师组织集体交流。

生1：从第一张图可以看出张亮身高超出标准身高，而陈明同学的身高比标准身高要矮。

生2：从第二张图可以看出，张亮的体重与标准体重比较接近，而陈明同学体重超标了。

生3：两张图合起来看陈明同学矮矮的、胖胖的。（投影上还呈现了表示陈明和张亮两个同学的人物图像，学生在观察中愉悦地交流着）

生4：从第三张统计图中可以看出张亮和陈明每次的考试成绩都超过了班级的平均分。

……

师：你有什么建议吗？

生：建议陈明同学要多参加体育锻炼。

【评析】 以上三张统计图是从教材的第3题想到的，教材第3题仅仅呈现陈明同学的体重与标准体重的比较。我们把这一题拓展成针对张亮和陈明两位同学三张不同背景的统计图，要求学生从图中相关数据的信息读懂每张图所反映的情况。这一过程也正是培养学生对折线统计图解读能力的过程。当学生通过质疑得到完整统计图后，教师继续在图上呈现出标准身高、标准体重和班级平均分的折线，从而进一步丰富了学生的思考空间，激发了学生的学习兴趣。

3. 综合练习。

（1）分析特点，区分功能。

教师呈现下面两张统计表，并提出思考要求：

根据下面两组信息，请你想一想，哪一组的信息适合绘制成复式条形统计图？哪一组的信息适合绘制复式折线统计图？在小组里说一说。

① 调查某市四个商场四月份销售甲、乙两种商品数量如下表一：

数量/件 商品 商场	东方百货	好又多超市	联华超市	耀达商场
甲商品	205	105	350	420
乙商品	180	150	240	380

② 调查耀达商场一至四月份销售甲、乙两种商品数量如下表二：

数量/件 月份 商品	一	二	三	四
甲商品	380	680	500	420
乙商品	400	550	430	380

学生小组交流后,再组织全班交流。这时大部分学生都比较明确地知道表一是反映各商场甲、乙商品销售量,商场与商场之间没有直接关联,只是比较出数量的多少,所以适合画成复式条形统计图。而表二可以画成复式条形统计图,也可以画成复式折线统计图。

教师利用投影同时呈现一张复式条形统计图和一张复式折线统计图(如下图)。

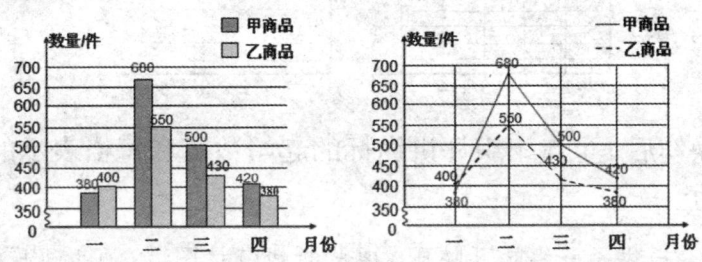

通过对上图的观察、比较,使学生进一步明确,既要比较每月两种商品的销售量,又要比较月份与月份之间的销售量的变化趋势,画成复式折线统计图更合适。

【评析】 以上综合练习素材是根据教材的第5题的练习想到的。教材的第5题的表一是反映五年级同学五一不同度假方式男、女人数的统计;表二是各年级参加旅游人数的统计,其目的是想通过这两张表格的信息,引导学生进一步掌握在什么情况下选择条形统计图,在什么情况下选择折线统计图。无论是各种度假方式的男、女人数,还是各年级的男、女人数,都适合画成复式条形统计图。因此,我们另外创设了以上练习素材。通过对四个商场两种商品的销售量、一个商场四个月的两种商品的销售量的对比分析,使学生明确了当统计项目数量之间没有一定关联时,适合画成条形统计图;当数量与数量有一定关联时,既可以画成条形统计图又可以画成折线统计图。而折线统计图既能比较数量的大小,又能看出数量的变化趋势。

(2)再次画图,加深认识。

联华超市与耀达商场1~4月销售甲种商品数量如下表。分别在下面两张空白图内画出复式折线统计图和复式条形统计图。

数量/件 月份 商场	1	2	3	4
联华超市	420	540	520	350
耀达商场	380	680	500	420

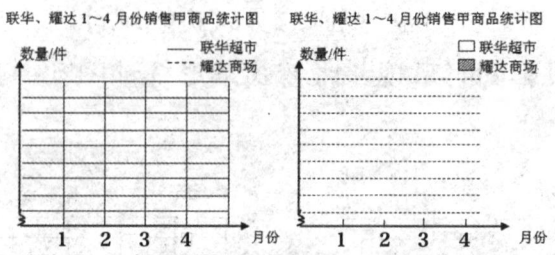

学生操作后，重点组织评讲纵标的起始数量和每格表示的数量怎样确定最合理。

【评析】 提供了一组既可以画成复式折线统计图，又可以画成复式条形统计图的信息。目的是让学生再次进行综合思考，从怎样确定每格的数量，到完成统计图的绘制，达到对复式折线统计图与复式条形统计图的进一步认识。

纵观全课的练习设计，我们并没有盲目地去寻找练习，而是在读懂教材的基础上对原有的三道练习题分别进行了改变方式、拓展背景、更换题材的处理。只是改编、拓展，就大大丰富了本课练习的内涵，进一步加深了对复式折线统计图的理解，进一步区分了折线统计图与条形统计图的功能和适用的背景。

总之，上好练习课的关键是练习设计，而设计练习的一种重要的技法是善于利用原有的练习"借题发挥"。这样的发挥是针对一节练习课的重点、难点的创设，是进一步提升学生的思维和能力的创设。

24 联想中梳理　练习中提升
——"分数的意义和性质"单元复习课教学实录与评析

杨灵君（执教）　　陈庆宪（评析）

◎**课前思考**

人教版原课程实验教材五年级下册第四单元涉及的知识点比较多，它包括分数的意义、分数与除法的关系、真分数和假分数、分数的基本性质、约分和通分、分数与小数的互化以及分数的大小比较等七个小节的内容。要上好这一单元的复习课，确实是一次挑战。回想以往的教学，大多数教师都是采取回忆一个概念，练一组题目的方式。这样的复习我们觉得非常零散，抓不住知识之间的联系，教学过程无法和谐连贯。为此，我们对此课做了研究和改进，实践后收到了较好的教学效果，现做如下的整理，供大家在复习时参考。

◎**实录与评析**

1. 联想回忆，练中梳理。

（1）让学生在下面有方向的直线上表示出 $\dfrac{3}{4}$。

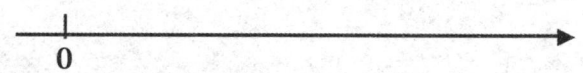

在学生独立表示之后，教师有选择地反馈了两位学生所表示的点与原点距离不一样的情况，如右图：

师：表示同样的" $\dfrac{3}{4}$ "，为什么表示出来的位置不同呢？

生：因为单位"1"的长短不一样。

师：那在表示的过程中,什么是相同的呢?

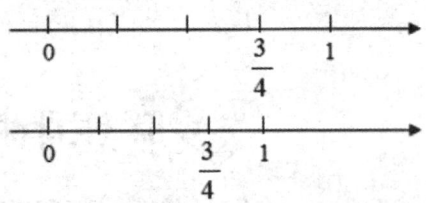

生：把单位"1"平均分的份数都是4份,表示的都是其中的3份。

师：这就是我们要复习的分数的意义。(同时板书)

【评析】 教师先提供给学生的只是有方向的直线,没有确定单位"1"的长度,因没有确定计数单位的长度,学生表示出的 $\frac{3}{4}$ 的位置与原点的距离就不同了,正是因为这样的不同,更能说明单位"1"的含义所在。学生通过这样的质疑,达到对分数意义的回忆。

(2)让学生以 $\frac{3}{4}$ 去联想有关的数。

师：针对自己的数轴,能联想到与 $\frac{3}{4}$ 相等的数吗?

学生经过独立联想,得到下面一些相等的数:

$$\frac{3}{4} = \frac{6}{8} = \frac{9}{12} = \frac{12}{16} = \cdots\cdots$$

$$\frac{3}{4} = 0.75。$$

师：你是根据什么知识想到这么多的分数的?(引发学生回忆分数的基本性质)

教师还随手写出: $\frac{3}{4} = \frac{(\ )}{100}$,让学生说出：把 $\frac{3}{4}$ 的分子和分母同乘25得到 $\frac{75}{100}$ 。

师： $\frac{75}{100}$ 也可以进行化简,使它成为 $\frac{3}{4}$,这样化简的过程又叫做什么?

生：约分。

教师又针对数轴说明这些分数为什么相等,从中可以回归到用分数的意义解释性质。同时板书：意义←性质←约分。

师：$\frac{3}{4}$ 怎样化成小数 0.75？

生：$\frac{3}{4}=3\div 4=0.75$。

师：为什么 $\frac{3}{4}$ 可以写成"$3\div 4$"呢？（使学生回忆分数与除法的关系）

教师写出：$\frac{2}{5},\frac{1}{8},\frac{5}{6},\frac{8}{10},\frac{23}{100}$，让学生把这些分数化成小数。

师：在这些分数化小数中，你觉得哪几个分数化小数比较容易些？

学生自然地说到了 $\frac{8}{10}$ 与 $\frac{23}{100}$ 化小数比较容易。

师：为什么？

生：因为分母是 10 的分数，化成小数是一位小数；分母是 100 的分数，化成小数是两位小数……

师：通常分数化小数用分子除以分母，但有时碰到像这样的分数 $\frac{7}{25}$，你觉得怎样化小数比较快呢？

生：把 $\frac{7}{25}$ 的分子与分母同乘 4，得到 $\frac{28}{100}$，再化小数是 0.28，这样就比较快。

师：是的，分数化小数要灵活。刚才大家已复习了一位小数、两位小数与分母分别是 10、100 的分数的关系，那下面的小数你能很快地化成分数吗？

学生很快回答，如：$0.6=\frac{6}{10}=\frac{3}{5}$；$0.48=\frac{48}{100}=\frac{12}{25}$；……

教师略加小结，并板书连线：

【评析】 教师引导学生先针对 $\frac{3}{4}$ 这个分数去联想相等的数，从中回顾分数的基本性质、分数与除法的关系，以及分数与小数的互化。同时在联想后又提供了相应的练习，使学生的技能得到及时训练。

（3）让学生围绕 $\frac{3}{4}$ 去联想数的大小。

师： 你能联想到比 $\frac{3}{4}$ 小的分数吗？你是怎样联想的？

学生独立思考后，先在小组中交流，再组织反馈质疑。

生1： 我联想到 $\frac{1}{4}$、$\frac{2}{4}$ 比 $\frac{3}{4}$ 要小。因为这三个分数是同分母，1个 $\frac{1}{4}$，2个 $\frac{1}{4}$，一定比3个 $\frac{1}{4}$ 都要小。

生2： 我联想到 $\frac{3}{5}$、$\frac{3}{6}$、$\frac{3}{7}$……都比 $\frac{3}{4}$ 要小。因为分子相同，分母大的反而小。

师： 谁能举出分子、分母与 $\frac{3}{4}$ 的分子和分母都不同，但又比 $\frac{3}{4}$ 小的分数？

生3： 我联想到了 $\frac{2}{5}$ 一定比 $\frac{3}{4}$ 要小，因为 $\frac{2}{5} < \frac{3}{5}$，而 $\frac{3}{5} < \frac{3}{4}$，所以 $\frac{2}{5} < \frac{3}{4}$。

师： 你真不错，借助于中间的分数进行比较。你们还能用其他方法来比较 $\frac{2}{5}$ 与 $\frac{3}{4}$ 的大小吗？

学生独立回忆比较的方法后，教师又组织反馈质疑。

生4： 通分的方法。因为 $\frac{2}{5} = \frac{8}{20}$，$\frac{3}{4} = \frac{15}{20}$，且 $\frac{8}{20} < \frac{15}{20}$，所以 $\frac{2}{5} < \frac{3}{4}$。

生5： 也可以化成小数来比较，$\frac{2}{5} = 0.4$，$\frac{3}{4} = 0.75$，所以 $\frac{2}{5} < \frac{3}{4}$。

生6： 也可以直接去看，因为 $\frac{2}{5} < \frac{1}{2}$，$\frac{3}{4} > \frac{1}{2}$，所以 $\frac{2}{5} < \frac{3}{4}$。

师：是的，比较的方法要根据数的特点灵活处理。通常碰到异分母、异分子的两个分数比较大小，用得最多的方法是通分转化或化为小数，再进行比较。

教师同时又随手板书：

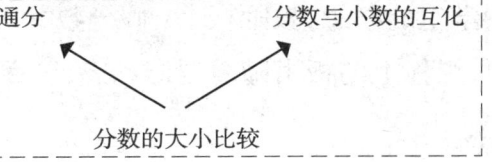

师：你能举出一个比 $\frac{3}{4}$ 要小，但又与 $\frac{3}{4}$ 很接近的分数吗？

生：$\frac{299}{400}$，$\frac{2999}{4000}$，……

师：你们刚才所举的数，如果在数轴上表示出来，应该在哪儿呢？（教师指着投影上的数轴问）

使学生感受到这些数与表示 $\frac{3}{4}$ 的点越来越接近了，但始终还在 $\frac{3}{4}$ 的左边。

师：你能举出比 $\frac{3}{4}$ 大的数吗？

学生很快联想到：$\frac{301}{400}$，$\frac{3001}{4000}$……

师：刚才大家所举的分数都在 $\frac{3}{4}$ 右边，而且与 $\frac{3}{4}$ 越来越接近。现在能否举出离 $\frac{3}{4}$ 略远一些，但又小于 1 的分数呢？

学生想到"1"可以表示分子、分母相同的数，再结合把 $\frac{3}{4}$ 的分子与分母同时乘相同的数。如学生想到 $\frac{8}{8}=1$，把分子减去 1 得到 $\frac{7}{8}$，而 $\frac{7}{8} > \frac{6}{8}$。就这样，教师引导着学生依次联想了一连串的分数，如：$\frac{7}{8}$，$\frac{15}{16}$，$\frac{23}{24}$……

师：刚才我们联想到的分数都比 1 要小，那比 1 小的分数我们又叫它是什么呢？

生：真分数。（教师板书：真分数＜1）

师：你能联想到假分数,并列举出来吗?

随着学生的联想,教师板书：假分数≥1。

此时,黑板上的板书随着复习动态,已逐步形成如右图的情况。

【评析】 在以上教学中教师引导学生继续围绕着 $\frac{3}{4}$ 这一分数,展开大小比较的联想,从中复习了大小比较的方法和真分数、假分数等概念。由此可见,学生在这样的联想过程中不单单是对数与数之间的联想,而是借助于数轴形象地描述了点与数对应的关系。通过这样的联想,学生进一步认识到了任何不同的两数之间存在着无数多个数（数轴两点之间有无数个点,即：数与数之间存在着稠密性）,也进一步认识到要向一个数无限地靠近,可以利用分数的基本性质把一个分数的分子与分母不断去乘一个较大的数,然后把这个分数的分子减去1或加上1,就可以得到与这个数很靠近的数（渗透极限思想）。此外,在以上的复习过程中,教师还及时地引导学生把每一知识点做了联系。从板书的网络图中可以看出,分数的所有概念都归结到了分数的意义,这也说明只要透彻理解了意义,才能真正理解其他知识点；从网络图上也表明"分数与小数互化"和"分数与除法的关系"有着直接的联系；要比较异分母、异分子的分数大小,通常要通过通分把分数转化为同分母或同分子来比较,也可以通过"分数与小数的互化"都转化为小数来比较。

2. 熟练技能、质疑提升。

（1）把下列小数化成分数,把分数化成小数。

0.2=   0.6=   0.375=   0.04=   0.45=

$\frac{5}{8}=$ $\frac{3}{20}=$ $\frac{9}{40}=$ $\frac{9}{40}=$ $\frac{12}{25}=$

（2）比较大小：

$\frac{5}{13}○\frac{8}{13}$ $\frac{5}{7}○\frac{5}{11}$ $\frac{3}{4}○\frac{5}{8}$ $\frac{2}{9}○\frac{1}{6}$ $0.35○\frac{5}{8}$

（3）想一想,哪根木条锯掉的多：

两根同样长的木条,第一根锯掉$\frac{1}{5}$,第二根锯掉了$\frac{1}{5}$米。

（通过对此题的思考,使学生得出：当两根木条都是1米时,锯掉的是同样多;当两根木条小于1米时,第二根锯掉的多;当两根木条大于1米时,第一根锯掉的多）

【评析】 通过本单元的复习课,除了要让学生进一步理解分数的意义和性质外,还要使分数与小数的互化、约分与通分、分数的大小比较等技能要达到一定的熟练程度。因此,我们在对第一大环节梳理后,增加了以上三个题组的训练,其目的也正是为了使学生进一步熟练技能,加深对意义和性质的理解。

25 巧设联系抓对比　丰富素材促想象
——"体积和体积单位"教学实录与评析

彭建芬（执教）　　陈庆宪（评析）

◎ **课前思考**

"体积和体积单位"显然有两个重要的教学任务。对"体积"概念的理解，人教版教材采用一幅乌鸦喝水图，让学生通过熟悉的故事，知道物体占空间的大小叫体积。一般教师在教学本课时会把量杯带进课堂，将石子放入有水的杯子中，借助实验帮助学生理解体积的含义。对"体积单位"教材阐述得非常清楚，还画了一些联系实物的直观图帮助学生理解。一般教师也会给学生提供立方厘米、立方分米的教具模型来帮助学生建立视觉认知，而对立方米的认识往往采用课本中的做法，利用米尺在教室的墙角边比画出 1 立方米的空间。此外，一般教师在教学中也会将其与面积单位进行比较。

我们在教学本课前，想到了以往教师以上的一些做法，但我们又在想，要上好这一课仅做到这些够吗？那采用怎样的引入方式和学习素材，才能使学生对体积和体积单位的概念印象更深呢？由此，我们带着这些问题对本课进行了一次深入研究，对学习素材和学习方式做了一些改进，教学效果效好。现把教学过程和评析整理如下，供大家教学时参考。

◎ **实录与评析**

1. 联想引入，领悟体积含义。

师：请看大屏幕（如图 1），这是我们以前学过的知识，从这些所呈现的内容你觉得我们今天可能会学什么知识呢？

生 1：可能用长度单位和面积单位计算图形的面积。

生2: 今天可能要学习体积和体积单位吧。

师: 被你猜中了，今天我们就来学习体积和体积单位。（板书课题）

长度 长度单位：
　　厘米 cm　　分米 dm　　米 m
面积 面积单位：
　　平方厘米 cm²　平方分米 dm²　平方米 m²

看到以上已经学过的知识，你能猜一猜今天可能要学什么知识吗？

图1

【评析】 教师通过已学知识引发学生联想今天要学习的内容。哪怕学生没有说到体积和体积单位，但通过这个问题的联想，学生会感受到今天要学的知识似乎与这些学过的知识有联系。同时又会产生新的问题，体积和体积单位与学过的这些知识又有什么不同呢？进而激发了学生的学习兴趣。

师: 那到底什么叫体积呢？

生1: 物体的大小。

生2: 是物体占地面积的大小。（这时教师随手拿起一把凳子问学生）

师: 这把凳子的面大还是老师的脚底面大？

生: 当然凳子的面大。（这时教师把这把凳子倒扣在地面上问学生）

师: 现在这把凳子的占地面积一定比老师站着的占地面积大，那能不能说这把凳子的体积比老师的体积大呢？

生: 当然不能，老师的体积大。

师: 那到底什么叫体积呢？

学生略加沉思，教师拿出预先准备好的两块石头，并用线扎着提在手上让学生观察，问学生：通过观察你们觉得哪块石头体积更大一些？（学生很快说出了大小）

师: 现在我们一起观察一个实验。

教师拿出预先准备好的两个相同的杯子，里面存放着水，且水面的高度相同，然后把两块石头分别放入两个杯子（如图2）。

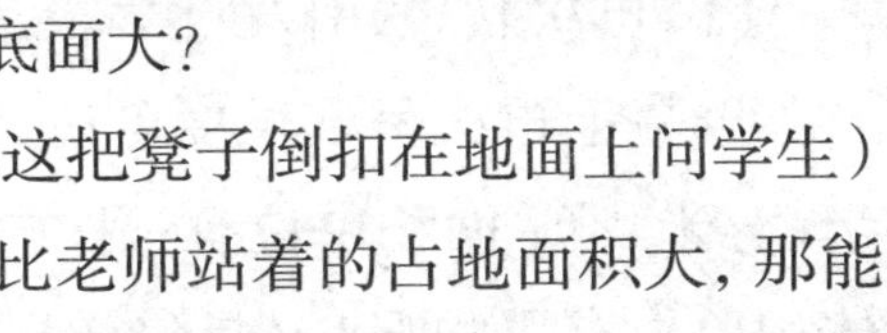

图2

师: 为什么两个杯子水面上升的高度不一样呢？

生1: 左边那块石头的体积大，右边的体积小。

师：谁能说得更清楚一些？

生2：体积大的就把水挤得高一些。

生3：左边石头占的位置比较大。

师：是的，你所说的石头占的位置大小，我们叫石头占空间的大小。

这时教师板书"物体占空间的大小叫物体的体积"。

接着再让学生观察，找出身边两个物体，说一说它们体积的大小。

【评析】 借助生活经验，学生能区分石头体积的大小，但学生要说出"它们的体积大小就是占空间的大小"是不大可能的。所以教师在以上环节利用了两个同样量杯，存放着水的高度也一样，让学生在观察中感受到两块石头挤出的水量是不同的，在引发追究中使学生体验到物体所占空间的大小叫物体的体积。

2. 自学探究，认识体积单位。

（1）再次联想，引发自学。

屏幕上再次呈现长度单位、面积单位，向学生提出：长度单位有：厘米、分米、米；面积单位有：平方厘米、平方分米、平方米。你会联想到的体积单位有哪些呢？又是怎样规定的呢？

生：体积单位有立方厘米、立方分米、立方米。

师：是不是像这位同学所说的呢？我相信同学们通过阅读课本就能知道。下面，请大家按以下要求进行自学。

①阅读课本第28页。

②填一填。

常用的体积单位有（　　）、（　　）和（　　），

分别写成（　　）、（　　）和（　　）。

③小组合作在学具盒或身边找出表示这些体积单位的模型。

教师预先给每组准备的学具盒中有棱长是1厘米的小正方体；棱长是1.5厘米的小正方体；棱长是1分米的正方体；长和宽都是1分米，高是8厘米的长方体；棱长是2分米的正方体。

学生自学后，分小组寻找表示体积单位的

图3

模型(如图3)。一段时间后,各小组基本上都找到1立方厘米、1立方分米。因为学生身边没有1立方米的模型,所以各组都感到找1立方米比较困难。

【评析】 以上环节中,教师再次利用长度单位、面积单位,引发学生猜想本课的体积单位。有部分学生猜到体积单位可能是"cm^3、dm^3、m^3"。我们觉得采用这样的方法认识体积单位,目的不在于一定要学生能猜想到体积单位是怎样的,而是通过这样的猜想使学生初步感悟到体积单位与长度单位、面积单位可能有联系,通过这样的猜想能更好地激发学生自学的欲望。接着,让学生通过自学,再在学具盒中或身边寻找表示这些体积单位的模型。教师提供给学生的模型又比较丰富,除了边长为1厘米、1分米的正方体,还有接近1立方厘米、1立方分米的模型,这样又为学生创设了辨析、对比的素材。

(2)交流自学,认识单位。

师:通过大家刚才的自学,我们先来汇报常用的体积单位的名称。

教师根据学生的汇报,板书:立方厘米(cm^3)、立方分米(dm^3)、立方米(m^3)。

师:你们是否找到了表示这三个体积单位的模型呢?

生:我们小组找到了1立方厘米、1立方分米了。

师:找到1立方厘米和1立方分米的模型的小组,拿出来给大家看看。

(让几位学生把自己找到的模型拿到讲台上,教师把这些模型放在大家能看到的位置。同时也呈现了学生找错的模型)

生:我还找到了1立方米的模型。(一学生把边长2分米的正方体举在手上,她认为在学具盒中这个模型是最大的,误认为就是1立方米。但大部分同学都不认可)

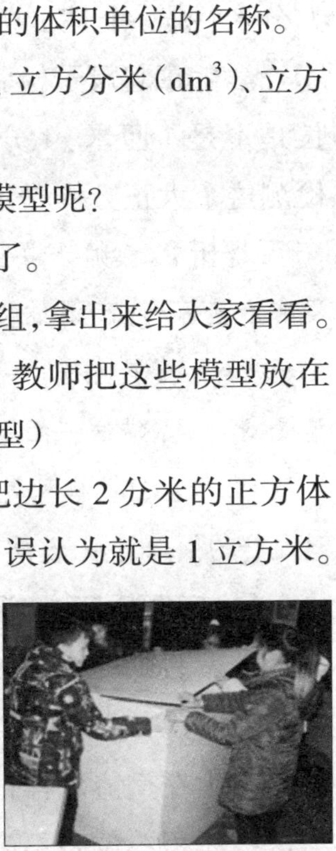

教师没有急于纠正,而是对学生说:1立方米的确实难找,所以我给大家准备了6张大正方形的硬塑板,我们可以用它来搭一个大正方体。(让几个学生一起帮忙搭出如图4的正方体,接

图4

合处用胶布贴住）

师：这个大正方体是不是1立方米了呢？

生：是。

师：你们凭什么肯定自己找的这些体积单位的模型是对的呢？

生：要去量一量它们棱的长度。

师：为什么要去测量棱的长度呢？

生：棱长是1厘米的正方体的体积是1立方厘米，棱长是1分米的正方体的体积是1立方分米，棱长是1米的正方体的体积是1立方米。

师：说得真好！（这时教师随手把体积单位的定义贴在单位名称的上面）

师：那好吧！我们再来检验一下刚才所找出的这些模型哪一个是1立方厘米？哪一个是1立方分米？哪一个是1立方米？

学生拿起尺子检验这些模型，测量模型的棱长是不是1厘米、1分米、1米。（图5是学生在检测这个大正方体是不是1立方米）

图5

【评析】 教师让学生寻找体积单位模型时，个别学生出现了一些错误，教师没有直接评判，而是继续引导学生寻找1立方米的模型。当学生把这些模型都呈现出来后，教师提出一个关键性的问题：你凭什么肯定自己找的体积单位模型是对的呢？借这一问题让学生完整地表述常用体积单位的定义，接着让学生去测量，检验这些模型是否刚好是1立方厘米、1立方分米和1立方米。可见通过这样的问题引领，使学生逐步得出体积单位，进而明晰体积单位的意义。

（3）问题质疑，加深理解。

接着教师整合了以下三个问题，继续引发学生质疑。

问题①：你想用什么方法记住这些体积单位？

学生在交流怎样记住这些体积单位的方法时，有学生联系到生活中与这些体积单位差不多大的物体来，也有学生说可以在脑子里直接记住棱长分别是1厘米、1分米、1米的正方体模型。

师：在脑子里直接记住正方体模型是最好的方法。下面请大家闭上眼睛，听我说体积单位，大家想象一下，是否有这样的体积单位？如果你想出了就用手势比画一下它的大小。

教师说出体积单位，学生比画着。

问题②：体积单位与面积单位、长度单位有什么区别？

学生先分组讨论，再组织集体交流。

在交流中，学生除了说出长度单位是用来测量长度、面积单位是用来测量面积、体积单位是用来测量物体占空间的大小外，还说到表示它们的符号不同。

师：如果让你画图表示长度的单位1分米、面积的单位1平方分米、体积的单位1立方分米，它们的图有什么区别？

生：1分米是一条长1分米的线段，1平方分米是一个边长为1分米的正方形，而1立方分米是一个棱长为1分米的正方体。

教师根据学生的回答在屏幕上逐步呈现出如图6的画面。

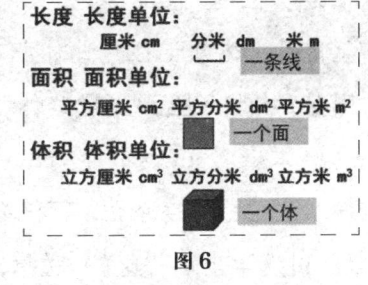

图6

问题③：请你在身边找一个物体，如果要测量这个物体的体积，要选择哪个体积单位？

生：测量橡皮擦、铅笔盒的体积时要用到立方厘米；如果要测量一个稍大一些的物体，比如测量一个大纸盒的体积时就要用立方分米；如果要测量更大一些物体的体积就要用到立方米。

教师分别呈现了一块橡皮擦和一个铅笔盒。利用电脑先从橡皮擦的原实物图中抽拉出能看到12条棱的长方体框架，然后把1立方厘米的小正方体逐一飞入表示橡皮擦的框架中，直至填满这个长方体的框架，使学生看出这个长方体的橡皮擦的体积大约是8立方厘米。再从铅笔盒的实物图中同样抽拉出长方体的框架，接着也把1立方厘米的小正方体逐一飞入表示铅笔盒的框架中。先1个1个地飞入,再5个一组飞入,再10个一组地飞入,再20个一组地飞入,直到填满整个长方体的框架为止,让学生跟着数出这个铅笔盒的体积大约是240立方厘米(如图7)。

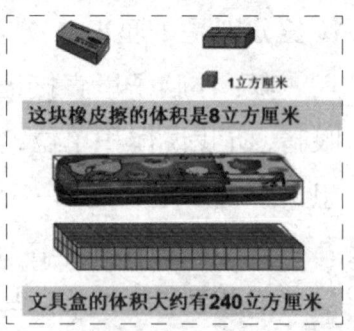

图7

教师又呈现了一个牛奶箱的实物图,问:要测量这个牛奶箱的体积,用什么体积单位更合适?

生:要用立方分米去测量更合适。

教师利用电脑同样从牛奶箱的实物图中抽拉出表示这只箱子的长方体框架,然后用1立方分米的正方体逐一飞入框中填满,让学生同样数出这个牛奶箱的体积大约是16立方分米(如图8)。

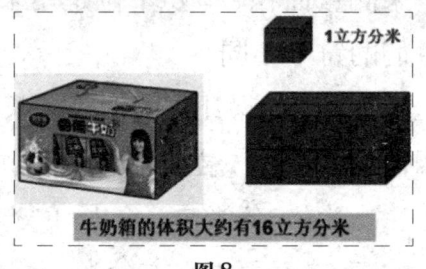

图8

【评析】 以上环节中,教师精心设计了三个连贯性的问题。第一个问题看似提出要学生用什么方法记住这些体积单位,其目的是在让学生记住这些体积单位概念的同时,在脑子里形成这些体积单位的表象。特别是教师让学生闭着眼睛去想象这些体积单位,这是很好的一种培养学生空间想象能力的做法。第二个问题引发学生区分长度单位、面积单位、体积单位,并巧妙地再次呈现出这三种计量单位,引发学生进行比较、联想,使学生进一步区分长度单位、面积单位和体积单位的不同。在解决第三个问题时,教师巧妙地利用媒体,直观地揭示了用体积单位逐一填满长方体框架的过程,从而加深了学生对体积单位的理解。

3. 结合实例,选择体积单位。

选择合适的单位填空。

①一块橡皮擦的体积约是6(　　　)。

②一本新华字典的体积约是1(　　　)。

③一个货运集装箱的体积约是70(　　　)。

④一个牙膏盒的体积约是120(　　　)。

⑤教室的长是 8（　　　），宽是 6（　　　），高是 4（　　　）。

它在地面的面积是 48（　　　）；这个教室所占的空间是 192（　　　）。

当学生针对以上实物填上合适的单位后，教师特意提出：最后一题教室地面的面积 48 平方米是怎样计算的？

生：是用"长 × 宽"得到的。

师：那教室所占的空间是 192 立方米，要测量教室的体积，是不是一定要用 1 立方米的正方体一块一块地摆满整个教室的空间才能测量呢？

生：这样一定很麻烦，也没有这么多的大正方体模型呀。

思考片刻后，有学生突然发现"192"刚好是"8×6×4"的结果。

师：你真厉害！发现了体积是可以计算出来的。那是不是所有的长方体的体积都可以用"长 × 宽 × 高"来计算呢？

学生非常好奇，教师说：的确可以这样计算，那为什么可以这样计算呢，我们下一节再继续学习好吗？

【评析】 通过联系实物选择单位，显然是对体积单位的进一步认识。尤其第⑤小题是对长度、面积、体积等单位的综合选择，教师在组织评价中有意突出了此题的填写，引发学生对不同单位的比较。在让学生探索这个教室所占的空间是如何测量出来的问题时，有学生发现这个教室所占的空间 192 立方米刚好是"长 × 宽 × 高"的结果，大大调动了学生探究的热情。教师在给予肯定回答的同时，提出：是不是所有的长方体物体都可以用"长 × 宽 × 高"来计算体积呢？学生探究的热情被点燃，为将要学习的知识埋下了伏笔。

纵观全课，教者紧紧抓住知识的联系与对比，给学生提供了丰富的实物和空间想象素材。我们看到全课有三次用到了长度、面积、体积的联想与对比，第一次联想是为了引课，而获得初步感悟；第二次联想是为了进一步激发学习兴趣，而引发学生自学和寻找体积单位的模型；第三次又让学生在对比中加深对体积单位的认识。我们还看到，在认识体积单位时，教师采用了"整合"的方式，没有对体积单位分开逐一教学，而是以问题为引领，让学生自己了解各个体积单位，寻找表示各体积单位的模型，检验所寻找的体积单位是否正确，并结合实物进行想象测量。在问题引领下，学生的认识逐步提高，对概念的理解逐步加深，空间想象能力逐步加强。

26 增设素材分析算理　加深理解提高能力
——"一个数除以分数"教学实录与评析

马凤娟（执教）　　陈庆宪（评析）

◎ **课前思考**

在计算的教学中，大家都会努力加强算理的教学。但问到为什么要加强算理时，教师都会说是为了更好地掌握计算方法。这个说法当然没错，因为掌握计算方法首先要对算理理解。问题是大部分教师没有注意到算理的掌握过程，也是学生进一步理解数量关系的过程，是进一步提高解决问题能力和逻辑推理能力的过程。所以我要说的是"理解算理不仅仅是为了掌握算法"。比如进行分数乘、除法教学时，一定要结合实际，在分析数量关系的基础上，把分数回归到分数意义中进行算法的推理。在教学"一个数除以分数"这一内容时，学生不大容易理解"除以一个数要乘这个数的倒数"的算理。因此，针对这一课，我们根据以上想法和人教版六年级上册教材的编排，对学习素材做了适当补充，在探究中给学生提出了一些新的要求。通过试教收到很好的效果，教学过程整理如下，供大家研究时参考。

◎ **实录与评析**

1. 提供联系素材，自主探究算理。

（1）回顾数量关系，自主沟通联系。

呈现以下两个问题和学习要求：

问题①：小明 2 小时行走了 6km，小明平均每小时走了多少 km？

问题②：小明 $\frac{1}{3}$ 小时行走了 1km，小明平均每小时行走了多少 km？

学习要求：

①写出这两个问题的算式。

②你是用什么数量关系写出算式的？

当学生写出算式："6÷2"和"$1÷\frac{1}{3}$"后，通过交流得出：这两个问题都用了"路程÷时间＝速度"的数量关系。

师：对于"6÷2"运用这个数量关系很好理解，而且结果等于"3km"，那对问题②为什么也可以用这一数量关系列出算式"$1÷\frac{1}{3}$"呢？

生：因为②小题的路程只有1km，时间是$\frac{1}{3}$小时，所以也可以用这个数量关系。

师：是的，数量关系在分数和整数的问题中都是一样的。我们还可以这样去理解：在求"1小时所行的路程"时，知道了$\frac{1}{3}$小时行的路程是1km，也就是1小时所行路程的$\frac{1}{3}$是1km。

教师随手板书：(1小时所行的路程)$×\frac{1}{3}=1 \rightarrow 1÷\frac{1}{3}=$1小时所行的路程。

师：那1小时到底行多少km呢？也就是"$1÷\frac{1}{3}$"的结果到底是几呢？

学生很快说出：是3km。

这时教师再出示第③条学习要求：

你能针对问题②和算式"$1÷\frac{1}{3}$"画出线段图说明计算过程和结果吗？

学生独立画图思考后，教师让两位学生把图画到黑板上。

生1：先画了一段表示1km，再把这一线段向右延长，延长出与这条线段相等的两段，在整条线段标上"？km"表示1小时行的路程（如图1）。

生2：先画一条线段表示1小时行的路程，并标上"？km"，再表示出

$\frac{1}{3}$ 小时行的 1km。(如图 2)

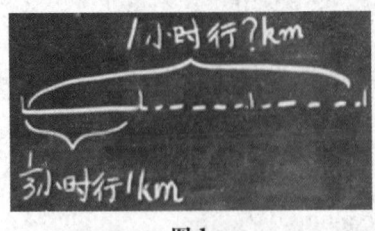
图1

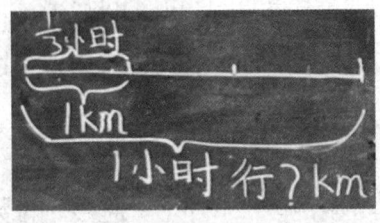
图2

教师让学生说一说画图的思考过程。根据学生的回答,并结合图对算式计算过程进行板书。黑板上呈现了两个算式的计算过程:

$$6÷2=6×\frac{1}{2}=3（km） \qquad 1÷\frac{1}{3}=1×3=3（km）$$

【评析】 以上两个问题是对学习素材的补充,原教材并没有这样的素材。这样的补充显然是将本课的学习回归到了认知的起点,学生能把整数问题中的基本数量关系迁移到分数的问题中,另外也适当降低了本课分数问题的难度。对于第②个问题,教师有意识地引导学生用分数的意义去沟通"1小时所行路程的 $\frac{1}{3}$ 是 1km",用分数的乘法意义来推出除法,并要求学生再通过画图说理,这也为下面的进一步探究打下了基础。

(2) 继续呈现问题,列式画图说理。

问题③:小明 $\frac{2}{3}$ 小时行走了 2km,小明平均每小时行走多少 km?

学习要求:
①列出问题③的算式,想一想这个算式应该怎样计算?
②画出线段图,说明算式的含义和计算过程。

学生独立思考、小组交流后,教师让一位学生把图画到黑板上(如图3)。

针对学生写出的算式和画出的图,组织交流。

师:你是根据什么写出除法算式的?

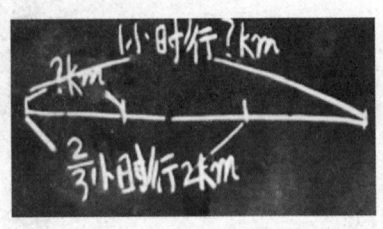
图3

生： 我根据"路程 ÷ 时间 = 速度"的数量关系写出的。

师： 你们能不能根据乘法的关系写出算式呢？

生： $\frac{2}{3}$ 小时就是 1 小时的 $\frac{2}{3}$，也就是"1 小时行的路程 × $\frac{2}{3}$ =2（km）"，可以得出：

"1 小时行的路程 =2 ÷ $\frac{2}{3}$"。（教师板书这一推理过程的式子）

师： 你还能结合自己所画的图说一说计算过程吗？

交流中突出 $\frac{2}{3}$ 小时有 2 个 $\frac{1}{3}$ 小时；2 个 $\frac{1}{3}$ 小时行走了 2km，也就是 1 个 $\frac{1}{3}$ 小时行走"2km 的 $\frac{1}{2}$"，即"2 × $\frac{1}{2}$"。而 1 小时里面有 3 个 $\frac{2}{3}$ 小时，也就是 1 小时行走的路程是"2 × $\frac{1}{2}$ × 3"。

根据学生的回答板书：$2 \div \frac{2}{3} = 2 \times \frac{1}{2} \times 3 = 2 \times \frac{3}{2} = 3$（km）。

(3) 继续呈现问题，列式看图说理。

问题④：小红 $\frac{5}{12}$ 小时行走 $\frac{5}{6}$ km，小红平均每小时行走多少 km？

学习要求：

① 根据问题④写出算式，想一想应该怎样计算？

② 图 4 是根据题意画出的，你能根据图说一说自己的计算方法吗？

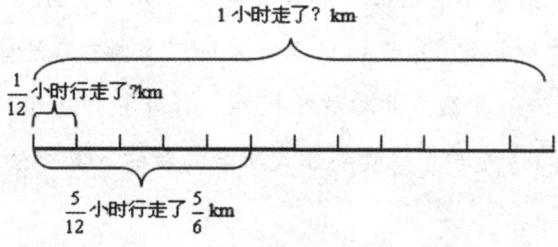

图 4

在学生独立思考、互相交流后，再组织学生汇报，并逐步板书如下计算过程：$\frac{5}{6} \div \frac{5}{12} = \frac{5}{6} \times \frac{1}{5} \times 12 = \frac{5}{6} \times \frac{12}{5} = 2$（km）

【评析】 问题③让学生独立列式、画图、说理；问题④独立列式，观察线段图，再说理。而在每个问题解答之后，教师没有刻意地去总结"一个数除以分数"的计算方法，目的是为了让学生更多地关注到算理上。

2. 整体观察算式，概括计算方法。

教师指着黑板上已形成的四个算式问：我们前一节学过"分数除以整数"，请大家仔细观察这些算式，今天我们学习的是……

生：今天我们学习了"整数除以分数"和"分数除以分数"。

师：概括起来就是"一个数除以分数"。（教师随手板书课题）

师：请大家观察这些算式的计算过程，你能发现什么？

学生在独立观察、思考后，小组交流，教师组织集体交流概括。

生：我发现一个数除以分数等于乘这个分数的倒数。

师：今天我们学习的除法是把除法转化成……

生：把除法转化成乘法。

师：在转化乘法时要注意什么呢？

生：要把除数转化成它的倒数。

这时教师让学生针对黑板上的算式，随机画出计算过程的变化（如图5），并突出转化过程的注意点。

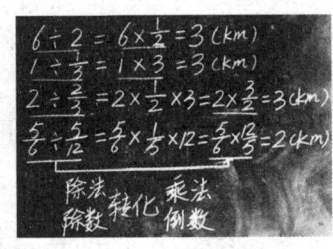

图5

【评析】 让学生整体观察四个算式去概括计算方法有两点好处，一是体现了从特殊到一般的概括过程，说明计算方法的广义性；二是体验到自己发现计算方法的成就感，进一步激发学习的积极性。另外教师在组织学生观察概括时有意识突出转化思想，使学生感受到今天所学的新的计算方法，就是把它转化成已学过的乘法计算。

3. 增设素材解读，加深算理理解。

投影逐一呈现以下素材，让学生针对图和算式自主解读意义。

素材一：如下图这块地中的阴影部分是6公顷，请你仔细观察图和每一步的思考过程，先把空格填完整，再说一说除法算式是怎样推出来的？这个除法算式表示的实际意义是什么？以及计算过程和结果的实际意义是什么？（屏幕上同时呈现以上要求和图6，并要求每位学生都在练习纸上填写下面括号内的数）

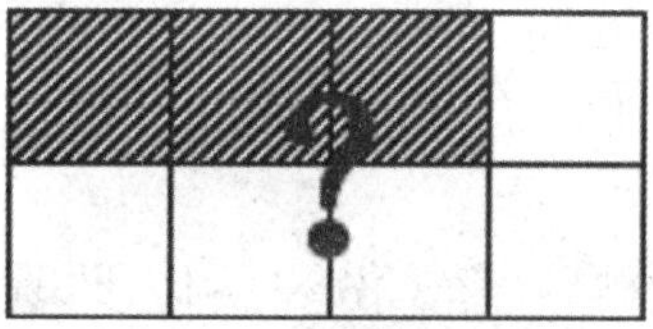

这块地面积的 $\frac{3}{8}$ 是（　　）公顷

也就是：这块地面积 × $\frac{3}{8}$ ＝（　　）（公顷）

图6

可以推出：6÷ $\frac{3}{8}$ ＝6× $\frac{1}{3}$ ×8＝6× $\frac{(\ \ )}{(\ \ )}$ ＝（　　）（公顷）

学生观察思考后，教师组织汇报。

生：第一个括号应填上6，也就是这块地面积的 $\frac{3}{8}$ 是6公顷，再根据"积除以一个因数等于另一个因数"，这个除法算式表示了这块地的面积。"6× $\frac{1}{3}$ "表示先求一小块阴影部分的面积，"6× $\frac{1}{3}$ ×8"就表示整块地的面积。从"6× $\frac{1}{3}$ ×8"到"6× $\frac{1}{3}$ "用到了乘法结合律，这样就有"6除以 $\frac{3}{8}$ ，就等于6乘 $\frac{3}{8}$ 的倒数"。

素材二：仔细观察图7，先把括号内的数填完整，再说一说除法式子是怎样推出来的？它表示的实际意义是什么？说一说每一步计算过程的实际意义。（屏幕上也同样呈现以上要求和图7，同样让学生在练习纸上填写下面括号内的数）

原来这瓶酒的 $\frac{2}{5}$ 是（　　）克；

图7

也就是：原来这瓶酒的总质量 × $\frac{2}{5}$ ＝（　　）（克）；

$300 \div \dfrac{2}{5} = 300 \times \dfrac{(\ )}{(\ )} \times (\ \ ) = 300 \times \dfrac{(\ )}{(\ )} = (\ \ \ )$（克）。

学生在独立思考、填空后，教师再组织集体交流。

重点让学生交流上面的第三步。使学生再次说出：这个除法算式是根据上一步的乘法推出的，它表示原来这瓶酒的总质量。把原来这瓶酒平均分成 5 份，其中的 2 份是 300 克，所以先算其中 1 份是"$300 \times \dfrac{1}{2}$"，再计算 5 份。所以要填"$300 \times \dfrac{1}{2} \times 5 = 300 \times \dfrac{5}{2}$"。

【评析】 这一环节我们增设了两个思考素材，其目的是让学生进一步理解除法的实际意义。学生通过对这两个实际问题的再次质疑，进而领悟到在什么情况下用到除法来解决问题，知道分数除法是从乘法的数量关系中推导而来的，这样又为今后用除法解决分数问题打下了基础。另一目的是为了加深算理的理解，学生针对不同背景解读每步计算过程的实际意义，使学生将算理再次上升为图像表征。

4. 精选练习素材，巩固计算方法。

（1）通过填空、观察，完善计算方法。

填一填，填上适当的运算符号和数。

$42 \div \dfrac{7}{9} = 42 \bigcirc \dfrac{(\ )}{(\ )} = (\ \ \ )$ $\dfrac{5}{12} \div \dfrac{4}{9} = \dfrac{(\ )}{(\ )} \bigcirc \dfrac{(\ )}{(\ )} = (\ \ \ )$

$\dfrac{6}{7} \div 12 = \dfrac{6}{7} \bigcirc \dfrac{(\ )}{(\ )} = (\ \ \ )$ $\dfrac{n}{m} \div a = \dfrac{(\ )}{(\ )} \bigcirc \dfrac{(\ )}{(\ )}\ (a \neq 0)$

学生独立填空后，再组织反馈交流。

师：今天我们学习一个数除以分数，上一节课我们学习的是一个数除以整数。通过以上填空和黑板上这些算式，我们是否可以概括出除以一个数等于什么？

生：等于乘这个数的倒数。

师：那从最后一题又要提醒我们注意什么？

生：要注意除以一个不等于 0 的数。

师：我们刚才概括的除法计算方法，怎样说更完善呢？（学生交流）

教师板书：除以一个不等于 0 的数,等于乘这个数的倒数。

（2）独立算一算课本第 32 页第 2 题：

$$\frac{6}{7} \div 4 \qquad \frac{6}{13} \div 4 \qquad 15 \div \frac{10}{13} \qquad \frac{3}{10} \div \frac{14}{15}$$

学生计算后及时反馈订正。（过程略）

【评析】 当学生概括出了一个数除以分数的计算方法后,如果按此方法进行计算还是比较容易的,因为除了把除法转化为乘法,其他都是原有的技能,所以在本课我们对于纯计算的练习没有进行过多安排,只给学生精选了以上四个算式的填空和课本中的四个算式。设计这组填空题的目的是让学生进一步概括计算方法,尤其让学生通过对最后一题字母的填空,注意到除数仍然不能是"0",使计算方法的表述得到完善。

5. 适当拓展素材,激发学习兴趣。

紧接着屏幕上呈现以下一组算式,提出：有人通过下面方法也推出了一个数除以分数的计算方法,你能看懂他用了什么规律把除以一个数转化成乘这个数的倒数的？

$$2 \div \frac{2}{3} = (2 \times \frac{3}{2}) \div (\frac{2}{3} \times \frac{3}{2}) = 2 \times \frac{3}{2}$$

$$\frac{5}{6} \div \frac{5}{12} = (\frac{5}{6} \times \frac{12}{5}) \div (\frac{5}{12} \times \frac{12}{5}) = \frac{5}{6} \times \frac{12}{5}$$

生：利用了商的不变规律。也就是被除数和除数乘同一个数,它的商是不变的。

师：乘同一个数,这个数是从哪里找来的？

生：这个数是原来除数的倒数。

师：为什么？

生：同乘除数的倒数就可以把除数转化成"1"了。

师：同学们真棒！又看出了把除法转化成乘法的另一种推理方法。今天我们主要学习了通过数量关系和画图分析来探究出"一个数除以分数等于乘这个分数的倒数"。实际上除了这两种方法,还有其他的推理

方法,有兴趣的同学可以在课后继续探究。(此刻学生感受到数学如此奥妙,兴趣得到再次激发)

【评析】 以上这两个除法算式,就是第一环节中教材例题上的两个除法式子。教师在屏幕上直接呈现推理过程,让学生自己观察、解读,使学生认识到这又是一种把除法转化为乘法的推理方法,而这种推理方法关键点是把除数转化为"1"。接着教师引导学生回顾本课所采用的推理方法是通过数量关系的分析,以及结合分数的意义把除法转化为乘法的。当然这一环节的拓展性素材要根据教学实际情况灵活处理,由于本课马老师的教学时间比较充裕,所以提供这样的素材,起到拓展推理视角的作用,进一步激发了学生的学习兴趣。

纵观全课,与平常教学最大的不同点有二:

①**回归简单问题,梳理数量关系**。为了更好地发挥数量关系的迁移,在原教材探究"小明 $\frac{2}{3}$ 小时行 2km;小红 $\frac{12}{5}$ 小时行 $\frac{5}{6}$ km,谁走得快些?"得出两个除法算式的基础上,给学生增设了一道整数问题和一道简单的分数问题。这样就有四道同类问题,学生从中领悟到,虽然路程与时间在变化,但求速度的数量关系是不变的,并训练了学生简单的画图分析能力。

②**增设实例分析,凸显算理解读**。本课教学的立足点不在于计算技能的熟练程度,而是要学生去深刻理解算理。因此,在以上教学中,增设了对两个实际问题的分析过程。实际上对这两个实际问题的解答,已涉及接下来要学习的如何用方程解答问题。在本课我们将此类问题以图示和填空的形式出现,过程也呈现得相对细一些,主要是让学生读懂为什么用除法解决这些问题,读懂除法转化为乘法的实际意义。作为"一个数除以分数"的第一课时,在这方面多花点时间解读,我们觉得非常必要。

27 利用积累自主概括　巧设实例加深理解
——"百分数的认识"教学实录与评析

娄玲娇（执教）　　陈庆宪（评析）

◎ **课前思考**

"百分数"在日常生活中应用广泛，我们的学生在没学习百分数之前，会或多或少地感受到百分数大概的意思。从教材的编排顺序来看，百分数安排在分数的乘、除法之后，学生在学习分数的过程中，也会对百分数有一定的感知。我们曾经做过一次课前的调查，让一个班的学生直接针对"80%"用画图的方法来表示出它的意思，就有96%的学生能画出部分是整体的80%的图示。这说明学生在学习百分数之前对"百分号"的意思是有所了解的，基本上能运用分数的意义来解读百分数的意义。由此，我们想到，该如何利用学生原有的认知来进行教学，是教学百分数最应关注的问题。

此外，百分数与分数之间的联系是本课教学上的一个难点。我们该选择怎样的素材让学生领悟到百分数（百分率）是分数的一种情况，分数有时还可以表示具体的量。在教学中也要思考，如何使学生进一步感受到百分数的应用价值。

带着这些问题，我们对人教版义务教育教材六年级上册的"百分数的认识"一课，做了一次教学改进尝试，现整理如下，供大家教学时参考。

◎ **实录与评析**

1. 根植已有经验，概括百分数的意义。

为了更好地了解学生对百分数已有的经验，我们在上这一课的前一天给每位学生提供了下面的预习单。

预习单：

1. 自学书第82—83页。
2. 找一个生活中的百分数，把这个百分数具体表示的意思写下来。
   我找到的百分数是(　　　　　　　　　　　　　)。
   它表示的意思是(　　　　　)是(　　　　　)的(　　　)。
3. 把你找到的这个百分数用画图的形式表示出来。

教学开始，教师组织学生针对预习单的记录进行交流。

师：今天我们大家一起来学习百分数，昨天我给大家布置了一项任务，要求大家在生活中寻找一个百分数，并说出它的意义。你们都完成得很好，现在先请大家分组交流一下。

教师巡视，从学生的材料中选出了七八张，并逐张展示在大屏幕上，指导学生读、写这些百分数（包括百分号"%"的介绍和书写）。最后，教师在七八张材料中选出以下四张（如下图）同时展示在屏幕上，并提出：我们一起来观察这四位同学找出的百分数，再结合自己找出的百分数，想一想这些百分数共同的意思是什么？独立想好后，再在小组内说一说。

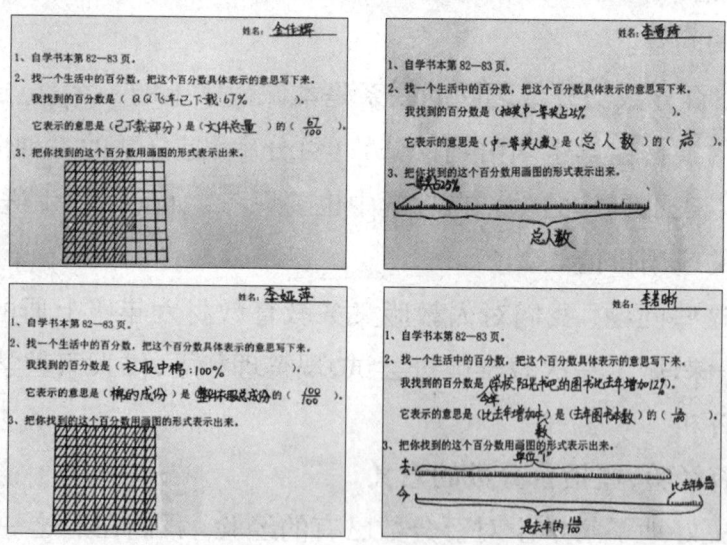

学生独立思考和交流之后，教师组织集体质疑。

生1：都是把单位"1"的量平均分成100份，表示其中的几份，就得到了百分数。

生2：这些百分数共同的意思，是谁是谁的百分之几。

师：再进一步概括也可以说一个数是……

生：一个数是另一个数的百分之几。

师：是的，百分数共同的意思就是这个（教师随手板书百分数的意义），那这些百分数是用什么计算方法得到的呢？

生：用除法计算得到的。

师：如第一张的"67%"是怎样计算出来的？

生：已下载部分 ÷ 文件总量 = $\frac{67}{100}$ =67%。（教师随手板书此式）

师：另外几张还能说吗？

生：中一等奖的人数 ÷ 总人数 = $\frac{25}{100}$ =25%；

棉的成分 ÷ 衣服的总成分 = $\frac{100}{100}$ =100%；

比去年增加的本数 ÷ 去年的本数 = $\frac{12}{100}$ =12%。

师：通过这些例子，大家一定明白了百分数的意义，所以百分数又叫百分率或百分比。（教师板书："百分率"或"百分比"）

【评析】 教师课前给学生提供的预习单，内容比较具体。要求学生先自学，通过自学再结合日常的积累，对找出的百分数做出自己的解读。这样教师不仅能在学生的预习单上了解到学生对百分数原有的认知情况，同时还为本课教学提供了很好的学习资源。在以上教学中，教师精心选择了学生寻找到的不同百分数，有部分是与总数有关系的，也有是两量关系的，让学生能从多个数量关系中去认识百分数。在以上认知过程中，教师特意提出这些百分数是用什么方法计算出来的，使求百分数与求一个数是另一个的几分之几，在计算方法上进行联系。总之，以上的教学过程是利用学生原有的认知资源，引导学生自主概括的过程，也是从具体到抽象，建立百分数计算模型的过程。

2. 结合实例分析,加深对百分数的理解。

（1）观察图形联想百分数和实际例子。

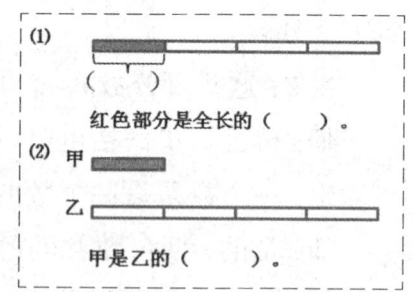

师：课前同学们用图表示百分数时,大部分同学都把它平均分成了100份,从而表示出了百分之几。你们能观察右图,说出百分数吗?

先出示右图中的第一个图。

生：红色部分是全长的25%。

师：这里平均分成四份,表示其中的一份,为什么还能说25%呢?

生：$\frac{1}{4}=\frac{25}{100}=25\%$。（教师随手写出这个式子）

接着屏幕上又出示右图中的第二个图,又让学生互相说一说。

生：甲是乙的25%。

师：你还能根据以上各图,分别举出生活中百分数的例子吗?

生1：第一个图可以想到一段路,红色部分可以看成已行的路程,这样已行的路程是全程的25%。

生2：第二个图把甲看成男同学人数,把乙看成女同学人数,这样男同学人数是女同学的25%。

……

【评析】 这一环节通过线段图,直观地向学生展示了百分数两种情况的应用。一种是部分数与总数的关系,另一种是甲、乙两量的关系。同时要求学生根据这两种关系联系生活举例,使学生对这两种关系呈现的百分数有了进一步的理解。而且将线段图特意平均分成4份,使学生将"$\frac{1}{4}$"与"25%"做了及时的联系。

（2）针对生活实例,质疑哪些分数能改写成百分数。

师：刚才第一个图是"部分是总数的25%";第二个图是"甲是乙的25%"。在生活中大家可以找到许多数量关系为25%的两个量,那下面我给大家找到的五条信息中哪些$\frac{25}{100}$可以改写成25%？

信息1：开学初,希望小学六(1)班第一次体质健康测试的优秀率是$\frac{25}{100}$。

信息2：学校合唱团中,男生人数是女生的$\frac{25}{100}$。

信息3：2017年国庆期间,临海古长城游客总人数比去年同期增长了$\frac{25}{100}$。

信息4：一根绳子剪去$\frac{25}{100}$。

信息5：一根绳子剪去$\frac{25}{100}$米。

先让学生独立思考改写,再组织集体交流。

当学生说出信息1中的$\frac{25}{100}$能改写成25%时,教师提出：信息1中谁是谁的25%？

生：优秀的人数是全班人数的25%。

当学生说出信息3的$\frac{25}{100}$能改写成25%时,教师又提出：这里谁又是谁的25%？

生：今年增加的人数是去年同期人数的25%。

当学生说出信息4的$\frac{25}{100}$能改写成25%时,教师同样提出：这里谁又是谁的25%？

生：这是剪去部分是原来这根绳子的25%。

当学生在回答信息5时,学生有不同的意见,一部分学生认为能改写成25%,另一部分学生认为不能改写。

当学生产生争执之时,教师提出：咱们不急,先根据信息4和信息5分别来画一画图,就会知道"$\frac{25}{100}$米"能不能改写成百分数。

给每位学生提供了下页的图示，图中每题都已画好了三条不同长度的线段：

第 1 题要求学生在三条线段中分别画出它的 $\frac{25}{100}$。

第 2 题要求学生分别在表示 1 米、2 米、3 米长的绳子中画出 $\frac{25}{100}$ 米。

当学生独立完成之后，教师利用投影逐一展示如下图，再引导学生进行比较。

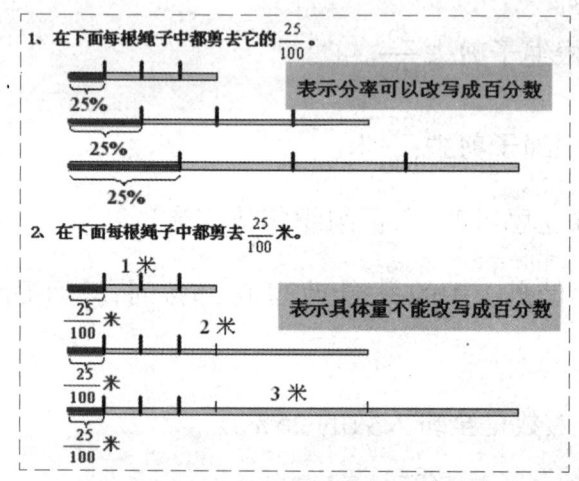

通过对信息 4 与信息 5 的图示比较，引导学生概括出以下结论：

剪去这根绳子的 $\frac{25}{100}$，随着绳子长度的变化，剪去部分的长度也随之变化，剪去部分是全长的 $\frac{25}{100}$，所以这个 $\frac{25}{100}$ 可以改写成 25%。而剪去 $\frac{25}{100}$ 米，它与这根绳子的长度无关，$\frac{25}{100}$ 米是一个不变的长度，也就是一个具体的量，所以不能改写成百分数。

在以上质疑过程中，教师逐步板书出分数与百分数的联系与区别：

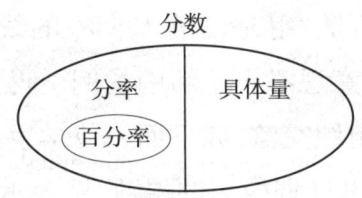

【评析】 我们对以上的五条信息做了精心设计,每条信息都围绕着"$\frac{25}{100}$"来思考能否改写成25%,通过这样的思考,学生对百分数的意义有了进一步理解,尤其让学生针对最后两条信息进行画图比较,使学生直观地理解"剪去一根绳子的$\frac{25}{100}$"与"剪去$\frac{25}{100}$米"的区别,前者为什么可以改写百分数,而后者为什么不能改写。

(3)再次观察线段图说百分数,联系实例选百分数。

师: 刚才我们从一条线段图中说到了红色部分占全部的百分之几,现在改变红色部分的长度,你们还能说出红色部分是整体的百分之几吗?

如下左图在投影上逐步延长红色部分,学生随着演示分别回答出25%、50%、75%,一直到100%。

师: 现在我把另一幅甲、乙两条线段图中表示甲的线段也进行延长,你们还能说,甲是乙的百分之几吗?

如下右图在投影上逐步延长甲线段的长度,学生随着演示分别回答出:甲是乙的50%,甲是乙的75%,甲是乙的100%,甲是乙的125%。

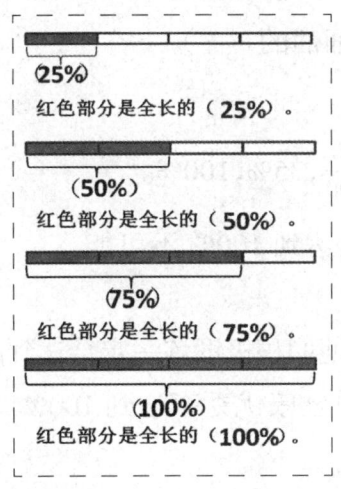

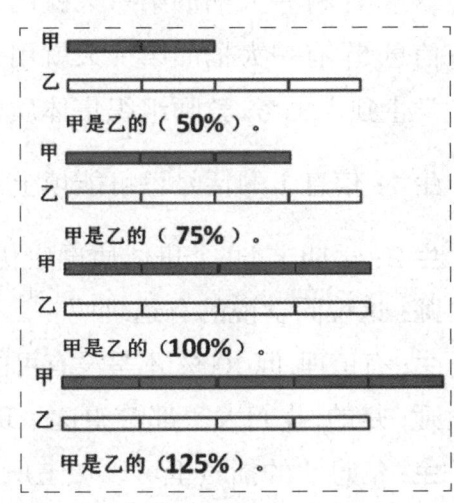

这时屏幕上呈现的是"甲是乙的125%"的线段图,并向学生提出:你们还能根据这个图的意思举出生活中的例子吗?

学生独立思考后,组织交流,如下面一位学生说:

生:如果乙表示原来计划植树的棵数,甲表示实际植树的棵数,这样就可以说实际植树的棵数是原计划的125%。

师:如果原计划植树刚好100棵,实际植树多少棵?

生:应该是125棵。

师:如果原计划植树是200棵,实际植树多少棵?

生:应该是250棵。

师:看来同学们知道超过100%的百分数的意义了,是不是真的理解了呢?下面再给同学们五条信息,检测一下。(投影呈现以下题目)

在下面的五条信息的括号里,可以分别填入给定的哪些数?

65% $\frac{70}{100}$ 35%   100%   120%

信息1:学期末,希望小学六(1)班体质健康测试的优秀率达到了(　　)。

信息2:学校合唱团中,男生人数是女生的(　　)。

信息3:2017国庆期间,临海古长城游客总人数比去年同期增长了25%,那你估计2018年国庆期间游客总人数是今年同期的(　　)。

信息4:有一大桶油第一天就用去了(　　)吨。

信息5:有一大桶油第一天就用去了这桶油的(　　)。

学生独立思考,教师组织集体质疑反馈:

生1:信息1的括号里可能填上65%,$\frac{70}{100}$,35%,100%。

生2:学期末,这个班体质健康优秀人数达到100%不可能。

师:这位同学说的有道理吗?

生:有道理,但100%不是没有可能,只要他们积极锻炼一定会达到的。

师:是的,我们大家都希望这个班的体质健康优秀率达到100%。

生:信息2的括号里可以填上所有的数。

师：如果填 120%，说明合唱队男生人数比女生……

生：说明男生人数比女生多。

对于信息 3，学生说这些数都可以填入，同样也引导学生去质疑它们的可能性。对于信息 4 只能填 "$\frac{70}{100}$"。对于信息 5 除了 120% 之外，其他四个数都可以填入。

【评析】 本环节先让学生在动态的变化中观察线段图，从而进一步感知部分与总数关系的百分数，以及甲、乙两量关系的百分数，并自然地引导学生认识 100% 与 125% 的百分数。通过直观图的演示，进一步加深学生对百分数的理解。在接下来的实际例子中，通过对选择合适的数的质疑思考，更进一步了解了百分数在生活中的作用和意义。

3. 结合实例分析，感受百分数的价值。

师：通过以上分析我们知道了百分数（百分率）就是分率的一种，所以百分数问题实际上就是分数问题，那有了分数为什么在日常生活中还要广泛运用百分数呢？

生：用百分数能很快地比较出多少。

师：是的，百分数确实能帮助我们对数量进行更好的比较。下面我们再通过生活中一些例子来感受一下百分数的作用。

（1）比较下面两种说法，你觉得用百分数来统计有什么好处？

①据统计一家企业今年第一季度完成全年计划产值的 $\frac{9}{50}$，第二季度完成全年计划产值的 $\frac{3}{8}$，第三季度完成全年计划产值的 $\frac{6}{25}$，问哪一季度完成的产值最多？

②据统计一家企业今年第一季度完成全年计划产值的 18%，第二季度完成全年计划产值的 37.5%，第三季度完成全年计划产值的 24%，问哪一季度完成的产值最多？

生：用百分数来统计能更快地看出第二季度的产值最多。

(2)在日常生活中百分数随处可见：

①李阿姨要想买件羊绒衫，除了颜色，你能帮李阿姨挑哪一种的羊绒衫呢？

②王叔叔喜欢喝白酒，有三种白酒，你想建议王叔叔去喝哪种白酒呢？

生1：建议李阿姨去买C品牌的羊毛衫，因为这个品牌含羊毛成分高。

生2：建议王叔叔去喝酒精度36%的酒，这样不伤身体。

生3：听我爸爸说这种酒的酒精度越高越好喝，还是建议王叔叔去喝酒精度是56%的吧。

……

A品牌面料成分：
羊毛 62.6%
聚酯纤维 37.4%

B品牌面料成分：
羊毛 45%
其他纤维 55%

C品牌面料成分：
羊毛 85%
聚酯纤维 10%
其他纤维 5%

酒精度36%　　酒精度41%　　酒精度56%

4. 课堂小结。

师：好的，对于王叔叔喝什么酒不重要，每个人都有自己的喜好，让他自己去选吧。重要的是我们今天进一步学习了百分数，你还知道关于百分数的哪些知识呢？

生1：我知道了百分数是表示一个数是另一个数的百分之几。百分数又叫百分率或百分比。

生2：我知道了百分数与分数之间的联系与区别。

生3：生活中运用百分数便于我们比较。

师：是的，通过今天的学习，同学们对百分数更加理解了。

【教后思考】 本课教学主要凸显了以下两个特点。

1. 充分利用学生原有的资源，引发学生自主概括。 本课，没有像一些老师那样，总是要创设问题情景。比如，有些老师创设了三位篮球明星的投篮比赛，当考虑到投中的个数不能确定投篮水平时，还要结合各人投了几次。当考虑到每人投中的个数占投的次数的几分之几时，还要把这些分数化成分母是100的分数，再以此来说明分母是100的分数叫百分数。我们认为这样的教学虽然是从解决问题中学习新知，但全然不顾学生已积累的经验。而且这些数据如果凑得不好，还要将分数化为同分母分数，或化成小数。本课教学充分利用了学生课前所搜集的素材，并让学生通过对多个素材的观察，自主概括百分数的意义。

2. 精心设计简约而大气的素材，结合实例加深理解。 学生初步概括出百分数后，教师让学生观察两种线段图说出"25%"，同时要求学生针对线段图编出含有25%的实际例子，接着又让学生结合教师提供的五条信息中含有的分数，引发思考是否可以改写成25%。由于教师选的都是$\frac{25}{100}$，当教师要求学生针对最后两条信息进行画图比较时，学生能很快把$\frac{25}{100}$与$\frac{1}{4}$联系起来，画出图。接着教师利用同样的两种线段图，从25%开始延长线段，让学生观察并说出其他百分数。我们把"25%"巧妙地贯穿在几个环节之中，而且把前后两次提供给学生的五条信息，特意设计成有三条背景是相同的，这样，本课的学习素材就相对集中，避免了杂和多。最后引用的三个实例，既简洁明快，又能较好地引发学生表达自己的想法，让学生再次感受了百分数的应用价值。

28 自学落到实处　应用体验价值
——"比的认识"教学实录与评析

冯静颖（执教）　陈庆宪（评析）

◎ **课前思考**

　　教材在编排"比"的知识时，通常都会采用从生活问题引入。如人教版义务教育教材中以"神舟"五号为背景，呈现了杨利伟手上拿着的两面旗，引导学生用除法表示出它们的长和宽的倍数关系，然后指出这两个数相除也可以说成是两个数的比。在平时教学中，教师也基本采用生活中常见的图片引入，如有些教师喜欢把自己的照片放大或缩小，且让长边与宽边缩放比例不一样，让学生发现问题，再去测量原图与变图的长边与宽边的长度，并列式验证。教师再提出：像这样用除法比较两个数量之间倍数关系的，就是今天我们要学的比，也就是"两个数的比表示两个数相除"。教师如此讲解有些无力，也有点别扭。学生正处在用除法解决问题之中，教师却突如其来地告诉他们，两数相除也可以说成两个数的比，接着还要学生去认识比的各部分名称及它们与除法的联系。

　　我们知道比的概念是一种描述性的定义，它就是两个数相除的另一种表达形式，认识比的过程无需更多探究。引发学生在探究问题过程中去学习比，并不能体现学习比的需求和学习比的价值。引导学生在解决问题中学习比，也无非是让学生再次用除法去解决问题。因此，像这样的概念教学，我们觉得可以直接让学生去阅读文本，通过自学清楚地知道两个数的比就是两个数相除。当学生认识了什么是比之后，再引导学生运用比的知识解读生活实例，使他们体验到学习比的价值。

　　出于以上思考，我们对人教版六年级上册"比的认识"一课做了以下改进,现整理如下,供大家教学时参考。

◎ **实录与评析**

1. 交流谈话,引入"比"。

教师板书"比",并向学生提出:看到"比"你想到了什么?

生:我想到了比大小;想到了比多少;想到了比一个数是另一个数的几倍……

师:大多数同学说的比,都是指两个数的差,用的方法是减法。也有同学说到比是两个数的倍数关系,用的方法是除法。我们今天学习的比就和除法有关。那到底与除法有怎样的关系呢?我相信同学们通过自学,就会知道什么叫比?

【评析】 教师与学生进行了简短的对话后,学生初步知道了今天要学习的比不是比大小,它与除法有关,那到底有怎样的联系呢?引发了学生对比的学习需求,激发了自学的欲望。

2. 自主学习,认识"比"。

(1)投影呈现自学要求:

自学课本第48—49页,什么叫比?比与谁有关系?把你认为重要的在书上画出来。

(学生静静地看书自学约 3 ~ 4 分钟,教师巡视了解学生自学情况)

(2)提出自学后的自主检测要求:

师:通过刚才的自学,想必同学们一定知道了什么叫比,以及与比有关的知识,请大家拿出学习单(课前预先提供学习单),完成学习单的第1组题,检测自己的学习效果。

①通过看书,请你把两个数的比表示什么意思写在下面的横线上。

_____

②根据你的自学,你能把下面的两个数量关系写成两个数的比吗?

学校操场上的国旗长 300 厘米、宽 200 厘米,长与宽的比是____,比值是(   );

宽与长的比是____,比值是(　　)。

冯老师在文具商店买了15本笔记本,共付了210元。总价与数量的比是____,

比值是(　　)。

③独立填写好后,小组内交流。

(3)组织集体交流。

教师在巡视中选择了几份学生的学习单,呈现在大屏幕上。让学生观察这几位同学的学习单,进一步认识"两个数的比表示两个数相除",并进一步检查所写的比和比值是否正确。

接着教师把学生所写的比和比值抄到黑板上,并向学生提出:这个比号怎样写呢?(指导学生规范写比号)

师:比号前面的数叫什么?比号后面的数又叫什么?

生:比号前面的数叫前项,比号后面的数叫后项。

(教师在黑板相应位置上标出比的各部分名称)

师:各个比的比值是怎样得到的?

生:是前项除以后项得到的。

教师根据学生的回答,在每一个比与比值之间填上相应的除法算式。

师:写两个数的比时除了用比号":"之外,还可以写成怎样的形式?

生:还可以写成分数的形式。

教师根据学生的回答,在黑板上逐步完善板书(如右图)。

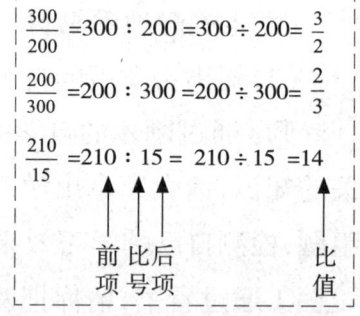

(4)引发填表,梳理联系与区别。

师:通过同学们的自学和交流,知道了比与除法的联系,下面请大家继续观察黑板上的式子,想一想:比、除法、分数这三者之间有什么联系?想好后填入下表:(表格就是学习单上的第2题)

	前项	比号	后项	比值
比				
除法				
分数				

大部分学生填好之后,要求分组交流,再集体反馈评讲,根据学生交流,投影呈现以下表格。

	联		系		区别
比	前项	:比号	后项	比值	一种关系
除法	被除数	÷除号	除数	商	一种运算
分数	分子	—分数线	分母	分数值	一种数

【评析】教师给学生提供的学习单,起到了对学生自学效果检测的作用,使自学能真正落到实处。在自学后的评讲中教师抓住关键性问题"比值是怎样得到的?"让学生围绕这一问题强化"比"与"除法"的联系,并动态地带出比的各部分名称和比的分数表示形式。接着要求学生根据黑板上的板书,思考比和除法、分数这三者的联系与区别,通过独立的思考、填表、比较和互相交流,使学生对所学到的比有更清晰的认识。

(5)尝试练习:求比值。

求下面各比的比值。(让学生继续完成学习单上的第3题)

$48:40=$ $2.8:\frac{7}{4}=$ $\frac{27}{15}=$ $\frac{3}{7}:\frac{9}{14}=$ $0:3=$

学生独立计算比值后,教师组织反馈评讲,当学生说到最后一题的比值是"0"时,教师随机提出:你能求出"3:0"的比值吗?

生1:应该也是"0"吧。

师:是吗?(课堂上安静了片刻后,学生纷纷举手)

生2:这个比的比值不能是0。

师:为什么?

生2:比是表示两个数相除,因为除数不能是0,同样比的后项也不能是0。

师： 如果除数是"0"这个算式就怎样？

生： 就没有意义了。

师： 是呀！同样,比的后项如果是"0"……

生： 同样没有意义。

(教师同时板书：比的后项不能是0)

师： 但在生活中确实也有这样的比。

这时投影呈现了一幅乒乓球比赛的画面,中国队与日本队的比分是"3∶0"。

接着教师提出：为什么这里比的后项可以是0呢？

学生小组讨论。学生明白了这样的比只是一种固定写法,与数学中的比不是一回事,并不表示除的关系。

【评析】 这一环节,让学生及时运用比与除法的联系来计算比值,是对比与除法联系的进一步认识。而且教师提供给学生的各个比,在数值和形式上各有代表性,除了前后项是整数比外,还有小数、分数的比,甚至是分数形式的比,这样能更好地训练学生求比值的技能。另外,教师通过一个前项是0的比,带出比的后项能不能是0的质疑,使学生再次联系除法,得出比的后项不能是0。教师又呈现比赛场景,让学生运用生活积累的经验进行交流,在这样自然动态的思考中,让学生认识到今天学习的比与生活特定情况下的比是不一样的。

3. 借助实例,感受比的价值。

教师在大屏幕上呈现出：今天我们学习的比,到底有什么作用呢？

在学生感到疑惑时,屏幕上分别呈现以下实例。

(1) 用"比"来思考糖水的甜度。

如右图先出示两杯糖水,分别标出了糖与水的质量的比。并向学生提出：你们看到这两杯糖水有什么话想说吗？

糖∶水 =1∶20　　糖∶水 =1∶25

生1： 第一杯糖和水的比是1∶20,第二杯糖和水的比是1∶25。

生2：我觉得第一杯糖水要比第二杯甜一些。

师：大家都来想一想，为什么第一杯糖水甜一些呢？

（学生再次交流）

生：因为第一杯糖水中的糖是1份，水只有20份，而第二杯糖水中的糖也是1份，水有25份，所以第一杯的糖水要比第二杯的糖水甜一些。

师：你是从哪里看出来的？

生：我是从糖与水的比看出来的。

接着教师在屏幕上又呈现第三杯糖水。（如下图）

师：看到这杯糖水的糖与水的质量，你有什么想说的话吗？（学生交流）

生：我觉得这杯糖水与第二杯糖水是一样甜的。

糖4千克
水100千克

师：这又是为什么呢？

生1：这里糖4克，水有100克，也就相当于糖1克，水是25克。

生2：第三杯的糖与水的比是4∶100，它的比值是$\frac{1}{25}$；而第二杯糖与水的比值也是$\frac{1}{25}$，所以第三杯的糖水与第二杯的糖水是一样甜的。

师：你们太聪明了，知道求出比值来比较，还用到了比的化简，我们下一节课将会学到怎样化简比。

（2）用"比"来思考地图。

师：你们真棒！刚才大家看到糖水中糖与水的比，就能分析出哪杯糖水甜一些，下面请大家再看两张地图（投影呈现两张地图，第一张图是比例为1∶8000万的中国地图，第二张图是比例为1∶400万的北京市地图）。地图中也有比，它叫比例尺，这个比的前项表示图上的距离，后项表示实际距离。你看到这两张图的比例尺，有什么想说的话吗？

生：第一张图的比是1∶8000万，我想如果图上距离是1米的话，而实际就是8000万米;第二张图的比是1∶400万。表示图上是1米,实际就是400万米。

师:你真棒!知道用举例的方法来说明,那如果图上表示1厘米呢?

生:第一张图就表示实际距离是8000万厘米,第二张图表示的实际距离是400万厘米。

师:现在你看这两张地图一样大,第一张图表示的是全国的地图,而第二张图表示的是北京市的地图,这是谁起到作用了呢?

生:是"比"起到了作用。

4. 用"比"来思考照片的放大与缩小。

师:刚才大家又在地图上看到了比的作用,在生活中运用比的知识很多,下面请大家观察一组老师的照片。

投影呈现出五张冯老师自己的照片(如下图)。学生马上说③⑤两张照片不像冯老师。

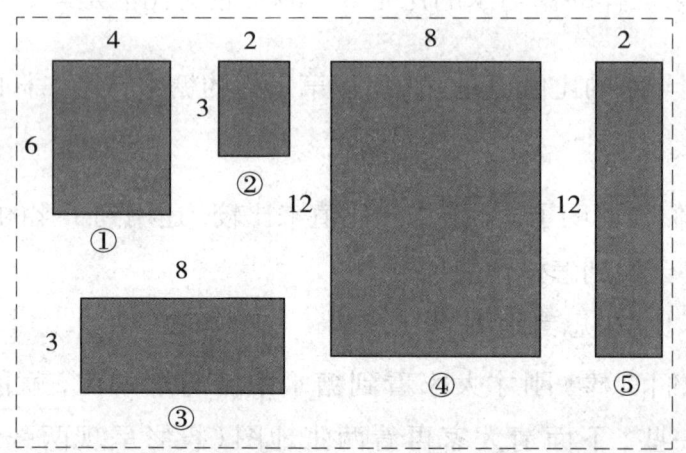

师:为什么不像呢?

生:因为③张太扁了,⑤张又太长。

接着,教师在屏幕上打出每张照片的长与宽的具体数值。

师:你能用今天学习的比的知识来说明为什么有的照片像,有的照片不像吗?

学生用求出的比值来说明①②④这三张照片像的原因。

教师根据学生回答写出板书:

① $6:4=\dfrac{3}{2}$　　　③ $3:8=\dfrac{3}{8}$

② $3:2=\dfrac{3}{2}$　　　⑤ $12:2=6$

④ $12:8=\dfrac{3}{2}$

【评析】"比"表示两个数相除,它在形式上比除法更能直观地看出两个数量的倍数关系。为了使学生感受到比在应用中的直观性,冯老师巧妙地选用了三个生活实例,通过糖水的例子使学生很快感受到只要看到比,就会马上知道哪杯糖水含糖量高(甜一些),哪两杯含糖量是一样的。通过对地图的观察,感受到比在地图上的作用,该部分还渗透了比例尺的知识。通过对照片的观察,再一次激发学生对比的学习兴趣,让学生及时运用比的知识写出对应边的比,并通过计算比值来说明哪几张照片像的原因。

纵观全课,教师先让学生自学"比",接着学生对教师提供的一组检测题进行了自主检测。通过对检测题的反馈评讲,学生很快认识到什么叫比。在学生初步认识比的基础上,再让他们通过对板书的观察,去思考比、除法、分数这三者之间的联系与区别。在认识比的过程中,教师采用的方法非常纯朴、实在,充分体现了"先学后教、以学定教"的教学思想。最后,让学生通过对实例的对比分析和问题的解决,使学生不仅较好地感受到比的应用价值,同时加深了对比的认识。

29 强化迁移说理 提升应用价值

——"比的基本性质"教学实录与思考

陈庆宪

◎ **课前思考**

人教版义务教育教材在六年级上册单独编排了"比"的单元,它被编排在"分数除法"之后。而原来的实验教材是把"比"的知识编排在"分数除法"的单元之中。这两种编排都说明"比"和"分数除法"紧密联系着。"比的基本性质"一课是"比"这部分知识中的主要内容,教学目标主要有以下三条:

①让学生在经历联系的过程中理解比的基本性质;

②能运用性质把不是最简单的整数比进行化简;

④让学生在化简比和解决简单实际问题中初步感受学习"比的基本性质"的作用。

对于第①条目标,教师在教学时需要强化它与商不变的性质和分数基本性质的联系,引导学生去经历联系说理的过程。对于第②条目标,涉及计算的技能,在教学时怎样让学生根据不同情形的"比"去灵活掌握化简的方法。对于第③条目标,教学的关键是选择怎样的问题素材,使学生在计算和解决问题的过程中,既能加深对比的基本性质的理解,又能获得学习这一性质后的价值体验。带着这三个问题,我对此课做了一些改进与尝试,现整理如下,供大家参考。

◎ **实录与评析**

1. 类推迁移,探究说理。

(1)引发联系。

教师先板书：6∶8，6÷8，$\dfrac{6}{8}$，并提出：上节课我们已认识了"比"，那看到这里的比、除法、分数你们有什么话想说的吗？

生：它们是相等的。（教师把以上式子和数用等号连接）

师：为什么相等呢？

（使学生回忆"比的意义"）

在引发学生互动交流后，让每位学生填好右表：

（2）引发联想。

师：请同学们先来填一填下面两组式子，你能回想起什么规律吗？

名称	联系			
除法				
分数				
比	前项	比号∶	后项	比值

式组①：6÷8=（6×2）÷（8× ）=（6×a）÷（8× ）；

6÷8=（6÷ ）÷（8÷2）=（6÷ ）÷（8÷a）。

式组②：$\dfrac{6}{8}=\dfrac{6×( )}{8×3}=\dfrac{6×( )}{8×a}$；$\dfrac{6}{8}=\dfrac{6÷2}{8÷( )}=\dfrac{6÷a}{8÷( )}$

（以上两个式组中的 a 均不等于0）

学生很快填好以上两组式子，再次组织互动质疑，集中交流。学生通过式组①的填空回忆了商不变的性质；通过式组②的填空回忆了分数的基本性质。教师再根据学生的回答，利用投影在以上表格中接着呈现这两条性质（如下表）：

名称	联系				基本性质
除法	被除数	除号÷	除数	商	被除数和除数同时乘或除以相同的数（0除外），商不变。
分数	分子	分数线—	分母	分数值	分子和分母同时乘或除以相同的数（0除外），分数值不变。
比	前项	比号∶	后项	比值	

师：请同学们观察表格想一想，比的基本性质应该是怎样的？

这时学生发挥迁移的作用，很快说出了比的基本性质。（根据学生的回答，在表格中呈现出比的基本性质）

【思考】 类推迁移是学习的重要方法之一，对于这一方法的应用，我们不能只停留在空对空的提问，最好的方法是借助于具体的素材来帮助学生思考。如在教学开始时，教师让学生针对具体的比、除法、分数，使学生通过具体的数量和式子回忆它们之间的联系，并填写表格。接着我们又给学生提供了两组式子，让学生对具体素材进行观察，完整地表述出商不变的性质和分数的基本性质。再借助于表格的对比，学生自然而然地想到导了比的基本性质。

（3）引发说理。

师：你们的推想是正确的。下面先请同学们根据比的基本性质写出比值是"0.5"的三个或三个以上的比，再看看自己所写的比，前项与前项、后项与后项发生了怎样的变化？

教师随机板书：（　）：（　）=0.5

（　）：（　）=0.5

（　）：（　）=0.5

学生很快填出了许多组比。教师根据学生所写的比，有选择地进行了板书（如右式组）。同时引导他们寻找"比"与"比"之间的关系，说一说比的前后项是否同时乘或除以相同的数。

```
1：2=0.5
2：4=0.5
3：6=0.5
4：8=0.5
……
```

师：为什么根据这一规律填出的比，比值一定是不变的呢？你能从另一个角度来说明其中的道理吗？

先让学生在独立思考的基础上分小组讨论，接着再组织学生集体交流：

生1：因为这里的比的前项都是后项的一半，所以每一个比的前项除以后项的商都是0.5。

师：这位同学是把每一个比看成了什么来说理的？

生2：是把比看成了除法来说理的。

师：也就是被除数是除数的一半。（教师板书）

$1÷2=2÷4=3÷6=4÷8=……=0.5$

$1:2=2:4=3:6=4:8=……=0.5$

对照板书，让学生再说一说：除法算式中的被除数与除数是怎样变化的，对应的"比"的前项与后项又是怎样变化的。（使学生明确这种变化的规律是一样的）

师：那除了把"比"看成除法，还可以看成什么去说理呢？

生3：可以看成分数来说理。（教师板书）

因为：$1:2=\frac{1}{2}$，$2:4=\frac{2}{4}$，$3:6=\frac{3}{6}$，$4:8=\frac{4}{8}$……

又因为：$\frac{1}{2}=\frac{2}{4}=\frac{3}{6}=\frac{4}{8}=……$

所以：$1:2=2:4=3:6=4:8=……$

师：看来比值是"0.5"的题目是难不住同学们的，那能不能写出比值是"$\frac{3}{4}$"的三个或三个以上的"比"呢？

教师又板书：（　）：（　）= $\frac{3}{4}$

（　）：（　）= $\frac{3}{4}$

（　）：（　）= $\frac{3}{4}$

这时学生又很快写出了许多比，教师也同样有选择地做了板书（如右式组）。

学生再次把比转化为除法或分数进行说理。（过程略）

学生说理后，教师又提出延伸性的问题：对于"3：4"这个比的前后项同时除以2，就会得到比是"1.5：2"，那这个比的比值还是$\frac{3}{4}$吗？

$3:4=\frac{3}{4}$

$6:8=\frac{3}{4}$

$12:16=\frac{3}{4}$

……

生：是的,因为 $1.5:2=1.5÷2=0.75=\frac{3}{4}$。

师：如果把"3:4"这个比的前后项同时除以4,就会得到"0.75:1";对"1:2"这个比的前后项同时除以2,就会得到"0.5:1"。

教师接着以上板书呈现以下两组式子：

……=0.5:1=1:2=2:4=3:6=4:8=……

……=0.75:1=1.5:2=3:4=6:8=12:16=……

【思考】 学生能类推迁移得出比的基本性质,并不表明学生完全理解了基本性质,教学时还需要进一步引导学生通过具体的例子,把"比"转化成"除法"和"分数"进行沟通。所以我们在以上教学中特意创设了开放的形式,先让学生按比的基本性质填写多个比,然后再要求学生把这些"比"转化成"除法"或"分数"进行说理论证。在这一教学过程中,教师提供的素材虽然简洁,但学生探究的热情被调动起来了。学生不仅在自主、开放的思考过程中对比的性质加深了理解,而且对"比""除法"和"分数"进行了再次的联系。

2. 运用规律,学会化简。

（1）认识最简整数比。

师：在以上两组比的等式中,你觉得每一组中哪一个"比"的前后项的数值较简单一些？

这时学生有不同说法,而教师有意识地引导学生去感悟：第一组的等式中"1:2"相对简单一些;第二组的等式中"3:4"相对简单一些。

通过质疑交流,使学生知道：它们的前后项都是整数,而且这两个整数的公因数只有1,这样的前后项叫"最简整数比"。

（2）初步了解化简方法。

教师针对以上两组等式提出：如果给你的比是"0.5:1",怎样化成"1:2"？

生：把"0.5:1"的前后项同时乘2。

师：那如果给你的比是"0.375:0.5",那怎样化成最简单的整数比呢？请你们把化简过程写一写。

在学生独立探究后,教师依次呈现了以下三种方法进行评讲:

方法①　0.375∶0.5

=375∶500（同时乘1000）

=3∶4（同时除以125）

方法③　0.375∶0.5

=0.75∶1（同时乘2）

=$\frac{3}{4}$∶1（或化成：75∶100=3∶4）

=3∶4（同时乘4）

方法②　0.375∶0.5

=$\frac{3}{8}$∶$\frac{1}{2}$（先化成分数）

=3∶4（同时乘分母最小公倍数8）

通过评讲使学生初步知道:一般先把比的前后项的小数化成整数,如果碰到特殊的小数也可以把小数先化成分数。(以上方法是在学生的反馈中做了书写的调整,并注上括号内的化简依据)

(3)独立化简,总结方法。

把下面各比化成最简单的整数比:

18∶12　　$\frac{1}{6}$∶$\frac{2}{9}$　　0.75∶2

学生独立化简,通过反馈评讲,帮助学生总结化简的一般方法:

①如果前后都是整数,通常要同时除以前后项的最大公因数;

②如果前后项都是分数,通常要同时乘前后项分母的最小公倍数;

③如果前后项中有小数,一般把前后项先转化成整数;但有时要根据数的特点灵活处理,如"0.75∶2"可以把它转化成"$\frac{3}{4}$∶2",接着前后同时乘4进行化简,会更快。

(4)及时巩固化简方法。

①把下面各比化成最简整数比:(学生独立练习)

48∶40　　0.15∶0.3　　$\frac{7}{12}$∶$\frac{3}{8}$　　0.125∶$\frac{5}{8}$

②直接说出下面各比的最简整数比:(教师采用逐个出示的方法,让

学生直接说出最简整数比）

$4:8 \qquad 8:4 \qquad 32:16 \qquad 16:32$

$\dfrac{5}{6}:\dfrac{1}{6} \qquad \dfrac{5}{12}:\dfrac{1}{6} \qquad \dfrac{1}{5}:\dfrac{1}{6} \qquad \dfrac{1}{4}:\dfrac{1}{6}$

$0.25:0.5 \qquad 0.05:0.15 \qquad \dfrac{1}{4}:2 \qquad 0.2:\dfrac{1}{10}$

【思考】 化简比的技能对今后数的计算，以及在解决问题中的应用都非常重要，它是本课教学的重点。为了使学生掌握这一技能，首先应让学生知道什么叫最简单的整数比。为此，我们在进行这一环节教学时，先给学生创设了具体感悟素材，让学生针对两组相等比的式子，通过观察、比较，使学生自己去认识最简单的整数比。这样就避开了教师用说教的方法去介绍什么叫最简单的整数比，以及为什么要化简比。其次要求学生灵活掌握化简技能，所以在教学时一定要让学生在练中自己去感悟。为了达到这一目的，我们对教材的例题与练习做了精心选择和组合，让学生通过一定量的练习，达到灵活掌握化简方法。

3. 联系实例，感受价值。

（1）针对教材的例1第(1)小题：我国"神舟"五号搭载了两面联合国旗，一面长15cm、宽10cm，另一面长180cm、宽120cm。这两面联合国旗长和宽的最简单的整数比分别是多少？

学生得出"15∶10=3∶2""180∶120=3∶2"后，教师提出：这两面联合国旗的长与宽的比化简后都是"3∶2"，你觉得在制作联合国旗时要注意什么？

生1：要按长与宽的比是3∶2来做。

师：是否就是按长3m、宽2m来做呢？

生：不是的。

师：那是什么意思？

生2：是按长是3份、宽是2份的比例来做。

师：是的，我们以后还要学习有关"比例"的知识去解决类似的问题。那现在我们利用比的基本性质的知识，来分析生活中的一些实际问题。如下面有两面旗，按联合国旗的标准，你认为哪一面是标准的？

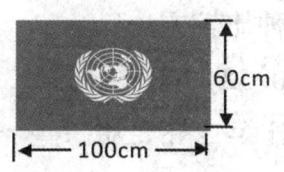 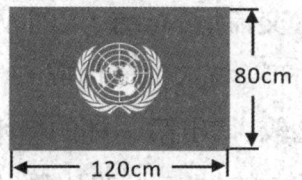

让学生写出第一面长与宽的比化简得到:"100∶60=5∶3";第二面长与宽的比化简得到:"120∶80=3∶2"。进而说明第二面联合国旗是标准的。

(2)针对上海世博会的吉祥物"海宝"图案提出下面问题:

在一次利用"海宝"设计图案时,要求大小可以变化,但它的高度与宽度的比必须是"3∶2"。小张叔叔在方格纸上设计了四个"海宝"图案,你能找出哪两个是没有按这一要求设计的吗?请说明理由。

学生通过数格,写出每一个图案的高度与宽度的比,并进行化简。

第①个图案:6∶4=3∶2;

第②个图案:8∶6=4∶3;

第③个图案:8∶5;

第④个图案:12∶8=3∶2。

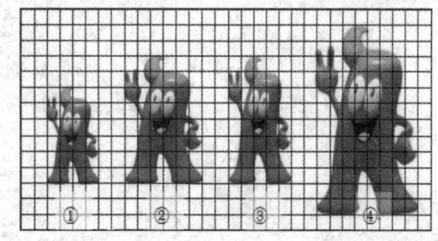

学生找出②③这两个图案没有按标准设计。

(3)出示下面生活中的例子:

有两杯水,第一杯水的质量是50克,第二杯水的质量是200克;如果在第一杯中加入糖8克,在第二杯中加入糖30克。搅拌后哪一杯的糖水比较甜一些?

这时大部分学生写出每一杯糖的质量与水的质量的比,并马上化成最简整数比。第一杯:8∶50=4∶25;第二杯:30∶200=3∶20。

学生进入沉思。过了一会儿,一部分学生想到把这两个"比"转化为除法,求出比值。即:8∶50=8÷50=0.16,30∶200=30÷200=0.15,因为0.16>0.15,所以第一杯比第二杯要甜一些。

教师在肯定学生采用求比值的方法进行比较的同时,又提出:如果要求你利用比的基本性质,那把它们化成怎样的比就能比较了呢?

学生思考、交流后,总结了以下两种比较方法:

①把第一杯糖与水的比化成 8∶50=32∶200,再与第二杯糖与水的比"30∶200"来比较,得出第一杯的糖水比第二杯要甜一些。

②把两杯中的糖与水的比都化成后项是 100 的比。第一杯是 8∶50=16∶100;第二杯是 30∶200=15∶100。也能得出第一杯的糖水比第二杯要甜一些。

【思考】 在化简比的计算中,学生已体会到了比的基本性质的重要性,但我觉得仅在计算上的体验是不够的,它需要增加生活的实例,让学生在实际问题的解决中进一步去感受性质的应用价值。所以我们在以上的教学中给学生提供了三个例子,从实际教学效果来看,学生确实体验到了比的基本性质的应用价值,在解决问题的过程中学习兴趣再次被点燃。

30 问题引领自学 活动加深理解

——"比例尺"教学实录与思考

陈庆宪

◎ **课前思考**

人教版原课程实验教材六年级下册"比例尺"内容作为比例的应用,编排在比例单元的最后一节。学生有了一些用比例解决问题的能力,所以在教学时教师更应利用学生对比例的原有认知,引导学生自主学好这部分知识。本节课的教学目标是使学生理解在一张图上任意两点之间的距离与对应的实际距离的比都是相等的;正确区分缩小比例尺和扩大比例尺用数值表示的方法,以及它们分别在什么情况下应用。这些最好让学生自己去感知。怎样能更好地调动学生的主动性,提高他们解决问题的能力?为此,我们对本课的学习素材和学习方式做了一定改进,现整理如下,供大家参考。

◎ **实录与评析**

1. 揭示课题,引发猜想。

师:今天我们要学习"比例尺",你们听说过比例尺吗?请你想一想比例尺可能与什么有关?

学生分小组讨论,教师再组织集体交流。

生1:我爸爸同我一起看地图时,向我介绍过比例尺。比例尺是地图上的长度与实际长度的比。

生2:我想比例尺可能与比例有关。

生3:比例尺可能与尺子有关。

2. 先学后教，认识新知。

(1) 教师随手写下学生的猜想，同时做了一些补充，并按以下导学顺序呈现：

①什么叫比例尺？

②比例尺有几种类型？它们分别在什么情况下使用？

③比例尺用数值来表示要写成怎样的比？

④比例尺是尺子吗？

⑤比例尺与比例有什么关系？

师：请同学们带着这些问题自学课本。

学生先自学课本后，再分小组交流讨论。

(2) 组织学生集体反馈，质疑小组交流之后的想法。

师：刚才大家针对以上问题，认真自学了课本，并在小组交流了学习成果。下面谁能向全班同学说一说呢？

在反馈中学生对前三个问题很快做了回答：

①图上距离：实际距离 = 比例尺（或 $\dfrac{图上距离}{实际距离}$ = 比例尺）。

②比例尺分为缩小比例尺和扩大比例尺。当把实际长度缩小后画在纸上就要用到缩小比例尺；当把实际长度放大之后画在纸上要用到扩大比例尺。

③比例尺用数值表示，有前项化成"1"的比例尺；也有后项化成"1"的比例尺。

这时教师追问：把前项化成"1"的比例尺在什么情况下用到？把后项化成"1"的比例尺又在什么情况下用到？

大部分学生回答有困难，教师让学生结合教材的地图想一想。学生经过思考，有所领悟。

师：课本中第一幅是中国地图，它的比例尺是 1：1000000000，说明了什么？

生：说明了图上 1 厘米的长度表示实际 1000000000 厘米的距离。

师：也就是实际的距离是多少千米？

生：实际的距离10000千米。（这时学生发出惊讶声）

师：如果图上两点之间距离是2厘米，那实际的距离是几千米？

生：实际的距离20000千米。

师：在第二幅北京市的地图上比例尺又说明了什么呢？

生：直接用1厘米长的线段表示了实际50千米的距离。

师：那实际两个地点之间的距离有150千米，画在这张地图上应该是几厘米？

生：应该画3厘米。

师：在课本中还有一张图采用了比例尺"2∶1"，这又是什么意思呢？

生1：说明图上长度如果是2厘米，表示实际长度只有1厘米。

生2：也可以说图上距离是实际距离的2倍。

师：如果实际长度是3厘米，这张图上的长度就要画几厘米？

生：6厘米。

师：把实际长度缩小画在纸上的比例尺，要把前项化成"1"，也就是以图上距离"1"为单位。而把实际长度扩大后画在纸上的比例尺，要把后项化成"1"，也就是以实际距离"1"为单位。这样规定有什么好处呢？

生：计算比较方便。

师：如果把一个缩小比例尺"1∶5000000"写成"5000000∶1"；把一个扩大比例尺"2∶1"写成"1∶2"行吗？

引导学生质疑交流，学生进一步明确比例尺是约定好的，它的前项一定是图上距离，而后项一定是实际距离，不能随意调换。

④组织质疑比例尺与尺子的关系。

师：谁来说一说比例尺是尺子吗？

生1：比例尺好像与尺子不一样。

生2：比例尺与尺子也有关系。

师：大家认为不一样在哪里？有什么关系呢？

生3：尺子是测量工具，用尺子可直接量长度。而比例尺是表示图上距离与实际距离之间的倍数关系。

生4：要想知道实际距离，先要用尺子量出图上距离，再由比例尺算出实际距离。这时尺子与比例尺都用到了。

师：大家说得很有道理，比例尺实际上是一个比，这个"比"又好像是一把"尺子"，用它来表示图上距离与实际距离的倍数关系。

⑤组织质疑比例尺与比例的关系。

师：比例尺与比例有什么关系？（学生一时又说不清楚）

师：比例尺是一个比，而我们学过的比例又是什么意思呢？

生：表示两个比相等的式子叫比例。

师：如果告诉你一张地图的比例尺是1∶50000，那么这张图上量得两点之间的距离是2厘米，则这两点的实际距离是多少米？

生：100000厘米，也就是1000米。

师：如果这张图上量得另外两点之间的距离是3厘米，则这两点的实际距离又是多少米？

生：是1500米。

教师随手写下：$\dfrac{2}{100000}=\dfrac{1}{50000}$　　$\dfrac{3}{150000}=\dfrac{1}{50000}$

师：这就说明了图上任意两点之间的距离与对应的实际距离的比都等于比例尺。当比例尺一定时，则图上距离与实际距离就成了什么比例关系？

生：成正比例关系。

【思考】　教材对"比例尺"的概念表述得非常清楚，只要学生认真阅读教材，就会很快知道什么叫比例尺。当然学生对缩小比例尺前项为什么要化成"1"，扩大比例尺后项为什么要化成"1"的认识是模糊的。所以在以上的教学中教师特意把这一问题提出来进行质疑，针对比例尺提出图上距离与实际距离的概念，并让学生回答实际距离与图上距离，使学生进一步认识到比例尺其中一项化为"1"，是为了把图上距离与实际距离之间的倍数关系表示得更简洁明了。同时，我们还组织学生对比例尺的前、后项是否可以调换进行质疑，使学生进一步明确比例尺的定义。此外,我们在教学中还抓住学生开始提出的"比例尺是尺子吗""比例尺与比例有什么关系"这两个问题,让学生充分发表自己的见解,并结合计算使学生真正理解比例尺的含义。

3. 分层练习,加深理解。

(1)根据相关信息算一算、填一填:

①在一张校园平面图上,量得两点的图上距离是8厘米,而这两点实际距离是120米,问这幅校园平面图的比例尺是(　　　)。

②有一个很小仪表零件实际长度是8毫米,而画在纸上是12厘米,问这幅图纸的比例尺是(　　　)。

学生通过独立计算,掌握了计算比例尺的方法,并进一步区分缩小比例尺与放大比例尺的数值表示形式。

(2)在地图上找一找、量一量、算一算:

教师先贴出一张中国地图,让两位学生到台上找一找这幅地图的比例尺。

当学生在地图左下角找到比例尺后,教师把预先复制的这张地图的图例部分在投影中呈现出来,找到比例尺并用红框标出,同时把红框内所表示的比例尺放大(如图),使学生看得更清楚。

全体学生读出比例尺后,教师提出:谁能说一说这个图例告诉了我们什么?

生: 这是一个线段比例尺,表示了图上1厘米等于实际的59千米。

师: 这张地图,让你知道了哪两地的实际距离呢?

学生说了很多,意见不统一。教师说:如果我们每人都有一张这样的地图,你可以自己去测量图中任意两地的距离。现在只有一张地图,时间又有限,我们就一起量一量吧。

教师接着说:刚才有一位同学提出要量一量我国的钓鱼岛离我们这里有多远。那好吧!请台上的两位同学量一量我国的钓鱼岛离我国大陆

海岸线最近的距离是多少好吗?(学生表示同意)

台上两位同学认真地测量着钓鱼岛离大陆海岸线最近的距离,得到图上距离大约是6厘米。

全班学生根据这一测量结果,计算出了我国的钓鱼岛离我国大陆海岸线最近的实际距离大约是354千米。

(3)根据实际长度量一量、算一算、判一判:

在一个县城里,火车站在学校的正东方向大约2400米处,图书馆在学校西偏北30°大约1200米处。把这三处画在图上,下面画出的四幅图中,你觉得哪几幅图画得正确?哪几幅图不正确?(注:下面这四幅图课前预先印给每一位学生)

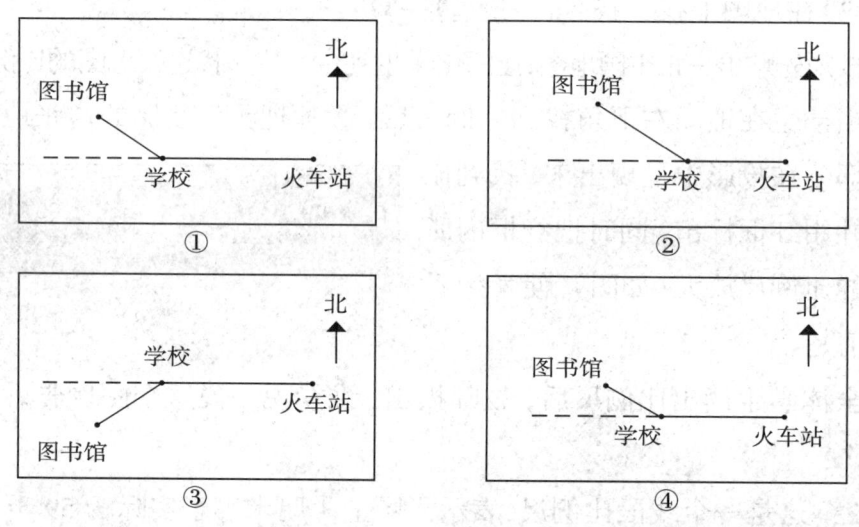

学生通过观察,马上判断出②图学校到火车站的距离比学校到图书馆的距离要短,与实际距离不符,所以这幅图画错了。③图图书馆的位置画在学校西偏南方向了,而实际图书馆是在学校西偏北方向,所以也是错误的。

师:①和④画得是否正确?还需要做怎样的判断?

生:我们还需要量一量,再计算一下。

教师先让学生独立思考,再分小组交流,然后组织集体反馈评讲。

生1:①中学校到火车站的距离是4厘米,学校到图书馆的距离是2厘米,因为2厘米:4厘米=1:2,而实际距离的比是1200米:2400米=1:2,所以这幅图是正确的。

师:这位同学采用了原来学过的比例关系来判断的。你们还有其他方法吗?

生2:由学校到火车站的图上距离与实际距离,算出①的比例尺是:

4厘米:2400米=4厘米:240000厘米=1:60000;

由学校到图书馆的图上距离与实际距离,算出①的比例尺是:

2厘米:1200米=2厘米:120000厘米=1:60000。

说明这幅图画得是正确的。

师:由学校到不同的地点可以有不同的图上距离,但不同图上距离分别与对应的不同地点的实际距离的比一定是什么?

生:一定是这幅图的比例尺。

师:是的。除了计算比例尺外,对①的判断过程,还有要补充的吗?

生:还要量一量角的度数,看图书馆是否在学校西偏北30°的方向。

师:是的。除了距离的判断还有方向的判断。那④又如何呢?

生1:我也用同样的方法测量了④,学校到火车站和学校到图书馆的图上距离分别是2厘米、1厘米,这里图上距离的比是2:1,而实际距离的比也是2400米:1200米=2:1。

生2:我也是先量出学校到火车站和学校到图书馆的图上距离分别是2厘米、1厘米,再分别算出它的比例尺:

2厘米:2400米=2厘米:240000厘米=1:120000;

1厘米:1200米=1厘米:120000厘米=1:120000。

我还量了它的方向也是对的。说明④画得也是正确的。

【思考】以上练习活动分为三个层次。第一层次是直接已知图上距离和对应的实际距离分别计算缩小比例尺和放大比例尺。目的是让学生知道要计算一幅图的缩小比例尺，一定要把"比"的前项化成"1"；计算放大比例尺，一定要把后项化成"1"。通过计算进一步理解比例尺的含义。练习的第二层次是实践活动，目的是让学生学会怎样观察地图，进一步掌握通过图上距离的测量计算实际距离的方法。练习的第三层次是综合练习，除了掌握对本课所学的比例尺应用之外，还结合了"位置与方向"的知识。主要目的是让学生通过四幅图的观察、测量、计算，使学生明确图的大小可以不同，但图上点与点之间的位置是按一定比例和方向画出来的，也就是图上任意两点的距离与实际距离的比一定是这幅图的比例尺。

【教后反思】 新课程课堂教学改革的关注点包括，如何更好地突出学生的"学"，实施"以学定教"的教学策略；如何更好地关注学生的"悟"，达到让学生在经历过程中的自主感悟等。分析以上教学，我们就想在引导学生"自学"与"自悟"的方法上进行一次尝试。因此，在教学中主要突出两点：

1. 创设问题情境，引领自学。

要使学生达到高效的自主学习，一般包含三个基本要素：一是自学动机的激发；二是自学的导学素材和问题的创设；三是给学生提供充裕的自学时间。针对本课的教学内容在激发学生学习动机的方法上应该是很多的，比如我们经常看到教师借助于地图，向学生提出：要想在地图上知道某某两地的实际距离，你有什么办法？或者提出：用什么方法把实际这么大的地域画在纸上呢？当然这些方法都很好，而我们在以上教学中采用的是"了解性引入"方式，在学生似懂非懂中揭示导学提纲，这五个导学提纲正是本节课的知识重点和关注点。有了这五个提纲的引领，就可以让学生带着问题去读教材，进行有序思考。教师在学生独立学习、合作交流的基础上，随机组织反馈评价。这样的教学完全改变了以往教师一问一答"以教定学"的简单做法。从以上教学效果来看，学生亲身经历了自学、交流、反馈质疑，他们的思维始终处于积极主动的状态，他们体验到了成功的快乐。

2. 提供活动素材，加深理解。

本课提供了引导学生自学的问题素材外，还提供了三个层次的练习活动。在以往的教学中本课的练习形式往往是比较单一的，基本上都是第一层次的练习。当然第一层次的练习很重要,但要使学生能掌握比例尺的应用,提高他们通过看图来解决问题的能力,只有这样的练习是不够的。所以我们在本课增设了两个练习活动,在观察地图、测量距离的活动时,由于条件有限,只提供了一张大地图,只能让两位同学在台上寻找中国钓鱼岛的位置,但同学们都学会了怎样去看图,怎样去计算实际距离。在最后的活动中,我们给每位学生提供了四幅图,目的是使他们有机会进行独立观察、测量和计算,并在图与图的比较中深刻感悟到比例尺的实际意义与作用。

31 抓住薄弱点　突出整体性
——"式与方程"总复习教学实录与评析

马凤娟（执教）　陈庆宪（评析）

◎ **课前思考**

人教版义务教育教材六年级下册在总复习中单独编排了"式与方程"的复习。这一内容是"数与代数"的重要内容之一，它由"用字母表示数、解方程、用方程解决问题"三部分组成。复习时可以根据学生的实际分块进行，也可以合并在一节课中。但无论采用怎样的复习方式，都应该抓住学生的薄弱环节，突出知识的整体。那这部分知识学生学习的薄弱点在哪里呢？大家能想到的是学生在用方程解决问题时，找等量关系列出方程的环节。找等量关系确实是学生学习上的难点，但我们在分析学生解题思路的过程中，发现学生的学习难点是对未知数与已知数进行四则运算后，对表示出来的式子的含义的理解。为了突破这一难点，我们把用字母表示数、解方程和用方程解决问题这三部分融合在一节课中，做了以下教学尝试。

◎ **实录与评析**

1. 复习用字母表示数。

师：今天我们要复习"式与方程"（板书课题），看到这一课题我们自然会想到有两个内容，即"式"与"方程"。当然这里的"式"一定是含有字母的式子，也就是要复习"用字母表示数"；对于方程，我们要回忆什么叫方程？怎样解方程？以及通过本课的复习，进一步提高用方程解决问题的能力。（教师随手板书出以上所说到的关键词：用字母表示数、方程、解方程、用方程解决问题）

【评析】 教师开门见山地向学生揭示了本课的复习要点,使学生在较短时间里明确了复习目标。

师:我们先来回忆用字母表示数,如果用一个字母"x"表示一个数(板书:一个数 x),你能想象一下这个字母"x"可以表示什么数吗?(学生说到了许多数,教师及时给予肯定:对了,这个字母可以表示我们所想象到的所有数)

紧接着教师随手写下"$4x$",并提出:$4x$ 与 x 有什么关系呢?

生:$4x$ 表示 x 的 4 倍。

师:这里"x 的 4 倍"的结果用"$4x$"表示,这"$4x$"就表示另一个数。

接着教师又随手写下"$2x+4$",并提出:现在另一个数用这样的式子表示,这另一个数又与 x 有什么关系呢?(学生又说出:另一个数是 x 的 2 倍还多 4)

再接着教师又写下"$x \div 2 - 4$",同样使学生说出:另一个数是比 x 的一半小 4。

师:真不错,我们要搞懂含有字母式子的含义,含有字母的式子仍然表示了一个数,而这个数是与这个字母所表示的数有着一定关系的数。下面一个数用字母 a 来表示,你能根据不同关系的表述分别写出另一个数吗?(教师呈现下面的练习)

一个数		另一个数
a	比 a 多 2 的数	$a+2$
	比 a 少 2 的数	$a-2$
	2 个 a 相加是多少?	$2a$
	2 个 a 相乘是多少?	a^2
	a 的 2 倍	$2a$
	a 的一半	$a \div 2$

学生在横线上表示后,教师提出:$2a$ 与 a^2 有什么区别?

【评析】 学生对单独一个字母表示一个数是容易理解的,困难的是对含有字母的式子所表示的数的理解。所以我们在以上的教学中,特意突出另一个数与前一个数(一个字母所表示的数)的关系。让学生在用含有字母的式子表述与一个数的关系,以及根据关系的表述写出另一个数的过程中,进一步理解了一个式子同样可以表示一个数。

2. 复习方程与解方程。

教师指着"$4x$""$2x+4$""$x÷2-4$"提出:这三个式子分别表示另一个数,如果另一个数都是"60",那么这些式子分别等于多少呢?

生:就有"$4x=60$""$2x+4=60$""$x÷2-4=60$"。

师:像这样形式的等式,我们又可以说成是什么呢?

生:方程。

师:那什么叫方程?(学生回忆"含有未知数的等式叫方程")

教师呈现方程的含义,并组织学生去质疑什么叫方程。教师随手写出"$6+3=9$",问学生:这是方程吗?又随手指着板书中的"$2x+4$"问学生这是方程吗?(使学生进一步理解,方程一定是等式,但等式不一定是方程。只含有未知数,但不是等式的,也不是方程)

接着教师针对以上自然形成的三个方程,让学生做解方程的练习。

学生练习后,教师及时对学生解方程中出现的问题进行评讲。在评讲中突出解方程过程中所用到的等式性质,并提出:解方程时要注意书写,及时检验。

【评析】 当学生进一步明确了一个式子就表示一个数后,教师提出这些式子所表示的数是具体一个数时,这样就自然形成了方程。在这样的动态过程中复习方程的含义,学生会感到非常自然、和谐、轻松,更有利于对方程含义的理解。这三个自然形成的方程,各有一定的代表性,学生在独立解方程的过程中涉及四则运算(等式两边同加、同减、同乘或同除以同一个数)的等式性质。先练后评,学生能清晰地梳理出解方程的方法,以及解方程时的注意点。

3. 复习用方程解决问题。

(1)根据不同的应用,列出方程:

师：解方程的目的是为了解决一些实际问题，请同学们思考下面三道题，如果要你用方程解答，先要列出怎样的方程？

①一个正方形的周长是60厘米，它的边长是多少？

设：它的边长为 x 厘米。

②某人骑自行车4小时行了60千米，平均每小时行了多少千米？

设：平均每小时行了 x 千米。

③甲筐有橘子60千克，是乙筐的4倍，乙筐有橘子多少千克？

设：乙筐有橘子 x 千克。

生：这三道题都可以列出方程 $4x=60$。

师："$4x$"在以上三题中分别表示了什么含义？

【评析】 以上题组都是一步计算的问题，采用方程的方法来解答，并不显得简单，但目的是帮助学生初步感受数学的建模思想。学生通过这样的题组练习，知道在不同的问题中可能会出现同一个等式形式。

(2)根据方程补上条件，根据条件变化列出方程。

教师提出：如果"$2x+4=60$"和"$x÷2-4=60$"这两个方程分别是从下面两个问题中列出的，请你给这两个问题补上相应的条件：

①甲筐有橘子60千克，＿＿＿＿＿＿＿＿，乙筐有橘子多少千克？

设：乙筐有橘子 x 千克。

列出方程是：$2x+4=60$

②甲筐有橘子60千克，＿＿＿＿＿＿＿＿，乙筐有橘子多少千克？

设：乙筐有橘子 x 千克。

列出方程：$x÷2-4=60$

学生独立思考后，对第①题补上了"甲筐是乙筐的2倍还多4千克"；对第②题补上了"甲筐是乙筐的一半（$\frac{1}{2}$）还少4千克"。

师：你们补上的两个条件，也正是在列方程时要用到的关键句子。为什么说它是关键句呢？（学生迟疑了）

师：我如果把这一条件补上另外一句（呈现下题③），同样求乙筐有橘子多少千克?你能很快列出方程吗?

③甲筐有橘子60千克,是乙筐橘子质量的$\frac{4}{5}$,乙筐有橘子多少千克?

反馈交流学生所列的方程:$\frac{4}{5}x=60$。

师:如果我把这一关键的句子改为另一种说法(呈现下题④),同样求乙筐有橘子多少千克?你还能很快列出方程吗?

④甲筐有橘子60千克,甲筐与乙筐橘子质量的比是4∶5,乙筐有橘子多少千克?

学生交流,并列出与上题同样的方程:$\frac{4}{5}x=60$。

师:如果我把上题的第一个条件变一变(呈现下题⑤),同样求乙筐有橘子多少千克?你还能很快列出方程吗?

⑤甲、乙两筐共有橘子60千克,甲筐与乙筐橘子质量的比是4∶5,乙筐有橘子多少千克?

学生再次交流,并列出方程:$\frac{4}{5}x+x=60$。

师:现在你们知道什么叫关键句子了吗?

生:从这句话中可以列出方程。

师:对了,从这句话中可以找到数量关系,列出方程。

【评析】 以上环节中,先让学生根据方程补充条件,目的是使学生进一步理解未知数与已知数进行四则运算后所表达的含义。然后再通过条件的变换,让学生思考两量之间关系的变化,从中找出等量关系去列方程。在变换条件时,教者特意把倍数、分数、比等有关知识进行了连接,这样更能使学生从整体上把握知识之间的联系,提高解决问题的能力。

(3)复习用方程解决问题的一般步骤。

师:请同学们用方程解答下题,并思考用方程解决问题时一般的步骤应该注意什么?

小明和小刚两家相距1240米,两人约定在两家之间的路上会合,小明每分钟走 75 米,小刚每分钟走 80 米,两人同时从家出发,经过几分钟后能在途中相遇?

学生独立解答后,反馈出完整的解答过程。(略)

教师提出:用方程解决问题时要做到哪几步?

通过讨论,学生梳理出了一般步骤:①读懂题意;②假设未知数;③找出等量关系;④列出方程;⑤解方程;⑥检验得数。

教师做了简要板书:读、设、找、列、算、验。

接着教师又指出:在这六步中你们认为哪一步是最重要的?

在质疑中,学生都认为找出等量关系是最关键的。

【评析】 通过独立完整的解答,学生梳理出了用方程解决问题的一般步骤,并在质疑中突出了"找等量关系"。

(4)对比质疑,突出优化。

教师提出:下面请同学们按照这六步,用方程解答下面问题:

马老师为学校买了 8 个篮球,12 个足球,共用去 760 元。已知篮球每个 32 元,足球每个多少元?

解:设足球每个 x 元。

学生独立解答后,呈现第①个方程:① $8 \times 32 + 12x = 760$。

师: 列成这样方程的同学是按照怎样的等量关系列的?

生: 是按"篮球的总价+足球的总价 = 两种球的总价"来列出方程的。

师: 当然在找等量关系时,由于思考的角度不同,有可能列出的方程是不一样的。下面请同学观察另外四个方程,你们觉得这些方程列得对吗?如果是对的,它们分别是按怎样的等量关系列的呢?(投影呈现下面各方程)

② $760 - 12x = 8 \times 32$

③ $(760 - 12x) \div 8 = 32$

④ $(760 - 12x) \div 32 = 8$

⑤ $(760 - 32 \times 8) \div x = 12$

生: 第②个方程是按"篮球总价相等";第③个方程是按"篮球的单价相

等";第④个方程是按"篮球的个数相等";第⑤个方程是按"足球的个数相等"。

师：根据这五个等量列出的方程，你们觉得最容易找到的等量关系是哪一个？

学生有不同的看法，教师没有说出哪一种最容易找到，只是说：根据每个人的理解，能较快地找到等量关系列出方程的都应该是可以的。但如果你所列出的方程计算比较麻烦，就要继续调整，找出其他的等量关系再列方程。像上题，最容易想到的是按"总价相等"来列出方程。

师：如果有一位同学以总价相等来列方程，但列出的方程是"$12 \times 32 = 8x = 760$"，你有什么话想对这位同学说吗？

生1：篮球的单价要与篮球的个数相乘。

生2：足球的单价要与足球的个数相乘。

师：这位同学的错误，让我们想到了怎样的一个成语？

生：张冠李戴。

师：对了，在解答此类问题时最容易出现"张冠李戴"，你们可要注意！

教师又呈现下面两题，并提出：请同学们以最快的速度列出下面两题的方程或算式。

①马老师为学校买了8个篮球，每个32元；买了若干个足球，每个42元；这两种球共付了760元，问足球买了多少个？

②马老师为学校买了8个篮球，每个32元；12个足球，每个42元。问应共付多少元？

学生独立列式后，教师做了以下反馈评价：

第①题学生基本上用方程来解：设足球买了x个，列出方程"$32 \times 8 + 42x = 760$"；

第②题大部分学生直接列成了算式"$8 \times 32 + 12 \times 42$"。

师：第②题你们大部分同学为什么不用方程来计算呢？

生1：因为这一题是求总价的。

师：在看到第②题的表述条件和问题时，你们就会有怎样的想法？

生2：根据题目中条件的顺序，就能很快写出算式，求出总价。

师：第①题列成方程式与第②题直接列算式，有什么相同之处吗？

学生互动交流后，组织集体交流。

生：这两题都用到了"篮球的总价＋足球的总价＝两种球的总价"。

师：对了，这两题在列式时都用了同一个数量关系，只不过第①题把已知数与未知数合在一起按以上数量关系进行列式，得到的是方程；而第②题是把已知数直接按以上数量关系进行列式，就可以得出结果。所以第②题是我们平常所说的"顺向题"。

【评析】 这一环节是帮助学生优化找等量关系的过程。学生先独立列式，再进行比较质疑，从而感悟到在同一问题中可以找到不同的等量关系来列方程，更重要的是根据条件与问题的叙述找出自己最顺向的思考方式来列出方程。以上环节的最后两题是教师特意安排的，最后一题不需要用方程来解，以此来说明方程更适合逆向题用顺向的思路去找等量关系。

通过对本课的研究，再次说明：复习课教学一定要抓住学生的薄弱点，把握知识的整体性。要做到这一点，我们就要准确地分析知识的内在联系，设计出连贯的训练素材。如上面的复习，学生的薄弱点就是对含有字母的式子表示一个数不易理解，在解决具体问题时，当未知数参与四则运算后，所呈现的式子对应某一具体的数量含糊不清。学生最初在学习这部分知识时，教材是分块进行的。但复习时，我们应把"式"与"方程"联系在一起进行，让学生真正理解含有字母的式子表示数，及实际应用中含有字母的式子表示具体的数量的含义，并以此构成一个整体，设计连贯的背景素材，使学生在自主梳理、练习中达到更佳的复习效果。

32 创设自主整理路径　精心组织梳理交流
——"平面图形的认识"总复习教学实录与评析

金强洲（执教）　陈庆宪（评析）

◎ **课前思考**

人教版六年级下册"平面图形的认识"的总复习，所涉及的知识点非常多，内容包括小学阶段的直线、射线、线段、两条直线的平行与垂直、角，以及三角形、四边形、圆等平面图形的概念、特征、关系等等。因为内容较多，所以大部分教师在复习时采用的是问答式。这种复习法虽面面俱到，但学生始终趋于被动回忆，做不到自主梳理。即便有的教师让学生自己先梳理，但学生往往还是无从下手，即使学生有梳理，也只是罗列图形、名称而已，效率不高。所以，我们觉得"平面图形的认识"应该从图形的形成角度去思考，图形的形成是从点到线、线到面、面到体的过程。同时我们还认为小学所学的平面图形可以按一条线、两条线、三条线、四条线……进行联想，如一条线联想到线段、直线和射线，甚至是曲线（圆）等；两条线联想到平行、垂直，以及角等。由此我们创设了一张表格，课前让学生按表的提示预先梳理，课堂上组织学生交流梳理，以此达到梳理知识的目的。现把教学过程简要整理如下，供大家复习时参考。

◎ **实录与评析**

1. 揭示课题，明确复习目标。

师：这节课我们来复习"平面图形的认识"。小学阶段我们学过的图形很多，课前老师发给大家一张表格（投影上呈现这张空白表格），要求大家按一条线、两条线、三条线、四条线的思路去联想我们学过的图形，并按它们的"名称、特征、关系"三个方面去整理。（教师随手在黑板的相

应位置板书出以上关键词)

教师在投影上逐一展示部分学生的表格,并指出:课前,我看同学们整理得都很认真,这是我选出的部分整理素材。同学们所写的有的内容相同而写法不同;有的内容也不同。这节课,我要让同学们在独立整理的基础上继续整理。

2.组织交流,分步梳理知识。

(1)呈现学生由一条线所想到的整理作品,并组织质疑交流。

先呈现第一位学生的作品。(如图)

师:这位同学想到了线段、直线、射线。他写出了三种线的特征,对此,你们有不同意见吗?

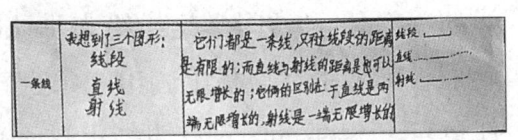

生1:我觉得"直线与射线的距离是可以无限的"中的"可以"两个字要拿掉,因为这两种线一定是无限延长的。

师:你们觉得有道理吗?(学生都表示赞同)对这位同学画出的图示,你有什么意见吗?

生2:我认为图不够好,他的点点(省略号)表示延长,但不能画弯了。

生:我没有用尺子,所以画弯了。

师:他知道直线是向两端直直地延长,射线是向一端直直地延长,只因没工具,所以画弯了。

接着呈现第二位学生的作品(如图),让学生观察。

师:这位同学与上一位同学的梳理有什么不同呢?

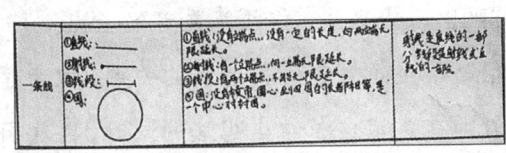

生1:这位同学增加了"圆"。

师:你为什么把"圆"也放入一条线来思考呢?

生:我觉得圆可以看成是由一条曲线围成的。(其他同学表示赞同)

师:那好,你们对他所写的内容有什么不同想法吗?

生2:圆是轴对称图形,他写的是中心对称图形。

师：你们觉得呢？（这时有部分学生表示两种写法都正确）

师：圆是轴对称图形是正确的，实际上圆也是中心对称图形，只是我们小学还没介绍什么叫中心对称圆形。这位同学写了中心对称应该怎样？（全班同学以掌声表示赞同）

师：大家再看这位同学在"关系"一栏中写了"射线是直线的一部分，线段是射线或直线的一部分"，你们觉得有道理吗？

生：因为直线可以向两端无限延伸，射线只能向一端无限延伸，所以射线是直线的一部分；线段不能向两端无限延伸，所以线段是射线或直线的一部分。（这时学生纷纷表示认同）

教师随手在黑板上画出一条直直的线来表示直线，并在这条直线上任意点上一点，问：现在直线上这一点把直线确实分成了两部分，也就是说每一部分都是射线，所以可以说每一条射线都是直线的一部分。

师：射线和直线都是无限延长的线，能比较出它们的长短吗？

生：不能。

师：你可以把射线看成是直线的一部分，但因为都不能量出它们的长度，所以无法比较出它们的长短，也就是不能说直线比射线长。

【评析】 由于学生认知的差异，整理的情况各有不同。如何针对学生的整理情况进行有效反馈引导，是本课教学的一个难点。教者考虑到由一条线所构成的图形比较简单，就选择了两个有代表性的表格展示，并通过质疑交流，让学生进一步认识线段、直线和射线。针对学生写"射线是直线的一部分"，教师采用"画出一条直线，并任意在直线上点上一点，把一条直线分成两条射线"的方法，帮助学生了解直线与射线的关系，但为了防止学生产生直线要比射线长的错觉，教师在肯定这位学生想法的同时，再次引发学生质疑直线与射线能否比较长短。从而使学生进一步建立直线与射线都是无限延长的线，是无法比较长短的。

（2）呈现学生由两条线所想到的整理作品，并组织质疑交流。

教师出示四位学生整理的作品（见下图），先一张张放大呈现，让学生静静地观察思考：这四位同学想到了什么图形？写了什么特征和关系？

交流时教师将四张纸放在一起呈现,让学生说说这些同学想到了哪些图形。两位同学想到了由两条直线构成的两线关系:一般的相交和特殊相交(垂直)、不相交(平行);另外两位同学想到了由两条射线构成的各种角。(教师根据学生观察、交流,及时板书:平行、相交、垂直、角)

教师提出:你们能看懂第一位和第二位同学所整理的图形关系吗?

生:第一位同学写了这些角的大小关系,而第二位同学写了角的大小与边的长短无关。

师:第三位同学与第四位同学写的图形特征,你们能看懂吗?

学生表示看懂了,这时教师在投影上又出示下面三组图,并提出:你能判断下面图中,哪两条线是互相平行的吗?(直线 a、b、c、d 都在同一平面内)

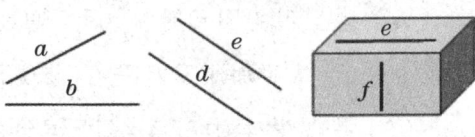

生:直线 a 和 b 是相交的,直线 c 和 d 是互相平行的;直线 e 和 f 既不平行也不相交。

师:为什么说直线 a 和 b 是相交的呢?

生:因为直线可以向两端无限延长,这两条直线延长后会相交。

师:那你怎么知道直线 c 和 d 延长后不会相交呢?(学生沉默)可以用什么方法验证?

生:可以在两条平行线之间画几条垂直的线段,看看这些线段的长度是否相等。

课件呈现几条垂线段,量出全都相等,引出这是根据"平行线之间的距离处处相等"来验证的。

师:直线 e 和直线 f 肯定永远不会相交啊,怎么又不是平行的呢?

生1:因为这两条线不在同一个平面内。

生2:同一平面内,不相交的两条直线才叫平行线。

在交流垂直的特点时,引出"**垂直是特殊的相交**"。在交流角的大小关系时,教师肯定了第一位同学用排列大小的方法表示角的关系的正确性,同时通过对排列的判断,进一步明确五种角的度数及度数的范围。

最后教师手指第二位同学的平角、周角图形问学生:平角就是一条直线吗?

有学生认为是的。教师问:什么叫角?请你在图上指出来。

学生在图上直观地表示角后,明白了角的特征,"不管什么角,都是由一个顶点引出两条射线组成的图形"。

【评析】 以上环节,教师继续针对由两条线所组成的图形的名称、特征、关系进行观察、质疑、交流、补充,并注意对知识中的关键点、模糊点、易错点进行梳理。如教师提出:这些图形是由两条什么线组成的?帮助学生抓住图形的本质。在利用学生呈现的图形时,教师又增设了三组图,让学生判断每个图中的两条直线是否平行,从而加深了对平行、相交概念的理解。

(3)呈现学生由三条线所想到的整理作品,并组织质疑交流。

教师出示四位学生整理的作品(见下图)。先一张张放大呈现,让学生静静地看。交流时将四张放在一起,让学生整体观察。

① 三条线组成的	可以分成: 直角三角形 钝角三角形 锐角三角形 也可以分成: 锐角三角形 等腰三角形 等边三角形	按角的度数分 按边来分			② 三条线组成的	可以分成: 直角三角形 锐角三角形 钝角三角形 也可以分成: 锐角三角形 等腰三角形 等边三角形	有一个角是直角的三角形是直角三角形 有三个角是锐角的三角形是锐角三角形 有一个角是钝角的三角形是钝角三角形 三条边相同的三角形是等边三角形 有两条边相同的三角形是等腰三角形 有3条边组成的图形是三角形	
	你还想到什么图形? 角	由许多小角组成				你还想到什么图形? 扇形		
③ 三条线组成的	可以分成: ... 也可以分成: ...	①一个角90° ②一个角大于90° ③一个角小于90° ①三角边相等 ②两角边相等 ③三角边不相等	它们都有是定义		④ 三条线组成的	可以分成: 按角分 也可以分成: 按边分	1.锐角三角形的角都小于90度 2.直角三角形有1个角等于90度 3.钝角三角形的角大于90度	1.三角形的内角和是180度 2.每一个角度的度数都比另外两个角度...
	你还想到什么图形?					你还想到什么图形?		

师：你认为这四位同学所想到的图形和图形特征谁的更好一点呢？

生1：我觉得第二位同学写得最好。她把三角形按角分、按边分，分得很清楚，特征写得也很具体。而第一位同学在按边分时，没把一般三角形写出来。

生2：第一位同学还想到了由三条射线所组成的图，第二位和第四位同学还想到了扇形，而我都没有想到，只想到三角形。

师：你们再仔细看看，第二位同学是怎样用图来表示三角形的分类关系的？你们能看懂吗？

生：按角分就是把三角形分成三部分；按边分把等腰三角形放在一般三角形里，等边三角形放在等腰三角形里面。

师：这说明等腰三角形是特殊的三角形，等边三角形又是……（生答：又是特殊的等腰三角形）

接着教师又提出：由三条线构成的图形其实还有很多，这几位同学给我们提供的这两个图形非常好。为什么说扇形可以看成由三条线围成的呢？

生：扇形是由两条半径和一条曲线围成的。（师：这条曲线又叫弧）

师：针对以上这四位同学的整理，你们还有什么想法吗？

生：第三位同学在说特征时，针对锐角三角形，只写了"一个角小于

90°",我觉得应该写"三个内角都小于90°"。

师:只写"一个角小于90°",有可能会出现什么情况?

生:可能在另外两个角中出现一个角是90°或大于90°,这样就不是锐角三角形了。

师:第三位同学在图形关系一栏中写了"它们具有稳定性",这给我们补充了一个知识——"三角形的稳定性"。

师:第四位同学在图形关系一栏中没有写各种三角形的关系,但他写了什么呢?

生:他写了三角形的三边关系。

师:是啊!实际上三角形的任意两边之和大于第三边。

师:实际上三角形三个内角还有一个知识大家可能都没有写到,你们知道是什么吗?

生:三角形三个内角和等于180°。

【评析】 我们让学生整理由三条线构成的图形,重点是想让学生回忆三角形有关的知识。从学生预先整理的情况来看,大部分同学都会整理出各类三角形及它们之间的关系。也许是我们设计的表格的原因,还要写出三角形的三边关系,以及三角形内角和等其他知识,由于表格写不下,大部分学生都没有整理到这些知识点。因此,教师有意识呈现了第三位和第四位同学的作品,通过以上反馈评价,让学生回忆起相关知识,达到较完整的回忆与整理。

3. 增设练习,加深理解概念。

师:根据课前和课中同学们的整理,我分别针对由一条线、两条线、三条线构成的图形,设计了以下练习,请大家以最快的速度解答一下。(投影呈现下面题组)

下面的六句话都是错的,请你在括号里分别写出它们错的原因。

①用放大镜看一个角,这个角就会变大了。(   )

②一条直线长5千米。(   )

③有一个角是锐角的三角形是锐角三角形。(   )

④不相交的两条直线叫平行线。(   )

⑤把一个大三角形分成两个小三角形,每个小三角形的内角和是90°。
(   )

⑥一个等腰三角形,其中两条边分别为8厘米和4厘米,这个等腰三角形的周长是16厘米。
(   )

⑦一条凳子的两只脚松动了,凳子容易发生摇晃。小明在两条凳脚之间钉了一条横档(如右图),他说这样凳子的两只脚一定不会摇晃了。
(   )

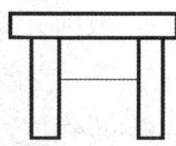

【评析】 以上这七句话都是围绕着本课所整理、交流的知识创设的,是学生平常最容易混淆的知识点。教师对本课知识梳理后,及时让学生进行练习,并让学生写出错误的原因,这样及时加强了学生对这部分知识的掌握。比如第③小题,学生会改为"三个角都是锐角的三角形是锐角三角形"。我们还可以在评讲时让学生说出"最大的一个内角是锐角的三角形是锐角三角形"。并让学生进一步说一说为什么?这不仅又一次结合了三角形的内角和知识,同时又提高了学生的推理能力。第⑥小题是考查学生对三角形的三边关系的灵活运用。

4. 总结反思,提升学习能力。

师:通过课前和刚才课堂上的整理,大家有哪些收获?

生1:我知道了三角形有两种分类方法,一种按角分,分为锐角三角形、直角三角形和钝角三角形;按边分,分为等腰三角形是特殊的三角形,等边三角形又是特殊的等腰三角形。

生2:我知道了平行、相交、垂直都是在同一个平面内的两条直线,而且更加明白了垂直是特殊的相交。

……

师:这几位同学谈的是知识点方面的收获,把以前遗忘的知识都回忆起来了。既然以前模糊的知识都搞清楚了,那大家能谈谈整理知识方面的收获吧。

生1：我觉得以后可以用分类的方法整理知识。

生2：在整理知识的时候还可以找找它们各有什么特征，关系。

生3：整理关系时，可以用画图法加深记忆。

这时教师进一步引导学生观察板书，说出还可以用比较、排列、一句话描述、大括号图示等多种形式表示知识间的关系，这样看起来更直观。

教师又提出：今天我们只是一起评价了自己整理的前三栏（一条线、两条线、三条线）的图形特征和关系，还附带拓展了同学们没有整理到的一些知识。对于表格中第四栏由四条线构成的图形，我也看了同学们的整理，许多同学整理得都不错，当然还有一些同学整理得不太理想，通过这节课的整理交流，我们可以对由四条线构成的图形再做进一步的修改，下一节复习课，我们再来进行交流好吗？

【评析】 这一环节采用了师生对话的教学方式，让学生回顾本课的收获。教师心中非常清楚，对话的目的不在于再次总结这些知识，而重在引导学生去领悟这样的复习方法。所以教师有意借助板书的图示帮助学生进一步明晰复习过程，同时要求学生模仿这样的复习方法，对表格的第四栏在课后继续进行补充与修改。

纵观全课，之所以能达到比较理想的教学效果，其前提条件是课前的表格设计。平面图形虽然多，但也有它构成的特点和规律。我们让学生按一条线、两条线、三条线、四条线所构成的图形的类型、特征、关系来进行梳理，使梳理后的知识更加清晰。能达到这样的教学效果，还取决于课堂上素材的选择和对评价过程的把握。课中，教师精心选择了学生整理的典型素材，如有整理得比较好的，也有比较有个性的，还有出现错误的。利用投影尽量展示学生更多的整理结果，尽量采用整体对比的方式，引导学生自主评价交流，从而达到对概念的进一步梳理，同时通过一些知识的适当联想，结合对相关问题的思考，提高了学生复习整理的效率，培养了学生的推理能力。

33 创设素材促想象 动态变化拓思维
——"平面图形的周长和面积"总复习教学实录与评析

杨灵君（执教）　陈庆宪（评析）

◎ **课前思考**

本课是六年级总复习的一个内容。要求针对长方形、正方形、平行四边形、三角形、梯形和圆，这六个基本图形的周长和面积的计算进行一次整理复习。通常大家在复习这一内容时都比较关注公式的整理及其推导过程的回忆。许多老师认为，只要学生能熟练地计算出这些圆形的周长和面积就可以了，却忽视了对学生空间想象能力的培养。为了上好这节复习课，我们课前对两个班的94名学生进行了一次平面基本图形计算能力的调查，发现有93.6%的学生能熟练地运用公式进行计算。所以我们在思考，在复习时如果还侧重于公式的计算，学生一定会感到枯燥，对他们知识的拓展和能力的培养也无帮助。我们认为在复习这部分内容时，除了要引导学生梳理计算方法和公式的由来外，更重要的是通过复习，培养学生的想象力，提高解决问题的能力。出于这样的思考，我们对本课的复习素材做了改变，采用的主要方法是给学生提供图形中部分线段的长度，要求学生从这些线段逆向地去想象应该是怎样的平面图形，并在学生想象到的一些图形中提出质疑。现把复习过程整理如下，供大家教学时参考。

◎ **实录与评析**

1. 回忆公式，思考方法由来。

（1）回顾整理。

教师让学生针对教材中的图，写出各图形的周长和面积的计算公式

(用含有字母的式子表示),并让学生回答书上小精灵提出的问题:这些计算公式是怎样推导出来的?它们之间有什么联系?

当学生写出公式并经过思考后,教师在投影上呈现图1,让学生对照自检。接着让学生针对小精灵提出的问题,进行小组交流。

组织反馈评讲。学生进一步理解,这几个直边形的周长就是各条边的长度相加的和,圆的周长是这个圆的直径的"π"倍。对于面积公式的推导,教师根据学生的表述,借助媒体的动态演示,帮助学生回忆面积公式的推导过程,以及图形之间的互相转化。(过程和图示略)

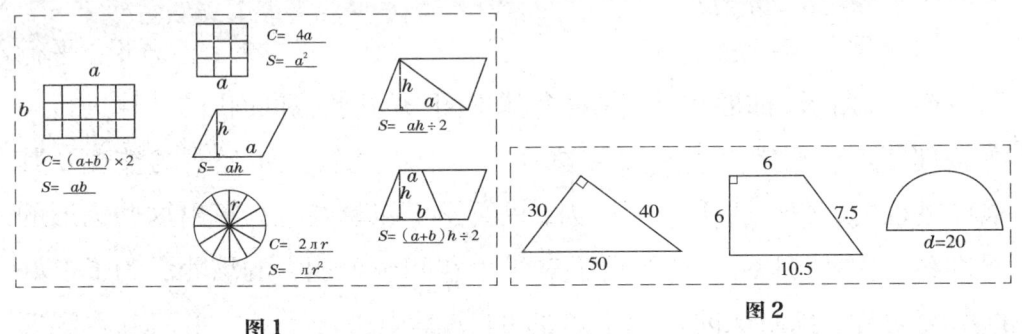

图1　　　　　　　　　　图2

(2)基本练习。

计算下面各图形的周长和面积。(如图2)

(学生计算和反馈评讲过程略)

【评析】 在以上的教学过程中,教师采用了先让学生独立思考,再小组交流梳理。接着,教师根据学生的表述,配合投影的演示,直观地揭示了图形与图形之间的转化过程,使学生进一步理解了每一个图形面积计算方法的由来。学生完成公式梳理后,教师马上让学生针对直角三角形、直角梯形和半圆,分别计算它们的周长和面积。显然这三个图形也刚好弥补了图1中没有出现的平行四边形、三角形、梯形等的周长公式。学生通过对这三个图形周长的计算,进一步明确图形的周长计算无须死记公式,要根据图形的特点和各边的长度灵活计算。

2.巧设素材,想象图形计算。

(1)引发第一次想象。

师: 通过刚才的回忆和计算,同学们对已知这些基本图形的相关边长度的情况下,来计算它们的周长和面积,都比较熟练了。下面我们来一次思维的逆向挑战。

师:现在先不告诉你是什么图形,只告诉你与这个图形相关的几条线段的长度,就能计算出它的面积。请大家拿出预先发的练习纸,先独立完成"思考一"的想象,再在小组内交流。

思考一:如果已知一个图形中两条互相垂直的线段长度分别是8cm、5cm,就能计算出它的面积,你能想象出这是一个怎样的平面图形吗?请在格子纸上画一画,并计算它的面积。(注:格子的每一小方格边长为1cm)

学生边想象边画。教师在巡视中发现大部分学生,想到的是长和宽分别是8cm、5cm的长方形,直角边分别8cm、5cm的直角三角形,还有部分学生想到了底是8cm、高是5cm的其他三角形。

教师利用投影展示出部分学生的作品,确认学生所画的图形的确能通过这两条互相垂直的线段,计算出它的面积。接着提出:除了长方形和三角形之外,你们还能想象出其他的图形吗?

过了几分钟,有学生想到了平行四边形。

教师又利用投影展示学生的作品,确认这些平行四边形的面积都是"$8 \times 5 = 40 (cm^2)$"。

教师又提出:除了三角形、平行四边形之外,你还会想到什么图形呢?

在学生疑惑之时,教师在黑板上画了两条互相垂直,且垂足不在线段的端点上的线段。学生豁然开朗,在格子纸上马上画出了如图3的四边形。并且很快算出了这个四边形的面积是"$8 \times 3 \div 2 + 8 \times 2 \div 2 = 8 \times (3 + 2) \div 2 = 20 (cm^2)$"。

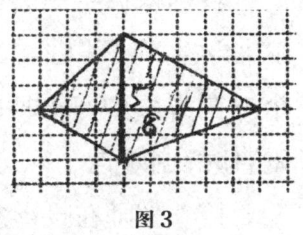

图3

发现这个四边形的面积与上面想到的所有三角形的面积是相等的。

接着教师利用投影,先在投影上呈现一个底是8cm,高是5cm的三角形,并提出:你们能想到与这个三角形面积相等的三角形吗?你是通过怎样的方法想到的?

学生又一次小组交流后,教师组织反馈评讲、演示。

生1:我把三角形的一个顶点平移,就想到许多面积相等的三角形了。

生2:我把三角形5cm的高进行平移,每移一次就得到一个三角形,这样可以得到无数个面积相等的三角形。教师根据学生的描述,在投影上演示(如图4)。通过图形的动态演示,学生进一步理解等底、等高的三角形有无数个。

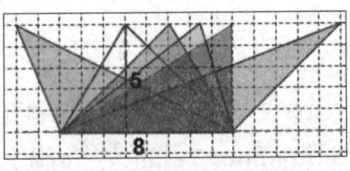

图4

接着教师以同样的方式,引导学生对同底、等高的平行四边形进行想象变化(如图5)。

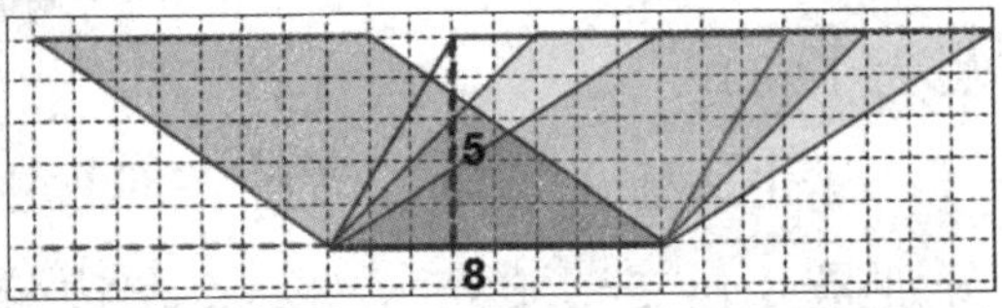

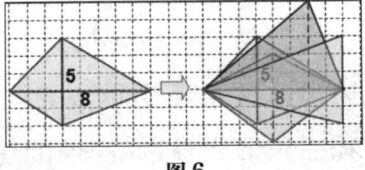

图5

接着教师出示两条对角线互相垂直的四边形,如图6中的第一个图形。并提出:看到这个四边形,你能想象到更多与它面积相等的四边形吗?你是通过什么方法想到的?

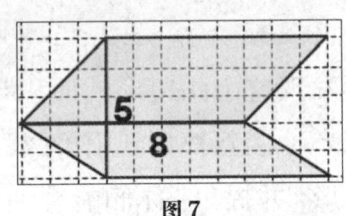

图6

学生再一次小组交流,教师组织反馈演示、评讲。

生:我把垂直于8cm的这条线段作上下、左右平移,就会想到许多与这个四边形面积相等的四边形。

教师根据学生的描述,利用投影进行动态演示,如图6中第二个图形。

学生观察以上的动态演示,领悟到了面积相等的四边形也有无数个。在观察中,有细心的学生还发现,当这条5cm的线段平移到与端点垂直时,刚好这个四边形变成了三角形了。

接着教师在投影上展示出图7,形成上、下两个平行四边形的图形,让学生计算这个图形的面积。得出:$8×3+8×2=8×(3+2)=40$(cm²)。

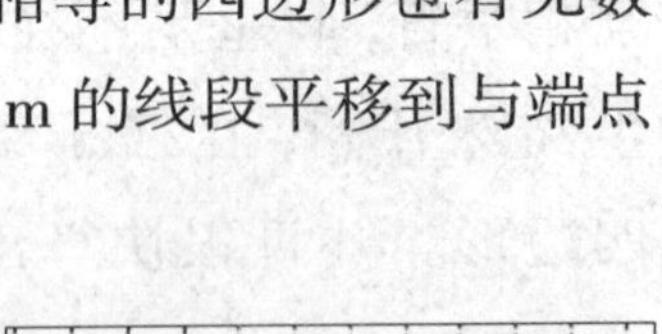

通过计算,学生发现这个图形的面积与底、

图7

高分别是 8cm、5cm 的一个平行四边形的面积是相等的。教师继续引导学生想象,并再次利用投影的动态演示,让学生验证自己的想象,像这样的图形也有无数个。

教师借助投影,呈现以 5cm 的线段为底、8cm 的线段为高的三角形和平行四边形,以及其他图形,并进行动态演示,让学生再次观察。

【评析】 这一环节我们给学生提供的条件,是已知两条线段的长度,且互相垂直,并且通过这两条线段就能计算出这个图形的面积。要求学生把符合这样条件的图形想象出来,画在格子纸上。这样的想象素材,不仅让学生再次复习到这些图形面积的计算方法,更让学生复习到计算这些图形面积的必备条件,同时梳理出同底等高的三角形或同底等高的平行四边形都有无数个。学生在想象中还延伸到对角线互相垂直的四边形,并且知道这样面积相等的四边形也有无数个。由此可见,我们采用这样的想象方式,其主要目的是给学生创设更大的思维空间,学生通过图形动态想象、观察,达到了最佳训练、梳理和拓展的效果。

(2)引发第二次想象。

师: 刚才大家根据互相垂直的两条线段,对图形进行了想象。下面你们还能根据三条线段,对图形进行想象吗?请大家继续拿出练习纸,先独立完成"思考二",再在小组内交流。

思考二:如果已知一个图形中的三条线段分别是 8cm、6cm、4cm,就能计算出它的面积,你能想象出这是一个怎样的平面图形吗?请在格子纸上画一画,并计算它的面积。(注:格子的每一小方格边长为 1cm)

学生很快想象到了这是一个梯形。

师: 你们能想出多少个符合以上条件的梯形?请你画一画,再在小组内交流。

学生经过交流,回答出两种情况。

生1: 有无数多个梯形。

生2: 只有三个面积不等的梯形。

师: 应该是三类面积不等的梯形。

教师针对学生的作品进行反馈评价,对学生所画的梯形按面积分成三类,并借助投影分别进行动态演示(如图8)。

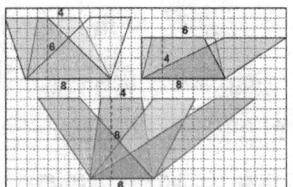

图8

师:大家都想到了梯形,那除了梯形你们还能想到其他的图形吗?

学生思考几分钟后,教师发现有学生想出了新的组合图形,教师让两位学生把自己所画的图形以草图的形式画到黑板上(如图9)。

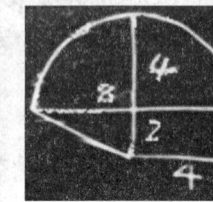

图9

教师提出:你们能看懂这两位同学画的组合图形吗?这两个组合图形的面积又怎样计算呢?

学生基本看懂后,教师再让这两位学生给大家介绍。

生1:我用这三条线段画了两个三角形组合成的图形,它的面积是:$8×6÷2＋8×4÷2=24＋16=40（cm^2）$。

生2:我用这三条线段画了一个半圆和一个梯形。

师:那其中一条6cm长的线段在哪里呢?

生2:就是中间的一条,这条的上部分是4cm,也刚好是圆的半径;下部分是2cm,也刚好是梯形的高。它的面积是:$3.14×4^2÷2＋(8＋4)×2÷2=25.12＋12=37.12（cm^2）$。

【评析】 学生借助于已知的三条线段就能计算出面积,自然会很快想象到三类梯形。教学中教师还利用投影的演示,使学生直观感受到"等积变形"的动态过程。在接着的教学中杨老师并没有满足学生只局限于梯形的想象,而是向学生继续提问,促使学生再次利用这三条线段进行思考。在教师的启发下,有许多学生想到了一些组合图形。我们知道用这三条线段构成的组合图形是很多的,而杨老师有选择地仅呈现了两位学生所画的组合图形。通过对这两个组合图形的观察思考、质疑交流,进一步巩固了组合图形面积的计算方法。

(3)引发第三次想象。

师:刚才我们又通过三条已知长度的线段,想象到了梯形和组合图形。下面我给你们的条件非常简单,就是给你一条已知长度的线段去想象图形。请大家继续拿出练习纸,先独立完成"思考三",再在小组内交流。

思考三:如果已知一个图形中一条线段的长度是6cm,就能计算出它的面积,你能想象出这是一个怎样的平面图形吗?请在格子纸上画一画,并计算它的面积。(注:格子的每一小方格边长为1cm)

这时学生很快想到了边长是6cm的正方形、直径是6cm的圆和半径是6cm的圆。教师投影先呈现学生先想到的三个图形(如图10)。

师: 你们还能继续想象出其他图形吗?

学生有些困惑,这时教师在屏幕上出示了两条互相垂直且等分的两条线段(每条6cm),再向学生提出:通过这两条互相垂直的线段,你们会想到怎样的平面图形呢?

生: 把四个端点连起来,又是一个正方形。
(屏幕上把学生所描述的正方形画完整)

师: 你能计算出这个正方形的面积吗?

看成两个三角形的:$(6×3÷2)×2=18$ cm^2。

看成四个直角三角形的:$(3×3÷2)×4=18$ cm^2。

【评析】 杨老师非常清楚地知道学生通过一条线段的想象,一定会很快地想到正方形和圆,并且知道学生计算它们的面积应该比较熟练,但要想到对角线的长度是6cm的正方形是有一定困难的。所以在以上教学过程中,教师做到详略有度,先呈现两条互相垂直的线段,引发学生进一步的思考。当学生想象出对角线是6cm的正方形时,教师就让学生计算这个正方形的面积。

3. 组合变化,提高解题能力。

(1)动态变化出组合图形。

师: 刚才我们又通过已知一条线段,想象出了正方形和圆。下面请大家继续想象,你能把这些基本图形组合成新的图形吗?

学生又一次进入想象,几分钟的思考后,教师根据学生的描述,利用投影演示组合过程。屏幕上呈现了如图11的三个组合图形。

（2）列式计算。

①在图11中每一小方格的边长表示1cm，请你分别计算出每个图形阴影部分的面积。

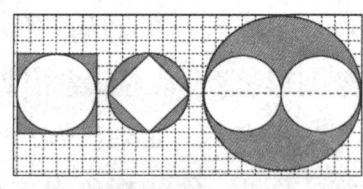

图11

学生独立计算后，教师组织反馈评价。接着教师再次利用投影，把图11中的第三个图形的下半部分去掉，呈现出图12的组合图形，并提出以下计算要求。

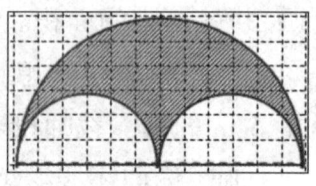

图12

②计算右图中阴影部分的面积和周长各是多少？

通过独立计算，反馈交流，学生进一步理解了以下计算方法。

阴影部分的面积：半径是6cm的大半圆面积，再减去一个直径是6cm的小圆面积。

阴影部分的周长：半径是6cm的大圆周长的一半，再加上一个直径是6cm的圆的周长。

【评析】 这一环节，杨老师巧妙利用了上一环节的素材，继续引导学生对组合图形进行想象。通过想象和投影的动态观察，使学生直观地看到这几个组合图形是如何从两个或几个基本图形组合而来的。这一过程看似简单，但它动态地揭示了每一个组合图形的特征，拓展了学生的想象空间，激发了学生对组合图形计算的兴趣。最后，杨老师还利用上一题的图形，引出由一个大半圆和两个小半圆组合成的阴影，并要求计算出这个阴影部分的周长和面积。通过这一题，对周长与面积的计算又进行了一次深度探究。

纵观以上教学，我们更坚信："图形与几何"的教学，除了要求学生掌握图形的特征、计算它们的周长和面积外，更重要的是让学生认识到图形的动态变化，尤其要在头脑中建立"等积变换"的思维模式。要达到这样的目的，上述的教学给了我们很好的启示。在杨老师的课堂上，我们看到每个学生都兴致盎然地投入到想象之中，所以能达到这样的教学效果，最重要的是我们创设了能促使学生想象的素材。这样的素材看似简单，却给学生带来了丰富的想象空间，较好地拓展了学生的思维。

34 理顺解题思路 拓展空间想象
——"立体图形体积计算"总复习教学实录与思考

陈庆宪

◎**课前思考**

学生学习了长方体、正方体、圆柱体、圆锥体的表面积和体积计算后，对直接运用公式计算一般没有多大问题，但遇到所提供的条件比较间接时，有些学生就会感到无从下手。出现这种现象，主要是因为学生对直接问题与发展后的间接问题，不能很好地进行联系和转化，空间想象能力比较薄弱等。那如何让学生将所学知识串联起来，将间接条件转化为直接条件，如何引导学生展开空间想象呢？我特意设计了以立体图形体积计算为重点的一节六年级复习课，现整理如下，供大家教学时参考。

◎**实录与评析**

1. 动态想象，梳理基本方法。

（1）动态想象引出各种形体。

屏幕出示一个长方形，并向学生提出：如果把这个长方形绕一条边旋转，可以得到什么形体？

生：是一个圆柱体。

师：如果想得到一个圆锥体。你认为用什么图形来旋转？

生：要用到一个直角三角形。（投影出示一个直角三角形，绕着一条直角边旋转形成一个圆锥体）

接着屏幕上又呈现一个长方形，并提出：如果想得到一个长方体，这个长方形应做怎样的运动？

生：平移运动。（投影演示出长方体）

接着，演示出正方体，并形成如右图的表格，让学生针对表格把相关的表面积和体积计算公式填写完整。

教师引导学生找出体积计算公式之间的联系。

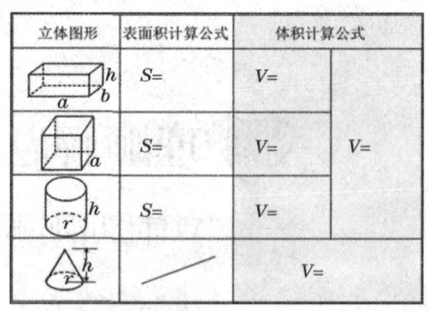

学生认识到：柱体的体积都可以用"底面积×高"来计算；长方体的底面积是"ab"，正方体的底面积是"a^2"，圆柱体的底面积是"πr^2"；对等底等高的圆锥体与圆柱体来说圆锥体的体积是圆柱体的$\frac{1}{3}$。

即：$V_{柱体}=Sh$，$V_{圆锥}=\frac{1}{3}\pi r^2 h=\frac{1}{3}sh$。

【思考】 呈现表格的目的，是让学生回忆这四个形体的表面积和体积的基本计算方法，但我们没有简单地出示表格，而是利用投影动态引导学生进行空间想象，采取逐步呈现的方式引入复习。当学生用含有字母的式子填出计算方法后，重点针对体积的计算方法组织学生质疑，找出它们计算方法的共同点和不同点。

2. 抓住联系，沟通解题方法。

（1）题组比较，沟通计算方法：

①观察图形的底面积和高，寻找体积相等的形体。

师：要计算以上基本形体的体积，你最想知道什么条件？

生：我最想知道它们的底面积和高。

师：（出示图形）已知这些图形的底面积和高，我相信同学们一定能很快算出它们的体积，但现在要求大家不计算出它们的体积，就能很快地找到体积相等的形体，你能做到吗？

学生独立思考后，教师组织集体

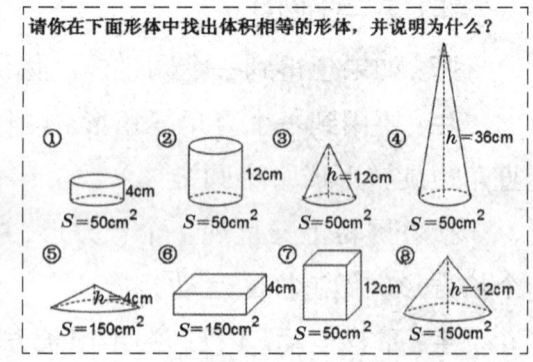

交流：

生1：图中①的圆柱体与③、⑤的圆锥体的体积是相等的。

师：为什么？

生2：因为①的圆柱体与③的圆锥体的底面积相等，而③的圆锥体的高正好是①的圆柱体高的3倍，所以它们的体积是相等的。（教师随手在黑板上写出：$50×4=50×12×\frac{1}{3}$）

生3：因为①的圆柱体与⑤的圆锥体的高相等，但⑤的圆锥体的底面积是①的圆柱体的底面积的3倍，$50×4=150×4×\frac{1}{3}$，所以它们的体积是相等的。

师：真棒！你们根据它们形体的特点、底面积的大小和高的长度，在没有计算出结果的情况下就分析出了它们的体积相等。图中还有体积相等的图形吗？

生4：图中②的圆柱体与④的圆锥体、⑥的长方体、⑦的长方体的体积是相等的。

生5：图中②的圆柱体与⑧的圆锥体的体积也相等。

师：这五个形体的体积为什么也相等呢？

学生分别回答了为什么相等的理由。（略）

【思考】 此题巧妙设计了一组底面积和高都相等的圆柱体、圆锥体、长方体；还有底面积有3倍关系的，或者高有3倍关系的圆柱体、圆锥体、长方体。学生通过对这组形体的观察分析，交流了这些形体在不同情况下体积之间的联系。

②根据条件计算圆柱的体积。

教师逐一出示下题，让学生口答它们的体积：

A. 圆柱的底面积是28.26平方厘米，高是10厘米。

B. 圆柱的底面半径是3厘米，高是10厘米。

C. 圆柱的底面直径是6厘米，高是10厘米。

D. 圆柱的底面周长是18.84厘米，高是10厘米。

师：通过计算,你们有什么发现吗?

生：它们的体积是相等的。

师：为什么体积会相等呢?

生：因为后面三题算出的底面积都和①的底面积相等。

师：这也说明无论告诉你是底面半径,还是底面直径,或是周长,都要先算出什么?

生：都要先算出底面的面积。

师：是的,如果已知了底面周长,就要先计算出底面的直径或半径,再计算底面的面积,最后计算出体积,即:$C \rightarrow d \rightarrow r \rightarrow S \rightarrow Sh$。(教师板书)

师：如果没有直接告诉底面积的信息,如下面这一题,你还能计算出它的体积吗?

E. 圆柱的侧面积是 188.4 平方厘米,高是 10 厘米。

引导学生回忆圆柱体的侧面展开图,学生回忆起"侧面的底边就是圆柱体的底面周长",得出:"底面周长 = 侧面积 ÷ 高"。得到底面周长后,此题又回到了④题的解题思路中,计算出它的体积。

【思考】 圆柱体的体积计算最基本的方法是"底面积 × 高",而在实际问题中往往不是直接已知底面积和高。所以我们设计这一组练习,目的是让学生在计算后领悟到直接条件与发展后的间接条件的联系,从而理顺解题思路。

(2)质疑补充,沟通知识联系。

教师又出示以下两题:

①正方体的底面周长是 20 厘米,求它的体积。

②长方体的底面周长是 20 厘米,高是 10 厘米,求它的体积。

学生通过①题的计算,知道先由底面周长求出棱长,再计算正方体的体积。学生在计算②题时自然产生疑惑,但学生思考片刻后,发现此题缺少条件。

教师提出:发挥你的想象,你觉得②题应补上怎样的条件才能计算出它的体积?并请你补上条件计算出它的体积。

接着,教师在学生补充的条件中选择以下几种,进行交流评讲:

A. 长比宽多2厘米;B. 长与宽的比是3:2;C. 宽是长的$\frac{2}{3}$;D. 这个长方体的底面是正方形。

学生根据以上的不同条件,分别计算出了长方体的底面积和体积。通过比较质疑,理顺了前三种表述:对于底面周长是20厘米的长方形来说,它们是有联系的,尤其B、C两种表述可以互相转化。

【思考】 在这组练习中,我们特意设计了只知道长方体的底面周长和高,无法计算这个长方体的体积的问题,其目的是借此问题,引导学生质疑补充。学生通过补充与计算,集体交流与探讨,对两量之差、两量之比,以及两量之间分率关系等知识又进行了一次连接。

(3)拓展想象,提高解题能力。

①通过截面求体积。

教师逐一出示以下问题,引导学生先独立思考,再组织反馈交流。

A. 一个圆柱体的高是8厘米,如果把它截成两个圆柱体,则表面积增加了32平方厘米。原来这个圆柱体的体积是多少立方厘米?

学生独立思考后,再呈现右图进行观察,使学生明确这样的截法表面积增加了32平方厘米,就是增加了两个底面的面积,进而求出底面积,再计算体积。

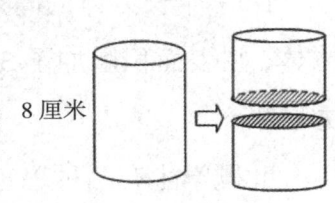

解题方法:(32÷2)×8=128(立方厘米)

B. 一个圆柱体的高是8厘米,如果把它截成两个半圆柱体,则表面积增加了32平方厘米。原来这个圆柱体的体积是多少立方厘米?

学生独立思考后,再观察右图,使学生明确这样的截法,就是把它沿着直径截成两半,

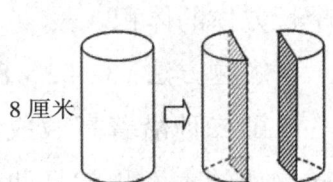

表面增加了32平方厘米,就是增加了两个长方形,而长方形的长就是圆柱的高。这样就可以先通过长方形的面积和长,求出底面的直径,再计算体积。

解题方法:32÷2÷8=2(厘米)

$3.14 \times (\frac{2}{2})^2 \times 8 = 25.12$(立方厘米)

C. 一个圆锥体的高是8厘米,如果沿着它的高把它截成两半,则表面积增加了32平方厘米。原来这个圆锥体的体积是多少立方厘米?

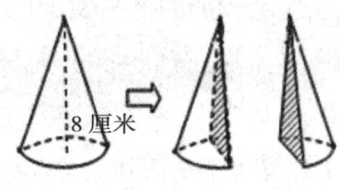

学生独立思考后,再观察右图,使学生明确圆锥体沿着高截成两半,表面积就增加了两个等腰三角形,而三角形的高就是圆锥体的高。这样又可以通过三角形的面积和高,求出底面的直径,再计算体积。

解题方法:32÷2÷8×2=4(厘米)

$3.14 \times (\frac{4}{2})^2 \times 8 \times \approx 100.48$(立方厘米)

D. 一个长方体的高是8厘米,底面是正方形,如果把它截成两个长方体,则表面积增加了32平方厘米。原来这个长方体的体积是多少立方厘米?

此题学生有两种思考途径:

第一种按与底面平行的方向截成两个长方体(如图),这样增加的表面积刚好是两个底面面积,先求一个底面的面积,再乘高就是原来这个长方体的体积。

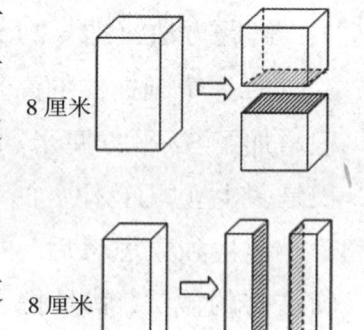

解题方法:32÷2×8=128(立方厘米)

第二种沿着高截成两个长方体(如图),这样增加的表面积就是两个长方形的面积,它的长就是长方体的高,这样通过长方形的面积和高,先求出底面的边长,再计算它的体积。

解题方法:$(32 \div 2 \div 8)^2 \times 8 = 32$(立方厘米)

②通过其他情节求体积。

教师逐个呈现下面两题:

A. 一个圆柱形的容器,高是8厘米,如果向它内部倒入37.68毫升的水,则水面上升3厘米。这个容器最大的容积是多少毫升?

学生解答此题后,再通过对直观图的观察,进一步明确了通过倒入水的容积和上升的高度,可以计算出容器的底面积,再计算它的容积。

解题方法:$(37.68 \div 3) \times 8 = 100.48$(立方厘米)

B. 一个圆柱体的高是8厘米,如果把这个圆柱体的高增加3厘米,底面积不变,它的表面积就增加37.68平方厘米。原来这个圆柱体的体积是多少立方厘米?

学生独立思考后,再展示下图,使学生知道增加部分的面积,就是增加的圆柱体的侧面积,而这个侧面积展开后的长方形的长就是圆柱体底面的周长,这样知道了展开图的面积和宽,就可以求出展开圆的长,也就是圆柱体的底面周长,再计算它的体积。

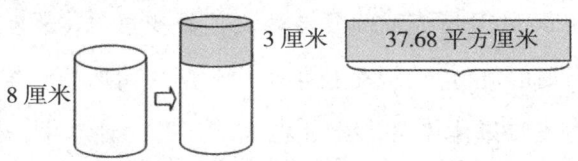

解题方法:$3.14 \times (37.68 \div 3 \div 3.14 \div 2)^2 \times 8 = 3.14 \times 2^2 \times 8 = 100.48$(立方厘米)。

【思考】 ①组的四个题都是通过截面去求得底面积,再计算它们的体积;而②组是在形体等底的前提下,变换其他条件来计算它们的体积。尽管条件变了,但解决问题的思路没变,都是通过相关条件先求出它们的底面积,再计算出它们的体积。而且我们利用媒体动态地呈现了条件的变化过程,这样有利于拓展学生的空间想象,提高他们解决问题的能力。

3. 课堂总结,再次梳理方法。

师:这节课我们重点复习了圆柱体、圆锥体、长方体的体积计算,它们最基本的计算方法:圆柱体的体积是"Sh",圆锥体的体积是"$\frac{1}{3}Sh$"。但没有直接告诉我们它们的底面积,要求我们通过相关条件先求出底面积,再计算体积。在这节课中,我们是通过了哪些相关条件来寻求底面积的呢?

生:通过底面半径、直径、周长、侧面积和高,以及截面的面积等相关条件,先计算出底面积,再由底面积和高计算出它们的体积。

教师在学生表述的过程中,逐步形成板书(如下图)。

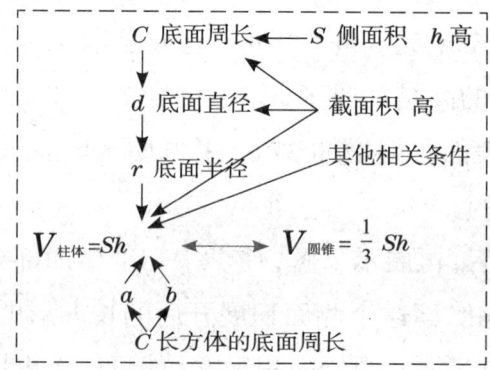

【思考】 许多老师为了提高学生的解题能力,经常盲目地给学生增加题量,但效果往往不佳。其原因是练习的题与题之间缺少联系,学生不能举一反三。要提高学生解决问题的能力,关键是让学生找到解决问题的直接基本条件,并能将间接条件转化为直接基本条件。比如在本节体积的计算中,学生在解决问题时遇到的困难,往往是对隐藏的间接条件无法向基本条件进行转化。正因如此,我在本节复习中采用了题组训练的形式,让学生在训练中梳理出转化的几种途径。为了更好地巩固这种方法,我们又借助于课堂小结让学生再次回顾练习素材与复习过程,并在原有的板书基础上做了图示化的联系,让解决问题的思考途径更加直观清晰。